PARA QUE SERVE DEUS

PHILIP YANCEY

PARA QUE SERVE DEUS

Traduzido por ALMIRO PISETTA

mundocristão
São Paulo

Ilustrações: Klaus Ernst

Os textos das referências bíblicas foram extraídos da *Nova Versão Internacional* (NVI), da Sociedade Bíblica Internacional, salvo indicação específica.

Dados Internacionais de Catalogação na Publicação (CIP)
(Câmara Brasileira do Livro, SP, Brasil)

Yancey, Philip

Para que serve Deus / Philip Yancey; traduzido por Almiro Pisetta —
São Paulo: Mundo Cristão, 2010.

Título original: What Good is God?: In Search of a Faith That Matters
Bibliografia.
ISBN 978-85-7325-628-4

1. Cristianismo 2. Deus - Amor 3. Fé I. Título.

10-04265 CDD-230

Índice para catálogo sistemático:
1. Cristianismo : Religião 230
Categoria: Espiritualidade

Publicado no Brasil com todos os direitos reservados por:
Editora Mundo Cristão
Rua Antônio Carlos Tacconi, 79, São Paulo, SP, Brasil, CEP 04810-020
Telefone: (11) 2127-4147
Home page: www.mundocristao.com.br

1ª edição: agosto de 2010.

Sumário

Prefácio à edição brasileira

Que maravilhoso saber que o Brasil será o primeiro país a publicar o meu livro! Isso porque já tenho aí muitos "amigos". Eu nunca encontrei pessoalmente a maioria deles, pois só me conheceram em meus escritos. Sempre que viajo a esse grande país (que até agora já visitei quatro vezes), posso estabelecer uma relação pessoal com aqueles que já haviam entrado em contato comigo por meio de meus livros.

Talvez você se pergunte, e com razão: "Por que não há nenhum capítulo sobre o Brasil neste livro?". Bem, o fato de o Brasil não estar retratado nestas páginas deveria ser motivo de gratidão para você. Nunca passei por aventuras assustadoras no Brasil, como as que vivi em Mumbai, na Índia, na China ou no Oriente Médio. Ao contrário, sempre contei com uma recepção calorosa. E sempre volto do país animado pela paixão e pelo vigor da igreja brasileira. Nos Estados Unidos, a igreja pode às vezes se assemelhar a uma grande empresa, ao passo que no Brasil o evangelho ainda se apresenta e é recebido como Boa Notícia. Sempre que sou convidado para trazer ânimo e incentivo a essa terra, volto para casa, no final das contas, cheio de ânimo e entusiasmo.

No meu percurso como escritor, tenho sempre tentado mostrar um retrato honesto da igreja, sem deixar de fora todos os seus defeitos e áreas de cegueira. Neste livro, continuo seguindo a mesma direção. Como você verá, retorno aqui com fé renovada para responder à pergunta "Para que serve Deus?". O recente florescimento da fé no Brasil oferece sua própria resposta a essa pergunta.

Que vocês, como nação, possam dar ao restante do mundo um exemplo digno de ser seguido, novo e transbordante de graça.

Philip Yancey

Introdução

A história por trás da pesquisa

Nos últimos dias de novembro de 2008, minha mulher e eu estávamos concluindo uma viagem pela Índia patrocinada por meu editor. Eu havia proferido palestras sobre temas de meus livros em cinco cidades, e o último compromisso envolvia um evento aberto ao público na maior cidade indiana, Mumbai. Aconteceu que aquela foi a horrenda noite em que terroristas atacaram pontos turísticos com granadas e armas de fogo e mataram 165 pessoas. A cidade foi bloqueada, e tivemos de cancelar o evento programado. Falei então numa cerimônia improvisada numa igrejinha de subúrbio numa noite envolta em medo e dor. Mais tarde, quando nos preparávamos para deixar a Índia, houve um tiroteio no aeroporto, e guardas empunhando metralhadoras vasculharam nossas malas em cinco ocasiões diferentes antes de embarcarmos num dos poucos voos internacionais ainda em operação.

Durante a longa viagem de volta, ainda sentindo o susto de ter escapado por um triz, rememorei outras ocasiões intensas em minhas viagens. Entrevistas na China realizadas nos mais sombrios hotéis para não ser apanhado pela polícia secreta; a experiência de ouvir relatos de aturdidos estudantes da Virginia Tech quando mal se passara uma semana após sua tragédia e eu ainda me recuperava do acidente que ameaçou tirar minha vida; a ocasião em que entrevistei uma sala cheia de prostitutas indagando sobre suas sinistras biografias. Quando me envolvo com essas situações extremas, uma pergunta paira acima de todas: Para que serve Deus? O que a fé religiosa oferece a camponeses que sofrem perseguição, ou a estudantes que se recuperam de um massacre no *campus*, ou a mulheres que passaram anos sendo praticamente escravas do tráfico do sexo? Se eu conseguir achar uma resposta, ou pelo menos um indício de resposta à pergunta para que serve Deus em situações semelhantes, isso me ajudará a responder às questões mais difíceis da fé que às vezes confundem todos nós.

Numa entrevista à imprensa no início da década de 1980, um jornalista perguntou ao romancista Saul Bellow: "Sr. Bellow, o senhor é escritor, e nós somos escritores. Qual é a diferença entre nós?" Bellow respondeu: "Como jornalistas, vocês lidam com as notícias do dia. Como romancista, lido com as notícias da eternidade". Ironicamente, foi minha carreira de romancista que me direcionou para as notícias da eternidade. Minhas aventuras jornalísticas se tornaram para mim uma forma de verificar a verdade daquilo que escrevo. O "Deus de toda consolação" poderá trazer realmente consolo a um lugar ferido como Mumbai ou o *campus* de Virginia Tech? As cicatrizes do racismo no sul dos Estados Unidos, sem falar na África do Sul, serão curadas algum dia? Uma minoria cristã será capaz de provocar alguma fermentação num ambiente hostil como o da China ou do Oriente Médio? Faço-me essas perguntas todas as vezes que assumo uma tarefa desafiadora.

Eu deveria mencionar o fato de que, em testes de personalidade, os resultados me classificam como extremamente introvertido. Escrever é um ato solitário, e me sinto muito satisfeito de poder me trancar numa cabana nas montanhas com uma pilha de livros e lá passar uma semana inteira, sem falar com ninguém, exceto o quitandeiro. As viagens me deixam exausto e são caras, e os compromissos públicos em países em desenvolvimento muitas vezes me parecem "discursos em campo de combate". Ao voltar para casa, sinto-me feliz em retomar a vida de um peregrino solitário. Apesar disso tudo, continuo viajando pelo mundo indagando o que acontece quando a fé sobre a qual escrevo na cabana da montanha enfrenta o mundo real. Ela funciona?

Sempre acontece, com o intervalo de alguns anos, que um renomado ateu ou agnóstico publica um novo livro questionando o valor da religião em geral e do cristianismo em particular. Alguns desses livros se parecem com os discursos bombásticos de adolescentes, ao passo que outros levantam questões importantes. Enquanto isso, pesquisas americanas de âmbito nacional mostram um crescimento estável do número de cidadãos que, ao serem indagados sobre sua filiação religiosa, declaram não ter "nenhuma religião" (passando de 2,7% da população em 1957 para 16% em 2009). O total de americanos que hoje professa não ter "nenhuma religião" supera o total conjunto de episcopais, presbiterianos, metodistas e luteranos. Seu número quase dobrou desde 1990, e o percentual é ainda mais elevado na Europa.

É de estranhar que dois terços dos entrevistados que afirmam não ter nenhuma religião ainda acreditem em Deus. Alguns deles julgam que a religião organizada é hipócrita ou irrelevante; outros simplesmente questionam para que serve Deus. Durante os anos em que o Ocidente resistiu ao "comunismo ateu", a religião parecia um baluarte importante. Hoje nossos inimigos mais destacados são extremistas religiosos. Não deve surpreender que cada vez mais gente tenha dúvidas sobre o valor da fé religiosa.

Os defensores da fé cristã se erguem e refutam os céticos ponto por ponto. Como jornalista, abordo essas questões de maneira diferente. Prefiro sair para o campo da vida e examinar como a fé se comporta, especialmente em condições extremas. Uma fé que tenha sua importância produz resultados positivos, oferecendo assim uma resposta existencial à pergunta latente: Para que serve Deus?

Os fabricantes de produtos de alta tecnologia usam uma expressão denominada "teste do usuário". Os engenheiros projetam produtos maravilhosamente inovadores: *iPhones*, *netbooks*, *video games*, *notebooks*, *mp3 players*, dispositivos de armazenamento ótico. Mas será que o produto novo em folha sobreviverá ao uso dos consumidores do mundo real? Que acontecerá se ele acidentalmente for derrubado da mesa ou cair na rua? Ele vai continuar funcionando?

Procuro testes semelhantes na esfera da fé. Minhas viagens têm me levado a lugares onde os cristãos enfrentam o fogo purificador da opressão, da violência e da calamidade. Este livro relata histórias de lugares como a China, onde a igreja está crescendo espetacularmente, apesar de um governo ateu; como o Oriente Médio, onde a outrora vicejante igreja da região central agora mal sobrevive; e como a África do Sul, onde uma igreja multicolorida junta os cacos de seu passado racista. Nos Estados Unidos visitei não apenas Virginia Tech e uma convenção de prostitutas, mas também um grupo de alcoólicos anônimos de Chicago e dois territórios do Cinturão Bíblico do Sul.

Quando passo algum tempo num desses contextos, minha fé passa por um teste de usuário. Eu falo realmente sério quando escrevo lá de minha casa no Colorado? Posso acreditar, como garantiu o apóstolo João, que "maior é aquele que está em vós do que aquele que está no mundo"? Posso confiantemente proclamar essa verdade a uma mulher que luta para alimentar seus filhos sem retornar à prostituição, a um alcoólico que luta contra uma vida inteira de dependência, a um interno de uma das prisões mais violentas da África do Sul?

Devo admitir: minha fé seria muito mais arriscada se eu conhecesse apenas a igreja dos Estados Unidos, que mais pode parecer uma instituição que perpetua a si mesma. Não é assim em outros lugares. Quase sempre volto de meus ciclos de palestras imbuído de coragem, confiante em minha fé. Apenas um terço dos cristãos do mundo é atualmente de ocidentais, e tenho tido o privilégio de ver provas extraordinárias de Deus em ação: o milagre da reconciliação na África do Sul, o maior ressurgimento numérico da História irrompendo sob a repressão do governo chinês, os cristãos indianos voltando sua atenção ao grupo mais excluído do planeta. Como escritor, quero dar essa boa notícia ao exausto Ocidente, pois essas histórias quase nunca são apresentadas na televisão.

Com toda a honestidade, devo mencionar uma última razão que me leva a aceitar minhas tarefas mundo afora: elas me permitem entrar em contato com meus leitores. Os escritores precisam ser lembrados de que o realizado no isolamento pode realmente tocar as pessoas, e assim o ponto alto dessas viagens acontece quando me encontro com leitores de meus livros. Na África encontrei gente com nomes bíblicos como Sadraque, Mesaque, Abede-Nego, Beleza, Preciosa, Obrigado, Testemunho, Dádiva e Fortuna. Os filipinos têm nomes ainda mais estranhos: Bot, Bos, Ronchie, Bing, Peachy, Blessie, Heaven, Cha Cha, Tin Tin ("Meus amigos me chamam de Tin ao Quadrado", diz ela sorrindo).

"Nosso relacionamento é desigual", eu costumava dizer, brincando, antes de autografar um livro. "Vocês sabem tudo sobre mim, pois qualquer coisa que eu pense ou faça acaba entrando num livro. Eu não sei nada sobre vocês.

Então, nos poucos segundos em que estamos juntos enquanto autografo o livro, contem-me o segredo mais profundo de sua vida, algo que vocês jamais contaram a ninguém". Já deixei de fazer essa sugestão porque algumas pessoas me levavam a sério e me contavam segredos que eu não tinha o direito de saber. Nesse processo, aprendi como pode ser íntimo o vínculo que se cria entre os leitores e um autor que eles nunca viram.

Esses encontros me convencem de que não estou lutando sozinho com os problemas sobre os quais escrevo. Às vezes me pergunto por que devo sempre voltar ao problema do sofrimento. Depois, numa viagem para a divulgação de um livro, vejo um senhor idoso, com uma barba exuberante, que se arrasta até o microfone e murmura: "Deus me deu o mal de Parkinson. Como posso pensar que Deus ouve o que tenho a dizer em minhas orações?" Ouço relatos sobre suicidas, sobre vítimas de deficiências congênitas, sobre doenças terminais, sobre crianças atropeladas. Uma mulher me conta que, levada pelo desespero, durante seus dezenove anos de casamento sofrido, fazia a seguinte oração: "Senhor, se alguém morrer atropelado por um motorista embriagado, que seja o meu marido". Conheci uma mulher, espantosamente jovem, vítima de esclerose múltipla, que veio mancando até mim para me dizer que está aprendendo tudo o que consegue sobre a oração porque a doença está avançando tão rápido que em breve lhe sobrará muito pouco a fazer, a não ser orar.

Discorro sobre o tópico da graça, e uma mulher se aproxima da mesa para dizer-me que precisa dedicar-se mais ao perdão. "Não é o que todos devemos fazer?", pergunto. "Não, preciso mesmo fazer isso!", responde ela, e prossegue dizendo que o pai dela matou seu marido. "Primeiro ele me roubou o passado, ao abusar de mim; agora ele me roubou o futuro". E, no entanto, ela não quer que seus filhos cresçam odiando o avô, que está cumprindo pena na prisão. O homem atrás dela espera com paciência enquanto conversamos; depois ele me fala sobre o estupro sofrido por sua filha no estacionamento do aeroporto de Phoenix. "Ela decidiu não tirar a criança, uma menina", diz ele. Deu-lhe o nome de Graça.

Depois de uma palestra sobre oração, uma adolescente me conta, sorrindo, que agora ela precisa orar por sua irmã. Por quê? "Porque o senhor disse que devemos orar por nossos inimigos!" Falando mais sério, uma mulher da mesma fila, que se ordenou pastora, me conta sobre um período sombrio depois de perder seu filho, quando, por dezoito meses, ela não conseguia forças para orar. Um dia, ela gritou: "Deus, não quero morrer assim, com toda a comunicação cortada!". Mesmo assim outros seis meses se passaram antes de ela conseguir retomar a prática da oração.

Depois de cada viagem volto a meu escritório no porão, mortificado e também enlevado, graças a meus encontros com leitores. Numa viagem de divulgação de um livro pela costa leste, conheci cristãos comuns que se dedicam a causas tão disparatadas como a dos sem-teto da Pensilvânia, a dos criminosos sexuais de Nova Jersey e a dos estudantes asiáticos de Harvard. Ouço falar sobre um soldado que decidiu seguir literalmente a recomendação "Orai pelos vossos inimigos": ele promove o *site* ATFP.org (Adopt a Terrorist For Prayer — Adote um terrorista para orar por ele), que publica fotos de terroristas conhecidos. Na Austrália conheci duas mulheres comuns que põem a graça em ação: elas estão enviando um exemplar de meu livro sobre a graça a 89 políticos da Irlanda do Norte, com uma nota dizendo que há cristãos do outro lado do mundo orando por eles em sua incessante busca da paz. "Conseguimos um bom desconto nos livros, pagando apenas cinco dólares por exemplar; mas a postagem custa treze dólares para cada livro".

Este livro junta meus dois papéis, o de palestrante e o de escritor, em meus encontros com alcoólatras e estudantes da Bíblia, com executivos da China e *dalits* (intocáveis) da Índia, com fãs de C. S. Lewis em Cambridge e carismáticos de Joanesburgo. Se a fé cristã é verdadeira, ela deve exercer algum efeito sobre todos esses grupos distintos, e quando passo um tempo entre eles minha própria fé se purifica. Durante esse processo, ocorrem surpresas, como visitar no dia depois da eleição de Barack Obama o local onde Martin Luther King foi assassinado; ou uma pessoa procurada pela polícia chinesa de repente aparecer para uma entrevista. Em cada capítulo, conto a história por trás da história e depois apresento uma versão de meu pronunciamento naquela ocasião.

(O ato de escrever me dá uma vantagem em relação ao de falar: posso editar minhas palavras. Algumas das palestras aqui transcritas seguem de perto o que eu de fato disse, ao passo que em outras introduzi mudanças para evitar repetições e também para adaptar o material que era relevante apenas para a plateia original. Em certos casos, também mudei nomes para preservar a privacidade.)

Descobri em minhas viagens que alguns temas são universais, independentemente da aplicação pessoal. A pergunta "Para que serve Deus?" ocorre de algum modo a todas as pessoas que passam pela experiência da dor, da morte, da pobreza ou da injustiça — em outras palavras, ocorre a todo mundo. De fato, quando examino o itinerário dos últimos anos, parece-me claro que escolho deliberadamente tarefas de cunho jornalístico que contribuam para minha pesquisa. Durante certo tempo examino histórias de gente que provou muito mais opressão, violência e caos do que jamais vou provar. Espero e oro pedindo que alguma coisa do que aprendi nesses dez lugares visitados se torne parte de sua busca, leitor, da mesma forma que esses lugares se tornaram parte de mim.

Quando fui a Nova York para conversar com meu editor sobre o manuscrito deste livro, comprei, por capricho, ingressos para o *show* de Aretha Franklin (a "Rainha da Soul Music") no Radio City Music Hall. O ponto mais alto da apresentação foi quando ela soltou a voz na canção "Uma noite com o Rei".

> Uma noite com o Rei
> Muda tudo, eu sei.
> Uma noite em sua mansão
> Pode mudar tua direção.
> Um momento em sua presença
> Mudará toda tua aparência.
> Uma noite com o Rei muda tudo, eu sei.

Seis mil admiradores — *nova-iorquinos* — puseram-se de pé para aplaudir e gritar pedindo bis. Aretha havia tocado num profundo anseio de todos nós: o desejo de mudança, a crença de que, de algum modo, o bem permanente pode ser, por Deus, extraído deste planeta imperfeito e de nós, seus imperfeitos habitantes. Ousamos alimentar essa esperança, essa fé?

VIRGINIA TECH, ABRIL DE 2007

1 O mês mais cruel

No início de uma manhã de domingo, em fevereiro de 2007, voltando de carro depois de proferir uma palestra em Los Álamos, no Novo México, tomei uma remota rodovia secundária perto da fronteira do Colorado em busca de alguma variação da paisagem. Havia nevado alguns dias antes, e várias vezes fui surpreendido por trechos escorregadios, com gelo sobre o asfalto. De repente, quando fiz uma curva em descida, meu Ford Explorer começou a deslizar desgovernado. Fiquei firme, virando o volante para a esquerda, depois para a direita, depois de novo para a esquerda até que o pneu traseiro do lado direito saiu do asfalto para a terra fofa. O Explorer começou a capotar lateralmente ribanceira abaixo.

É o fim, pensei, com as mãos instintivamente agarradas ao volante para impedir que os braços se agitassem descontrolados. *Poderia ser o fim.* Não havia tempo algum para o medo. O coração disparou, e eu sentia uma estranha mistura de pavor e desamparo enquanto o veículo capotava cinco vezes. O barulho era ensurdecedor, um crescendo de vidro, plástico e metal, tudo se despedaçando ao mesmo tempo. O console do rádio saltou do painel feito um projétil. Todos os vidros se estilhaçaram, espalhando esquis, botas, esqueites, meu *laptop*, uma cesta de comida e malas naquele campo do Colorado. Finalmente o movimento cessou, com o veículo sobre suas rodas envolto numa nuvem de fumaça.

Abandone o carro, disse a mim mesmo, guiado pelo que vira em filmes de carros explodindo em chamas. Soltei o cinto de segurança e me esgueirei por baixo do teto amassado e me arrastei para o chão. O nariz sangrava, tinha cortes no rosto, pernas e braços, e sentia uma dor lancinante na parte superior do pescoço. Caminhei aturdido, sem direção, vendo minhas coisas espalhadas pelo campo. Procurei no chão meu celular, perguntando-me quanto tempo levaria até um carro passar por aquela rodovia desolada.

Dentro de cinco minutos um carro parou, e um mórmon de camisa branca e gravata insistia para que eu vestisse um casaco e me sentasse em seu carro enquanto ele me segurava e imobilizava a cabeça até que uma ambulância chegasse. "Estamos indo para uma igreja aqui perto", disse ele. "Sou o chefe do serviço de ambulância deste condado. Apenas faça o que lhe digo e você ficará bem". Parecia-me reconfortante obedecer a ordens. Ele me submeteu a uma série de testes para determinar meu estado mental; perguntou-me qual era o dia da semana, o presidente dos Estados Unidos, meu segundo nome.

Algumas horas depois, deitado e amarrado a uma mesa de hospital, soube da origem da dor. "Não há um jeito fácil de dizer isto, sr. Yancey", começou o jovem médico, depois de estudar os resultados de minha tomografia computadorizada. "O senhor está com o pescoço quebrado, especificamente a terceira vértebra; é o que chamamos de 'fratura cominutiva' ou 'pulverizada'". A boa notícia: não havia ruptura da coluna vertebral, caso em que eu teria ficado paralisado como Christopher Reeve. A má notícia: a vértebra fora fraturada perto de uma artéria importante, que poderia ter sido afetada por um fragmento ósseo.

"Temos um jatinho à espera para levá-lo a Denver, se for necessário", continuou o médico. "Vamos fazer outra tomografia, desta vez usando um reagente de iodo para verificar se há algum vazamento da artéria. Devo ressaltar, esta é uma situação de risco de morte. Se a artéria estiver vazando sangue, o senhor provavelmente não vai aguentar até Denver. Aqui está o telefone. Você pode ligar para seus entes queridos e despedir-se, por via das dúvidas".

Tudo somado, fiquei amarrado durante sete horas enquanto os médicos discutiam meu destino. Eu precisava de uma cirurgia? Que dano já fora causado? Que mais estava machucado? O minúsculo hospital tinha uma máquina de tomografia, mas não tinha um radiologista, e havia terceirizado o diagnóstico para um grupo de radiologia da Austrália, o que exigia várias horas de transmissão de um lado para o outro, via satélite. Enquanto isso, eu estava imóvel, ligando para membros da minha família, revendo minha vida e preparando-me para a morte.

O que aconteceu foi que, graças a Deus — ah, sim, graças a Deus —, os exames mostraram que não havia nenhuma artéria perfurada. O hospital me deu alta na noite do mesmo dia, equipado com um colar cervical que me impediria de mover a cabeça durante as doze semanas seguintes. "Nunca deixe de usar este colar", recomendou-me o médico. "Fique com ele 24 horas por dia. Aqui está outro colar a ser usado durante o banho. Um pequeno escorregão poderia significar a morte".

Acho que não consegui ter uma noite de bom sono naqueles três meses. Eu lia apoiando um livro no alto de uma mesinha portátil. Muitas vezes borrifava o espelho com pasta dental na hora de escovar os dentes, porque era quase impossível curvar-me sobre a pia. Não podia dirigir, andar de bicicleta ou fazer minhas corridas. Mas eu estava *vivo*!

Por algumas semanas após o acidente fiquei aturdido, num estado de graça, vendo o céu, as árvores, a grama, minha mulher, meus amigos com um novo olhar. Até quando meu corpo massacrado chamava-me a atenção para novas dores e novos sofrimentos: cada novo dia estimulava mais uma vez minha gratidão. Eu acordava com um profundo sentimento de alegria pelas coisas simples: pássaros voando de uma árvore para outra, fofas nuvens matinais, o som de um riacho sobre as pedras e o gelo lá fora, a capacidade de mexer um dedo, de me vestir.

Passei a enxergar o mundo através de uma lente diferente. Cada vez que passava por uma cruz ou por flores memoriais ao lado da estrada eu estremecia, lembrando membros da família que passaram por uma experiência semelhante à minha, com consequências muito mais sombrias. Senti-me de imediato mais consciente do sofrimento do mundo, que os noticiários e a internet introduzem em nossa casa todos os dias, e mais grato pela simples alegria e pela beleza da vida, devolvidas a mim pela graça.

Seis semanas após o acidente, sentado diante da tela do computador, posicionado agora para adaptar-se a meu colar cervical, o telefone tocou. Um jovem chamado Matt Rogers apresentou-se. "O senhor não me conhece, mas seu livro *Decepcionado com Deus* significou muito para mim numa fase de depressão grave", disse ele. "Ajudou-me a preservar a fé. Sempre quis agradecer-lhe isso — mas não é essa a razão de meu telefonema". Ele fez uma pausa e engoliu em seco.

"Com certeza o senhor ouviu falar sobre o que aconteceu na Virginia Tech". Já fazia uma semana que o massacre de 32 alunos e professores provocado por um estudante coreano perturbado, que depois se suicidara, vinha aparecendo em todos os noticiários. "Bem, sou pastor nessa universidade. O senhor também escreveu um livro intitulado *Onde está Deus quando chega a dor?*, e é isso o que todo mundo precisa saber por aqui. Dentre os 33 que morreram, nove tinham alguma ligação com nossa igreja, que se reúne aqui no *campus*. Estamos planejando um culto especial para o próximo domingo, aberto a toda a comunidade, e gostaríamos de saber se o senhor poderia falar sobre esse assunto".

Para ganhar tempo, fiz algumas perguntas sobre o estado de espírito no *campus* e perguntei como os dirigentes da igreja estavam se portando. "Normalmente, eu aceitaria de imediato", disse-lhe por fim. "Sinto-me honrado com seu convite. Mas há uma complicação". E então lhe expliquei sobre o acidente. "Os ossos do pescoço ainda estão se recuperando, e o neurocirurgião me alertou para evitar trancos ou solavancos. Vou precisar da autorização dele para viajar de avião. Vou fazer o possível, lhe garanto. O que você está planejando é muito importante, Matt. Eu gostaria muito de estar com você".

O médico ficou apreensivo, especialmente considerando que para chegar à cidade de Blacksburg eu precisaria trocar de avião. Uma aterrissagem brusca poderia deslocar um fragmento ósseo, e as consequências seriam perigosas. Quase cheguei a pegar o telefone para apresentar minhas desculpas, quando me ocorreu uma ideia fantástica. Conhecia um senhor de Denver que trabalhava como consultor jurídico de uma grande companhia de móveis cujo proprietário era um cristão famoso por sua generosidade. Greg Ruegsegger passara por uma experiência sinistramente semelhante à da Virginia Tech: em 1999, sua filha Kacey foi vítima dos disparos que ocorreram no Instituto

Columbine junto com outras 36 vítimas, 13 das quais morreram. Kacey sobreviveu, embora mutilada, e ela e seu pai haviam feito palestras sobre sua experiência e o que eles haviam aprendido.

Eles sabem exatamente o que os alunos da Virginia Tech estão vivendo, pensei. Podem oferecer palavras de sabedoria e ajuda prática como ninguém. Não consegui reprimir um sorriso quando me ocorreu a ideia seguinte: *Além disso, a companhia de Greg tem um jatinho...*

Algumas dezenas de telefonemas depois, tudo estava combinado para que eu voasse num jatinho particular para a Virgínia, com minha mulher, um amigo chegado e quatro integrantes da família Ruegsegger. Aviões particulares são definitivamente a melhor forma de viajar, concluí. A decolagem estava marcada para as 10h de um sábado, e os pilotos nos pediram para chegar ao aeroporto às 9h50, poupando-nos várias horas de chateação com estacionamento, filas e exames de segurança. Só porque eu podia, embarquei com um pequeno canivete suíço no bolso. O avião taxiou até o fim da pista e saiu roncando numa subida íngreme. O piloto inclinou o aparelho lateralmente para nos proporcionar uma visão do brilho do sol sobre as montanhas nevadas a oeste, depois virou e direcionou seu nariz para a altitude de cruzeiro de doze mil metros.

Durante o voo, Kacey contou sua história. Ela se mudara para Columbine no ano do massacre. Depois que dois amigos da escola em que estudara antes cometeram suicídio, Kacey havia começado a falar sinistramente em se matar. Seus pais retiraram todas as trancas das portas no interior da casa, até mesmo a do banheiro, e durante algum tempo a fizeram dormir no quarto deles, para tê-la sob controle. Também procuraram um novo ambiente para que ela pudesse recomeçar. Columbine parecia o lugar perfeito.

Naquele dia de abril, Kacey lia uma revista na biblioteca no momento em que começaram os disparos. Quando Eric Harris e Dylan Klebold entraram na sala, armados, ela se escondeu debaixo de uma carteira, protegendo-se com uma cadeira. Ela os ouviu disparar metodicamente, dirigindo-se para a parte da biblioteca onde ela e outros se esconderam. Espiando lá debaixo da carteira, ela viu Eric Harris se agachar a alguns metros dela e apontar a arma para o rapaz ao lado dela. Num instante a fumaça e o ruído de um tiro encheram o espaço a seu redor.

Em seguida, o atirador voltou-se para Kacey. Ela cobriu os ouvidos com as mãos, o que lhe pode ter salvado a vida. O estrondo do disparo à queima-roupa dilacerou-lhe um polegar e estraçalhou-lhe um ombro, mas não atingiu a cabeça. Ela gritou. Quando o matador berrou "pare de resmungar!", ela se fingiu de morta. Dos seis primeiros alunos alvejados na biblioteca, somente Kacey sobreviveu.

Embora ela já deva ter contado essa história uma centena de vezes, Kacey ainda se desmorona. Permanecemos em silêncio, tendo uma nova consciência do horror de que logo ouviríamos falar num *campus* em estado de choque.

"O que me preocupa a respeito da Virginia Tech", disse por fim Kacey, "é que os alunos estão prestes a deixar a comunidade dos sobreviventes. Eles vão para casa em diferentes estados e ficar com gente que só ouviu falar do que aconteceu e na realidade não passou por aquela experiência. Senti o apoio de uma comunidade aflita durante muitos meses. Eu ia ao mercado com o braço na tipoia e gente que eu nem conhecia me abordava com simpatia e uma palavra de apoio. Mensalmente tínhamos um jantar com famílias de outras vítimas. Todos participávamos da tragédia e nos curávamos, juntos. Esses alunos estão se afastando das únicas pessoas que podem entendê-los".

A cidade de Blacksburg está engastada na cadeia das Blue Ridge Mountains, e víamos a primavera inflamada em nosso translado do aeroporto até o centro. Cornisos e outros arbustos em flor salpicavam as encostas verdejantes, e róseas macieiras bravas animavam a cidade. Instalamo-nos num hotel da vizinhança e caminhamos para o *campus*. Os arquitetos dos principais prédios da universidade haviam escolhido a pedra cinza-amarelada típica da Virgínia, denominada "Hokie", extraída de pedreiras locais. Eu não esperava encontrar prédios tão tradicionais numa escola de alta tecnologia. Fitas amarelas usadas para demarcar o cenário de um crime cercavam uma das mais belas estruturas, o Norris Hall, onde aconteceu a maioria dos disparos, e membros da polícia estadual montavam guarda. Depois de trancar as portas do Norris Hall com correntes, Seung-Hei Cho foi sistematicamente de sala em sala, disparando 174 cargas de munição contra professores e alunos até acabar. Então, apontou a escopeta semiautomática contra si mesmo.

A universidade Virginia Tech tem um *campus* imaculado, e era surreal a experiência de caminhar entre os belos prédios de pedra, cercados de canteiros de tulipas e narcisos, e encontrar de repente memoriais improvisados dedicados aos que haviam morrido alguns dias antes. A escola havia tentado controlar a proliferação de memoriais instalando um barracão listrado do tamanho de uma quadra de tênis no campo central de treinamento, um barracão contendo dezenas de milhares de mensagens enviadas por jardins de infância, universidades, igrejas e indivíduos. Cada um dos 33 que morreram (sim, incluindo o assassino Cho) tinha seu espaço designado no barracão, onde amigos e familiares podiam deixar lembranças pessoais: uma bola de beisebol, um ursinho de pelúcia, um exemplar de *O Grande Getsby*, um copo da Starbucks.

Caminhando pelo barracão, me dei conta do que os meios de comunicação fazem com nossa percepção dos fatos. Eu pensara nos 33 que morreram como um grupo, "a pior chacina na história dos Estados Unidos", como uma rede de televisão repetia seguidamente. Passando por memoriais individuais, encontrei Ryan e Emily e Juan e Walled e Julia — 33 indivíduos, não um grupo. Os bilhetes escritos à mão ressaltavam isso: "Eu te amo"; "Conheci você"; "Não conheci você"; "Eu gostaria de tê-lo conhecido"; "Sinto sua falta"; "Você fez diferença em minha vida"; "Obrigado, Senhor, por salvar meu filho; cuide dos 32. Descansem em paz".

Do outro lado do campo de treinamento, outro memorial surgira espontaneamente. Este era constituído por 33 pedras "Hokie", embaixo de um cartaz que identificava cada pessoa que morrera. Os visitantes deixavam poemas dentro de plásticos, bilhetes em pôsteres já desbotados pelo tempo, fotos, bandeiras americanas, buquês de flores, balões inflados, bichinhos de pelúcia. Os memoriais formavam um semicírculo diante do prédio da administração; à noite um círculo de velas iluminava o local.

A ambivalência em relação a Seung-Hui Cho era visível. Nenhuma faixa exibia seu nome, mas mesmo assim as pessoas ainda deixavam bilhetes e flores. Uma pedra Hokie havia aparecido marcando seu lugar, depois desapareceu, depois tornou a aparecer. Copiei parte de um poema que alguém deixou lá:

> Minha inocência é minha sobre a cruz, e você não pode tê-la.
> Você não terá agora e não terá jamais poder sobre mim.
>
> A verdade é que sinto falta de você.
> Eu gostaria de ter podido mostrar-lhe seu amor, sua paixão, sua verdade [de Deus].
> Isso me libertou.
>
> Eu não fui capaz de compreender você. Sinto muito.

Outro bilhete dizia: "Para Cho: Espero que na outra vida você não precise recorrer à violência para ser ouvido".

As pessoas faziam fila diante dos memoriais, geralmente em silêncio, segurando-se umas às outras como numa tempestade, enxugando lágrimas por trás dos óculos de sol, curvando-se para ler os bilhetes. Topamos com memoriais ainda mais improvisados em outras partes do *campus*: na frente de um dormitório, ao lado de uma sala de aula, sobre alguns degraus, num centro estudantil. O cheiro adocicado de velas perfumadas pairava no ar. Quem vê os noticiários ouve reportagens sobre uma das mais lúgubres chacinas num *campus* dos Estados Unidos. Quem visita pessoalmente o local se impressiona com as incríveis manifestações de compaixão e solidariedade provenientes de todos os estados da União e de muitos outros países.

Os ministros do *campus* nos disseram que dezenas de outros ministérios, alguns meio malucos, outros perfeitamente sadios, haviam invadido o *campus*. Músicos cristãos chegaram de avião da Inglaterra, e conhecidos evangelistas americanos montaram ali suas barracas. Cientologistas distribuíam gratuitamente exemplares de livros de L. Ron Hubbard. Equipes especializadas em lidar com situações críticas distribuíam seus folhetos. No fim esses gestos começaram a produzir uma espécie de reação. Morando no Sul, os estudantes da Virginia Tech estão habituados a palestras de cunho religioso, mas eles se opõem ao que parece ofensivo e agressivo ou interesseiro. Fórmulas e respostas prontas não condiziam com as questões levantadas por aquilo que acontecera em seu *campus*.

Na noite de sábado nos encontramos com o pessoal da Associação Cristã Vida Nova, a igreja anfitriã. Matt Rogers, que nos convidara, disse: "Como ministro da juventude, prevejo casamentos, não funerais. Não temos um livro de orientações para algo como o que aconteceu". Na verdade, ninguém tem. Todavia, centenas de pessoas do *campus* se voltaram para a igreja em busca de orientação e consolo, e o pessoal tinha de dar uma resposta.

Uma dezena de componentes do grupo descreveu a experiência que cada um vinha tendo, tanto no nível pessoal quanto no aconselhamento de estudantes do dormitório e salas onde haviam ocorrido os disparos. Foram momentos intensos de perguntas, lágrimas e compartilhamento, e os Ruegsegger proporcionaram muita ajuda concreta. Como disse Greg: "Há uma fraternidade muito reduzida de pessoas que conhecem a experiência que vocês estão vivendo. Nós conhecemos. É por isso que estamos aqui".

Membros da igreja já haviam aparecido na CNN, Fox e em todos os principais programas de canais de notícias. "O mundo inteiro está ouvindo", advertiram os pastores. "Não reajam com ódio ou amargor, não acrescentem mais dor a essa penosa situação. Sigam a norma de Paulo em Romanos 12: 'Não se deixem vencer do mal, mas vençam o mal com o bem'".

Também tivemos um encontro com os alunos que foram mais afetados pela tragédia. A discussão no início foi lenta e cheia de hesitação até que um estudante coreano se manifestou. "Eu estava na frente do Norris Hall e vi alunos pularem pela janela para escapar. Depois descobri o que aconteceu. Como coreano, sinto vergonha e culpa. Um de meus compatriotas fez isso! À noite tenho pesadelos e quero dormir o dia inteiro. Sinto-me exausto o tempo todo. Que faço com meu sentimento de culpa?".

Kacey respondeu imediatamente. "Meu coração se parte por você", disse ela, sem tentar sufocar as lágrimas. E continuou falando de seus sentimentos depois de Columbine. Ela também sentia a "culpa do sobrevivente", mesmo tendo tido um ombro arrancado. Todas as vezes que se encontrava com as famílias dos que morreram, sentia-se embaraçada. "O que você está sentindo é normal. Você está vivendo com uma normalidade diferente do que era antes. Alguns de vocês sentem raiva. Preciso dizer: não senti muita raiva até pouco tempo atrás, oito anos depois do massacre de Columbine. Eu trabalhara muito para conseguir meu diploma de enfermagem, mas à medida que meu ombro foi piorando fui obrigada a aposentar-me por invalidez. Eric Harris me tirou mais do que a saúde naquele dia; roubou-me a carreira. Ainda estou aprendendo o que significa para mim uma "normalidade diferente". Mesmo hoje em dia, quando vejo alguém usando um casaco em qualquer lugar, tenho sobressaltos".

Alguns alunos se mostraram visivelmente angustiados. Alguns se recusaram a falar. Alguns não conseguiam falar de nenhuma outra coisa. Enquanto os ouvia percebi mais uma vez como é diferente observar um acontecimento como a tragédia da Virginia Tech na televisão e viver diretamente essa experiência. Os repórteres captam o drama, depois o resumem, acrescentam estatísticas, interpretam, apresentam um revestimento de significado. Contrastando com isso, muitos dos que vivem a experiência vagam sem rumo numa névoa, aturdidos, sentindo o que nunca sentiram antes, sem ter um mapa de significados. As emoções mudam como o vento.

Mais tarde, naquela noite, Greg disse: "Ainda me preocupo com o que vai acontecer em seguida com esses jovens. Columbine continuou no centro das atenções lá onde morávamos, e recebíamos apoio de todos os lados. Logo esses jovens vão se dispersar por todo o país, voltando para encontrar-se com gente que não sabe como lidar com eles. É como o que acontece com os soldados que, depois de lutar numa guerra, voltam com a Síndrome Pós-Trauma para a vida de seu bairro".

Domingo, no centro dos estudantes do *campus*, realizamos dois cultos, com a presença de aproximadamente 1.200 pessoas, sendo 90% estudantes. Greg falou alguma coisa sobre sua experiência de Columbine, e falei sobre "Onde está Deus quando chega a dor". Minha editora, Zondervan, havia providenciado um exemplar grátis de meu livro com esse título para cada pessoa que assistisse aos cultos. Não creio que já me tenha dirigido a uma plateia mais silenciosa, mais sombria.

O fato de eu estar usando o colar cervical, embora isso não tivesse nenhuma ligação com o que os estudantes estavam vivendo, de certa forma fez que me sentisse em casa. Aprendi que qualquer dor é dor. Um adolescente autodestrutivo, a recorrência de um câncer, um pescoço quebrado, disparos ao léu — tudo se resume às mesmas questões básicas. Que pode a fé oferecer em ocasiões semelhantes? Para que serve Deus?

E que respostas eu poderia apresentar? Os estudantes, a dor estampada no rosto, faziam lembrar avezinhas famintas de bico aberto, esperando desesperadamente um bocadinho de conforto.

Palestra: Onde está Deus quando chega a dor?

Virginia Tech, abril de 2007

"Abril é o mês mais cruel". Quando escreveu esse verso que inicia seu poema *A terra gasta*, em 1921, T. S. Eliot não tinha ideia de como ele soaria profético nos Estados Unidos modernos. Oklahoma City, Escola Columbine e agora Virginia Tech — em nosso calendário relembramos todos esses episódios dentro do espaço de cinco dias de abril, uma semana mergulhada na dor.

Junto com Greg e Kacey e outros que vieram do Colorado, quero agradecer-lhes a honra de estarmos hoje aqui com vocês. Vocês nos convidaram para participar do momento mais delicado e profundo de sua vida, algo que levamos muito a sério.

Nesta manhã estamos reunidos numa tentativa de ver sentido naquilo que aconteceu neste lindo *campus* de Blacksburg, tentando processar o improcessável. Estamos reunidos nesta igreja, em parte porque não conhecemos um lugar melhor para onde trazer nossas perguntas e nossa dor; e em parte porque não conhecemos outro lugar para nós agora. Como disse certa vez o apóstolo Pedro num momento de confusão e dúvida: "Senhor, para quem iremos?".

Refletindo sobre o que lhes dizer, me apanhei seguindo dois fios diferentes. O primeiro fio é o que eu *gostaria* de dizer, as palavras que eu gostaria de poder dizer. O segundo fio é a verdade.

Eu gostaria de poder dizer que a dor que vocês estão sentindo desaparecerá, se desvanecerá para nunca mais voltar. Sem dúvida vocês ouviram comentários desse gênero partindo de seus pais e de outras pessoas: "As coisas vão melhorar"; "Você vai superar isso"; "Isso também vai passar". A intenção deles, dos que oferecem conforto, é boa, e é verdade que não sentirão para sempre aquilo que estão sentindo agora. No entanto, também é verdade que o que aconteceu no dia 16 de abril de 2007 permanecerá com vocês por toda a vida. Sua vida mudou devido àquele dia, por causa dos atos de um jovem perturbado.

Lembro-me de quando três de meus amigos morreram. Eu estava então na casa dos trinta anos, tinha pouca experiência com a morte. No meio da profunda dor descobri por acaso uma estrofe de George Herbert que me deu muito conforto: "A dor se desfaz como a neve em maio / como se essa coisa fria não existisse". Agarrei-me a essa esperança naquele momento em que a dor me sufocava como uma avalanche. De fato, a dor se desfez, mas, como a neve, ela também voltou, de formas cruéis e inesperadas, ao estímulo de um som, um cheiro, uma foto, algum fragmento de lembrança de meus amigos.

Assim, não posso dizer o que quero dizer: que isso também vai passar. Em vez disso, saliento a dor que vocês estão sentindo, e continuarão sentindo, como um sinal de vida e de amor. Estou usando um suporte porque fraturei o pescoço num acidente de automóvel. Quando estava lá deitado, preso a uma maca, durante as primeiras horas os médicos se recusaram a me dar algum remédio para a dor enquanto testavam minhas reações. O médico continuava investigando, movendo meus braços e minhas pernas, beliscando e cutucando-me com uma agulha, sempre com a pergunta: "Dói? Você está sentindo isto?". A cada pergunta eu respondia "Sim! Sim", e a cada resposta ele sorria dizendo: "Isso é bom!" As sensações comprovavam que minha espinha dorsal não fora prejudicada. A dor era uma prova de vida, de união, um sinal vital de que meu corpo continuava inteiro. A medicina se sente impotente ante um corpo incapaz de sentir.

Na dor, o amor e o sofrimento convergem. Seung-Hei Cho não sentiu dor alguma enquanto ia alvejando seus colegas porque ele não tinha amor por eles. Vocês sentem essa dor porque tinham um vínculo. Embora alguns de vocês tivessem laços mais íntimos com as vítimas, todos pertencem à mesma comunidade, ao mesmo *corpo*, assim como aqueles que morreram. Quando esse corpo sofre, vocês sofrem. Lembrem-se disso ao lidarem com a dor. Não tentem simplesmente sufocá-la. Reconheçam nela uma sensação de vida, de amor.

Os estudiosos da medicina lhes dirão que numa ferida profunda há dois tipos de tecido que precisam de cura: o tecido conjuntivo, sob a superfície, e a camada externa, protetora da pele. A razão de esta igreja e de outros ministros no *campus* oferecerem aconselhamento e promoverem cultos como este é ajudar esse tecido profundo, conjuntivo, a curar-se. Só depois se formará novamente uma camada protetora, tomando a forma de cicatriz.

❖ ◆ ❖ ◆ ❖

Estamos aqui reunidos como cristãos, e como tais almejamos seguir um homem que veio de Deus dois mil anos atrás. Leiam os evangelhos e lá vocês vão encontrar uma única cena em que alguém se dirige a Jesus diretamente como Deus: "Senhor meu e Deus meu!" Sabem quem disse isso? Foi o incrédulo Tomé, o discípulo mergulhado na tristeza, esse último bastião de resistência à crença na incrível notícia da ressurreição. Jesus apareceu a Tomé em seu novo corpo transformado e apagou as dúvidas dele. Porém, o que motivou aquela explosão de fé — "Senhor meu e Deus meu!" — foi a presença das "cicatrizes". "Vê as minhas mãos", disse-lhe Jesus. "Chega também a mão e põe-na no meu lado". Num átimo de revelação, Tomé viu a maravilha do Deus Onipotente, o Senhor do Universo, condescendendo para assumir nossa dor, para completar a união com a raça humana.

Nem mesmo Deus ficou isento da dor. Deus uniu-se a nós e participou plenamente de nossa condição humana, até mesmo de sua aflição. Nesse padrão, Tomé reconheceu a verdade mais fundamental do universo: que Deus é amor. Amar significa sentir dor, afligir-se. A dor manifesta a vida.

Os judeus, treinados nas profecias do Antigo Testamento, tinham um ditado: "Onde está o Messias, ali não há miséria". Depois de Jesus poderíamos mudar esse ditado e dizer: "Onde há miséria, ali está o Messias". Bem-aventurados os pobres, disse Jesus, e aqueles que têm fome e sede, e aqueles que choram — *esses somos nós, hoje!* — e aqueles que sofrem perseguição. Jesus abraçou voluntariamente cada um dos estados que chamou de bem-aventurados: ele conheceu a pobreza e sentiu fome e sede; ele chorou; ele foi cruelmente perseguido.

Onde está Deus quando chega a dor? Temos uma resposta porque Deus veio para a terra e nos mostrou isso. O que se deve fazer é apenas seguir Jesus de perto e observar como ele respondeu às tragédias de seu tempo: tragédias em grande escala como um ato de terrorismo do governo no templo ou o desabamento de uma torre sobre dezoito inocentes; e também pequenas tragédias como uma viúva que perdeu seu filho único ou até mesmo um soldado romano cujo servo contraiu uma enfermidade. Em momentos como esses, Jesus nunca fazia sermões sobre o julgamento de Deus ou a necessidade de aceitar a misteriosa providência divina. Em vez disso, ele respondia com compaixão — palavra latina que significa simplesmente "sofrer com" — e conforto e cura. Deus está ao lado de quem está sofrendo.

Nesta manhã, gostaria de poder responder a outras perguntas. Gostaria de apresentar a vocês uma resposta à pergunta: Por quê? Por que este *campus* e não os das universidades Virginia Commonwealth ou William and Mary.

Por que essas 33 pessoas e não vocês ou eu? Não sei responder e encorajo vocês a resistirem a quem, sem pestanejar, lhes oferecer uma resposta. Deus não deu essa resposta a Jó, que como qualquer outro ser humano merecia uma resposta. Jesus tampouco tentou responder aos porquês envolvendo aqueles que morreram em acidentes e atos terroristas. Temos sugestões e explicações parciais, mas ninguém conhece a resposta completa.

O que sabemos com certeza é como Deus se sente. Sabemos como Deus vê o *campus* da Virginia Tech neste exato momento porque ele nos mostrou uma face, uma face sulcada de lágrimas. Onde há miséria, ali está o Messias. Em três ocasiões de que temos conhecimento, Jesus chorou: quando seu amigo Lázaro morreu, quando ele contemplou a cidade condenada de Jerusalém, quando ele enfrentou o sofrimento de sua provação pessoal. "As lágrimas de Deus são o significado da História", concluiu o filósofo Nicholas Wolterstorff, desconsolado depois de perder seu filho.

Nem todos considerarão suficiente essa resposta. Queremos uma resposta mais decisiva, mais satisfatória. Quando a dor nos apanha, às vezes queremos vingança. Frederick Buechner, um de meus autores preferidos, disse: "Eu não sou o Deus todo-poderoso; mas, se fosse, talvez por misericórdia eu curasse a dor inenarrável do mundo, ou então, por misericórdia, eu destruísse o mundo com sua dor". Deus não fez nem uma coisa nem outra. Em vez disso, enviou Jesus, que se uniu ao nosso mundo com toda a sua dor inenarrável para oferecer uma solução mais lenta, menos dramática — uma solução que nos envolve de modo crucial.

Embora meus cabelos já estejam brancos, eu ainda me lembro dos tempos de estudante universitário. A gente tem o futuro pela frente e está apenas despertando para o fato de que cada um é um ser moral independente. Até esse momento, outras pessoas vinham dirigindo sua vida. Na infância, os pais lhe dizem o que fazer e decidem por você. Depois, no ensino fundamental, os professores lhe dão ordens, e esse padrão continua no ensino médio e até mesmo na universidade. A gente mora numa espécie de estação ao longo do caminho que conduz à vida adulta, aguardando até que a vida real de uma carreira e talvez de um casamento com filhos se inicie.

O que aconteceu em Blacksburg no dia 16 de abril demonstra, acima de qualquer dúvida, que sua vida — as decisões que você toma, aquilo em que você acredita, o tipo de pessoa que você é — *agora* tem importância. De fato, não podemos contar com nada que não seja o momento presente. Cinco de seus professores e 28 de seus colegas não têm mais futuro. Para eles, a vida terminou.

Essa realidade eu a entendi de modo cabal exatamente dois meses atrás enquanto dirigia por uma sinuosa rodovia do Colorado. De repente, falhei numa curva, a noventa quilômetros por hora, e meu Ford Explorer saiu da pista e capotou numa ribanceira. Passei sete horas daquele dia amarrado a uma prancha, com uma fita adesiva imobilizando-me a cabeça. Uma tomografia computadorizada mostrou que uma vértebra da parte superior do pescoço fora estilhaçada, e havia cortantes fragmentos ósseos junto a uma artéria importante. Um de meus braços estava livre; usando um telefone celular, com a bateria quase acabando, passei aquelas horas tensas ligando para pessoas próximas de mim, e eu sabia que talvez estivesse ouvindo a voz delas pela última vez. Era uma sensação estranha ficar deitado sem poder fazer nada, sabendo que, embora consciente e com o cérebro perfeito, se de fato a artéria estivesse perfurada, a qualquer momento eu poderia morrer.

Samuel Johnson disse: "Quando um homem está prestes a ser enforcado, esse fato concentra-lhe a mente de modo extraordinário". Devo dizer-lhes que, quando se está preso a uma prancha após um acidente grave, isso também concentra a mente. Quando se sobrevive a um massacre na Virginia Tech, isso concentra a mente. Enquanto eu estava lá, deitado, percebi que grande parte de minha vida girava em torno de coisas triviais. Acreditem, durante aquelas sete horas não pensei em quantos livros meus haviam sido vendidos, ou que tipo de carro eu dirigia (de qualquer maneira, o carro estava sendo rebocado para o ferro-velho), ou quanto dinheiro havia em minha conta bancária. Tudo o que me importava se resumia a algumas questões fundamentais: "Quem eu amo?"'; "De quem sentirei falta?"; "Que fiz com minha vida?"; "Estou preparado para o que vier depois?" Desde aquele dia, sempre tentei viver tendo bem presentes aquelas questões.

Eu gostaria de prometer a vocês uma vida longa e isenta de dor, mas não posso fazer isso. Deus não nos deu essa garantia, e nem mesmo Jesus recebeu esses favores. Em vez disso, a visão cristã do mundo se reduz a uma fórmula simples. O mundo é bom. O mundo é decaído. O mundo será redimido. Criação, queda, redenção — esta, em resumo, é a história cristã.

Vocês sabem que o mundo é bom. Olhem ao redor para o esplendor da primavera, nas colinas da Virgínia. Olhem ao redor, para os amigos queridos. Embora ainda esmagados pela tristeza, neste exato momento, vocês vão reaprender a sorrir, a brincar, a subir montanhas e a descer rios em caiaques, a amar, a criar filhos. Sim, o mundo é bom.

Vocês também sabem que o mundo é decaído. Aqui na Virginia Tech, em abril de 2007, vocês sabem disso da maneira mais intensamente possível. O autor e detentor do Prêmio Nobel Elie Wiesel manteve uma conversa com um renomado rabino, a quem dirigiu a pergunta que há muito tempo o perseguia: "Rabino, como se pode acreditar em Deus depois de Auschwitz?". Depois de um prolongado silêncio, o rabino respondeu numa voz quase inaudível: "Como se pode não acreditar em Deus depois de Auschwitz?".

A chacina aqui no *campus*, bem como as megadesgraças como Auschwitz, mostra o que a humanidade por si só é capaz de fazer. "Prescindindo de Deus, que sobraria num mundo mergulhado nas trevas por Auschwitz?", perguntou Wiesel.

O capítulo final da história cristã nos pede para confiar que o mundo será redimido. Este não é o mundo que Deus deseja ou com o qual se sinta satisfeito. Ele prometeu um tempo em que o mal será derrotado, quando acontecimentos como os disparos contra crianças da escola *amish*, em Nickel Mine, e contra estudantes da Columbine e Virginia Tech chegarão abruptamente ao fim. Mais, Deus prometeu que até as cicatrizes que acumulamos neste planeta decaído serão redimidas, como Jesus demonstrou fisicamente a Tomé.

Depois do acidente que sofri, tive imediatamente notícias de Joni Eareckson Tada, com quem me encontrara pela primeira vez quase quarenta anos antes, logo depois do acidente que a deixou paralisada. "Sem conhecer a gravidade de seus ferimentos, incluímos seu nome em nossa lista especial de oração por tetraplégicos", escreveu-me ela. Eu me senti em boa companhia. Durante algumas horas havia contemplado a vida como tetraplégico, e agora me maravilho ante a maneira triunfante, embora não desprovida de angústia, com que Joni e outros redimiram suas deficiências. Os sofrimentos de Jesus nos mostram que a dor nos atinge não como um castigo, mas, sim, como um contexto para testar a fé que transcende a dor. Na verdade, a dor redimida me impressiona mais que a dor removida.

Certa vez, fiz parte de um pequeno grupo juntamente com um líder cristão cujo nome vocês provavelmente reconheceriam. Ele passou por maus bocados quando seus filhos adolescentes se meteram em encrencas que lhe custaram noites de insônia e altas contas judiciais. Para piorar as coisas, meu amigo recebeu um diagnóstico acusando uma forma rara de câncer. Nada parecia dar certo em sua vida. "Não vejo problema nenhum em acreditar num Deus bom", disse-nos ele certa noite. "O que eu pergunto é: Para *que* serve Deus?" Ouvimos suas queixas e sugerimos várias respostas, mas ele as rechaçava como se fossem irritantes insetos.

Algumas semanas mais tarde, descobri por acaso uma frase escondida lá pela página trezentos de um livro de Dallas Willard. Dizia: "Nada irredimível nos tem acontecido ou pode acontecer na caminhada para nosso destino no mundo pleno de Deus". Fui novamente ao encontro de meu amigo. "Que me diz disto?", perguntei. "Deus serve para essa promessa — que nada é irredimível?" "Talvez seja", respondeu ele, pensativo. "Talvez até isto possa ser redimido."

Eu gostaria de garantir-lhes um fim para a dor e a aflição, garantir-lhes que vocês nunca mais passarão pela dor que estão sentindo agora. Acima de tudo, eu gostaria de poder garantir isso. Mas não posso. Posso, porém, apresentar-lhes a promessa que o apóstolo Paulo faz em Romanos 8, de que *todas* as coisas podem ser redimidas, podem contribuir para o nosso bem. Mais adiante, nesse mesmo capítulo, Paulo especifica algumas dessas coisas que ele provou na vida, incluindo doenças, espancamentos, encarceramentos, naufrágios e sequestros. Olhando para trás, Paulo pôde ver que, contra todas as probabilidades, Deus redimiu até aqueles acontecimentos críticos.

"Em todas essas coisas, porém, somos mais que vencedores, por meio daquele que nos amou", conclui Paulo. "Porque eu estou bem certo de que nem a morte, nem a vida, nem os anjos, nem os principados, nem as coisas do presente, nem do porvir, nem os poderes, nem a altura, nem a profundidade, nem qualquer outra criatura poderá separar-nos do amor de Deus, que está em Cristo Jesus, nosso Senhor". Coisas terríveis acontecerão neste planeta, e apesar disso temos acesso a uma paz "que excede todo o entendimento" e pode acalmar-nos o coração e a mente em meio à tragédia. O amor de Deus é a verdade fundamental do universo, e eu oro pedindo que vocês não deixem a aflição ofuscar esse fato.

Dez dias antes do massacre neste *campus*, os cristãos do mundo inteiro relembraram o dia mais sombrio de toda a história humana, um dia em que seres humanos maus voltaram-se violentamente contra o próprio Filho de Deus e assassinaram o único ser humano verdadeiramente inocente que já passou por este mundo. Lembramos esse dia não como a Sexta-Feira Sombria, a Sexta-Feira Trágica, a Sexta-Feira Desastrosa — não, comemoramos a Sexta-Feira Boa (em inglês, *Good* Friday), a Sexta-Feira Santa. Aquele dia terrível tornou possível a salvação do mundo e também a Páscoa, um eco antecipado da radiante promessa de Deus de renovar todas as coisas.

Em vez de oferecer um falso otimismo, eu lhes apresento o grande desafio de confiar num Deus que pode redimir o que agora parece irredimível. Bruno Bettleheim, outro sobrevivente do Holocausto, descreve três reações diferentes observadas por ele entre seus colegas de prisão. Alguns simplesmente se sentiam debilitados. Um segundo grupo protegia-se atrás de um escudo de negação, tentando levar a vida como antes. O terceiro grupo, o mais sadio, procurava em vez disso reintegrar-se à vida, incorporando em seu estado de "normalidade diferente" lições que haviam aprendido nos campos de concentração.

Certa vez, durante uma sessão de autógrafos, um senhor aproximou-se de mim e disse: "Você escreveu um livro intitulado *Onde está Deus quando a dor chega?*, certo?" Perfeitamente. "Bem, eu não tenho muito tempo para a leitura. Você pode simplesmente responder-me a essa pergunta numa ou duas frases?" (Os autores adoram esse tipo de gente.) Pensei por um minuto e disse: "Acho que eu teria de responder com outra pergunta: 'Onde está a igreja quando a dor chega?'".

É neste ponto que entram vocês, os estudantes da Virginia Tech. Gostem ou não, os olhos do mundo estão fixos neste *campus*. Vocês viram os caminhões das redes de televisão, via satélite, estacionados pela cidade; viram os repórteres à espreita nos arredores desta escola. Viram seus próprios pastores e esta mesma igreja aparecendo na CNN. O que aconteceu aqui foi tão horrível que para muitos de nós todo o resto parou. Quando acontece um desastre — Columbine, Onze de Setembro, um *tsunami*, um ato de violência num *campus* universitário — o tempo diminui seu ritmo. O momento presente expõe nossa rasa cultura do entretenimento, obcecada pela celebridade, e todos somos forçados a encarar o que é mais importante. Eu entrei no *site* desta universidade e li alguns dos inúmeros comentários espontâneos, 32 páginas repletas de *e-mails* só no dia 16 de abril. O mundo está nos observando hoje aqui.

No último outono eu visitei uma comunidade *amish* muito próxima do local onde ocorreu a chacina da escola Nickel Mine. Lá, como aqui, repórteres de muitos países distribuíram-se em grande número pelas colinas em busca de um bom ângulo. Vieram para fazer um relato sobre o mal e em vez disso acabaram fazendo um relato sobre a igreja. Para surpresa da mídia os *amish* não se perguntavam "Onde está Deus quando chega a dor?". Eles sabiam onde Deus estava. Depois de sua longa perseguição histórica, os *amish* nem sequer por um momento se surpreenderam com mais um horrendo surto de maldade. Eles se ajudaram entre si, cuidaram uns dos outros e até abraçaram a família do assassino. Em resumo, curaram as feridas juntando-se num espírito de comunidade que se solidificara ao longo dos séculos. O mundo percebeu. Um professor universitário me disse ter identificado 2.400 artigos do mundo inteiro sobre a reação dos *amish*, tratando especialmente do tema do perdão concedido ao assassino.

Pelo que pude observar, algo semelhante aconteceu entre vocês em Blacksburg. Ouvi o presidente da Coreia do Sul dizer que, se um americano houvesse perpetrado algo semelhante a isto em seu país, centenas de milhares de manifestantes enfurecidos estariam marchando nas ruas. Nada parecido com isso aconteceu neste *campus*. Vocês mostraram revolta contra o feito maldoso, mas compaixão e tristeza em relação à família de quem o cometeu. Caminhando por entre os memoriais que brotaram por este *campus* como flores silvestres, eu encontrei vários para Seung-Hui Cho.

Eu cheguei ontem e vou embora amanhã, na companhia de uma família que sobreviveu à chacina de Columbine, acontecimento esse que guarda misteriosos paralelos com aquilo que vocês sofreram. Estaremos à sua disposição esta tarde para ajudar vocês, da melhor maneira que nos for possível, a processar o que ninguém da idade de vocês ou de qualquer idade deveria ter de processar. Depois vamos embora, e vocês vão ficar. Dentro de alguns dias vocês partirão para suas casas e tentarão elaborar o longo e lento processo de redenção de uma forma absolutamente pessoal.

Eu lhes peço para honrar a dor que estão sentindo, uma dor que resulta da ligação com aqueles que morreram, amigos de vocês, colegas de classe e professores. A tristeza prova o amor. A dor vai diminuir com o passar do tempo, mas nunca vai desaparecer totalmente.

Agarrem-se à esperança de que nada do que acontece, nem mesmo essa horrível tragédia, é irredimível. Servimos a um Deus que prometeu renovar todas as coisas. J. R. R. Tolkien falou certa vez de uma "Alegria além dos muros do mundo mais pungente que a dor". Vocês conhecem bem a pungência da dor. À medida que a cura for avançando, que vocês também possam conhecer aquela alegria, um antegozo de um mundo redimido.

Por último, não tentem sarar a sós. Confiem nas pessoas nesta sala, no pessoal desta igreja, em outros membros do Corpo de Cristo de sua cidade natal. A verdadeira cura, do tecido conjuntivo profundo, se dá na comunidade. Onde está Deus quando chega a dor? Onde o povo de Deus está. Onde há miséria, ali está o Messias, e hoje neste mundo o Messias assume a forma da igreja. Esse é o significado do Corpo de Cristo.

Termino com uma espécie de bênção, de 2Coríntios 1: "Bendito seja o Deus e Pai de nosso Senhor Jesus Cristo, o Pai de misericórdias e Deus de toda consolação! É ele que nos conforta em toda a nossa tribulação, para podermos consolar os que estiverem em qualquer angústia, com a consolação com que nós mesmos somos contemplados por Deus. Porque, assim como os sofrimentos de Cristo se manifestam em grande medida a nosso favor, assim também a nossa consolação transborda por meio de Cristo".

Que todos vocês, alunos, pais, professores, funcionários, pastores, habitantes de Blacksburg — vocês *Hokies* — venham a conhecer esse Deus de toda consolação, e deixem que esse conhecimento transformador transborde para outros.

CHINA, MARÇO DE 2004

2 Estrondos subterrâneos

Existe alguma sociedade sobre a face da terra que tenha sofrido tantos abalos como a China moderna? Menos de cem anos atrás um imperador servido por eunucos palacianos governava uma nação que praticava a escravidão, o concubinato e a compressão dos pés de meninas para mantê-los pequenos. Depois veio a ocupação japonesa, a brutal guerra civil, a épica Grande Marcha de Mao Tse-tung e o triunfo do comunismo na mais populosa nação do mundo.

Os primeiros relatos otimistas de observadores ocidentais falavam de novos líderes atacando heroicamente os gigantescos problemas da China. Precisamos eliminar pragas, declarava o Chefe Mao, elevado agora quase a divindade, e uma horda de meio bilhão de camponeses obedeceu e se pôs em marcha. A campanha das Quatro Pragas quase conseguiu eliminar os ratos, as moscas e os mosquitos, antes de dirigir sua atenção para os pardais. Vilas inteiras saíam ao anoitecer batendo panelas para espantar os pardais para o alto, onde batiam as asas até a exaustão e depois caíam por terra e morriam. Os líderes descobriram tarde demais que os pardais comiam mais insetos do que trigo, e logo uma praga de gafanhotos de proporções bíblicas devorou as colheitas. Cinquenta milhões de pessoas morreram de inanição durante o "Grande Salto para a Frente", o nome orwelliano atribuído às malucas políticas agrícolas de Mao.

Eu me lembro de que na infância ouvia falar sobre os famintos chineses, e supostamente isso devia inspirar-me a comer tudo o que estava no prato. Na igreja também aprendia sobre os missionários expulsos da China e sobre mártires torturados e depois liquidados por pelotões de fuzilamento. O medo do comunismo me afetava tanto que no ensino médio me matriculei num curso de chinês; talvez eu pudesse trabalhar como espião americano, ou pelo menos conversar com o inimigo e dissuadi-lo de me matar. A professora, uma refugiada, relembrava seu passado aristocrata antes de os comunistas matarem seus pais e confiscarem todos os tesouros da família. Ela nos contou que um milhão de proprietários de terra morreram durante as ondas de violência na década de 1950.

Na mesma semana em que tirei meu diploma do ensino médio, em maio de 1966, Mao lançou uma campanha ainda mais assustadora: a Grande Revolução Cultural Proletária. O Partido havia instalado cem milhões de alto-falantes em lares e aldeias para fazer propaganda, e, quando o Chefe convocou voluntários para erradicar contrarrevolucionários, um exército de jovens respondeu e pôs o Reino do Meio em polvorosa. Alunos espancavam seus professores usando porretes com pregos pontudos e os obrigavam a desfilar pela cidade usando carapuças de burros. Membros da Guarda Vermelha invadiam casas, levavam tudo o que houvesse de valor, e espancavam ou matavam quem fosse acusado de esconder dinheiro. O simples fato de usar óculos, um sinal de escolarização, tornava o cidadão suspeito; os intelectuais tinham de rastejar sobre vidro moído diante de multidões zombeteiras. Indiferente, o chefe da polícia nacional referia-se às gangues de saqueadores, dizendo: "Se alguém for espancado até a morte... nós não temos nada com isso".

Os administradores mais habilitados foram condenados e transferidos para campos de trabalhos forçados, e a economia entrou em decadência. Só havia um negócio importante na China daquela época: a revolução. Em seguida, a atenção se voltou para a religião. Muitos sacerdotes católicos e pastores protestantes passaram temporadas em campos de reeducação, muitas vezes sofrendo torturas até assinarem declarações de renúncia a suas crenças. As crianças eram estimuladas a denunciar pais que orassem ou lessem a Bíblia em casa. Alguns cristãos foram crucificados, tendo pregos cravados nas palmas das mãos. A Guarda Vermelha destruiu milhares de templos, igrejas e mesquitas — seis mil monastérios só no Tibete —, relíquias de uma orgulhosa história que desapareceram numa única década de caos.

Quando visitei a China, em 2004, tudo havia mudado novamente. Guindastes de construtoras projetavam-se para o céu em todos os ângulos, e metade dos navios mercantes do mundo inteiro formava filas nos portos, trazendo as matérias-primas necessárias para concluir fábricas, rodovias e prédios (cerca de dois mil arranha-céus só em Pequim). A China, com seus trilhões de dólares em reservas no exterior, estava agora investindo na África e sustentando bancos ocidentais.

O capitalismo havia voltado com uma vingança. Em pontos turísticos, mulheres da Mongólia usando trajes de cores brilhantes nos perseguiam com cartões-postais e bugigangas, e nas esquinas camelôs ofereciam relógios das marcas Rolex e Tissot. "O senhor quer verdadeiro ou falsificado?", perguntavam. O que estava na última moda em Paris e Milão havia substituído os trajes pardos de Mao no centro cosmopolita da cidade. Todas as cadeias americanas de *fast-food* tinham lojas na capital, incluindo a controversa Starbucks, localizada no palácio da Cidade Proibida.

Um visitante que passou muito tempo na China afirmou: "De todas as mudanças, para mim a que mais se destaca é o trânsito. Vim para a China pela primeira vez em 1981. Uma limusine esperava meu avião no asfalto e me levou para um compromisso no centro. Naquela viagem vi ao todo três carros. Bicicletas, essas sim — oito milhões de bicicletas na Pequim daquela época —, mas carros não. Agora veja só". Fez um gesto mostrando um desfile de Audis, Mercedes e Buicks presos no trânsito. O jornal do dia anunciava o licenciamento do dois milionésimo automóvel de Pequim, e desde minha visita em 2004 outros dois milhões de veículos entraram em circulação por lá.

Eu viera para Pequim não a negócios, mas, sim, para fazer um seminário de fim de semana para uma igreja internacional com 1.700 membros. A congregação havia feito um acordo com as autoridades comunistas: os participantes do seminário se reuniriam num auditório público, não dentro de uma igreja, e, desde que a participação no evento se restringisse a cidadãos estrangeiros, as autoridades lhes concederiam liberdade de culto sem interferência alguma.

De modo bizarro, os porteiros junto ao auditório se comportaram como leão de chácara, checando passaportes e impedindo a entrada de chineses locais.

Todavia, os líderes da igreja não haviam excluído os locais de meu seminário de forma explícita, e isso os deixava nervosos. O Partido Comunista estava realizando sua convenção anual na vizinhança da igreja, e a segurança de Pequim fora reforçada: centenas de policiais isolavam com cordas a Praça Tiananmen. Enquanto eu estava lá sentado esperando para fazer minha palestra na noite de sexta-feira, meu anfitrião sussurrou-me que a Secretaria de Segurança Popular estava presente. "Como você sabe disso?", perguntei. Ele me mostrou dois homens de terno que freneticamente tentavam gravar as palavras de cantos de louvor projetadas na tela em língua inglesa. "Não será surpresa para mim se eles cancelarem os encontros de amanhã", disse ele.

Não cancelaram. Fiz seis palestras ao todo, para uma plateia extremamente receptiva. Num lugar como a China, frequentar a igreja não significa levar alguma vantagem social — pelo contrário — e, por isso, as pessoas que se reúnem para o culto realmente acreditam. Abri espaço para perguntas após quase todas as sessões e percebi que as reações eram profundas e davam o que pensar. Essa igreja tem membros provenientes de sessenta países que representam muitas tradições diferentes, e cultos poderiam incluir um grupo de dança africano, um cantor de ópera europeu ou uma banda de música *country* ocidental.

Eu havia lido o livro *Jesus in Beijing* [Jesus em Pequim] de David Aikman durante o voo para a China. Depois de mais de duas décadas escrevendo para a revista *Time* desde mais de cinquenta países, Aikman demitiu-se, primeiramente para pesquisar e escrever sobre a fenomenal história de igreja na China. Na época em que o comunismo assumiu o poder, a China era a pérola do movimento missionário, com sete mil missionários estrangeiros dirigindo seminários e editoras, bem como novecentos hospitais e seis mil escolas. Praticamente de um dia para o outro, o Chefe Mao os forçou a deixar o país. Membros da maior agência, a Missão do Interior da China, reuniram-se na Austrália para decidir seu destino. Deveriam dispersar-se? Ou deveriam transferir-se para outros países asiáticos? E que fazer em relação à comunidade cristã que ficara na China? Quatrocentos anos de trabalho missionário haviam produzido um milhão de convertidos protestantes e vários milhões de católicos, uma pequena minoria nesse país que já tinha mais de meio bilhão de habitantes. Quem lhes ensinaria, quem imprimiria livros para eles, quem cuidaria dos doentes?

Por várias décadas ninguém sabia como estava a igreja chinesa, especialmente à luz de relatos de tumultos sociais feitos informalmente. Será que a sra. Mao havia conseguido cumprir sua promessa de destruir o cristianismo? Quando a China finalmente começou a abrir suas fronteiras, alguns dos antigos missionários que para lá voltaram a fim de visitar o país assustaram-se ao descobrir que o tamanho da igreja explodira. Aikman estima que o número de cristãos da China hoje em dia supera oitenta milhões; outros sugerem o total de mais de cem milhões. Ninguém sabe com certeza, pois muitos cristãos se reúnem em igrejas domésticas, não registradas e ilegais, de vinte ou trinta membros. Esse que foi de longe o maior ressurgimento numérico na história do cristianismo se deu quase sem nenhuma orientação e influência estrangeira.

O governo comunista atual tolera os cristãos chineses, desde que eles se submetam a uma rígida regulamentação, e autoriza oficialmente apenas as igrejas registradas no Movimento Patriótico da Tríplice Autonomia. Uma vez que o Partido paga os salários dos pastores e indica seus líderes, a qualidade espiritual dessas igrejas varia muito. O escritor Huston Smith visitou uma dessas animadas igrejas da Tríplice Autonomia em Xangai na qual o pastor pedia aos membros da congregação que não fossem à igreja mais de uma vez a cada domingo, para evitar que outros ficassem impedidos de fazê-lo: a multidão presente em cada culto se espalhava por dezesseis salas interligadas por um serviço de som. Todavia, boa parte do crescimento do cristianismo se deu no âmbito de igrejas domésticas não registradas, e isso remonta a quatro notáveis cristãos chineses conhecidos como os "Quatro Patriarcas".

Eu perguntara a uma amiga japonesa que trabalha com as igrejas não registradas se ela poderia agendar para mim alguns encontros — não para eu falar, mas para ouvir histórias de cristãos chineses. No típico estilo japonês, ela levou sua tarefa a sério, reunindo em Pequim líderes do movimento das igrejas domésticas para minhas entrevistas. Em alguns casos eles chegaram após viajar dez horas de trem.

A essa altura eu havia passado vários dias respirando o famoso ar poluído da capital da China. Isso, combinado com o esforço de fazer seis palestras num único fim de semana, me valera um caso grave de "garganta de Pequim". Coriza, queimação nos olhos e garganta seca, feito lixa. O dia seguinte me reservava uma viagem de volta de 24 horas dentro de um avião. Do ponto de vista físico, a última coisa que eu queria era assumir o papel de jornalista e realizar uma série de entrevistas; no entanto, suspeitava que esses encontros poderiam constituir a parte mais memorável de nossa viagem à China.

Para despertar menos atenção, minha amiga japonesa havia feito reservas num hotel dilapidado longe do centro comercial. Além disso, ela pedira vários quartos e fez que cada hóspede ficasse isolado em seu aposento até ser chamado. "É importante que eles não se encontrem uns com os outros", insistia ela. "Desse jeito, se forem detidos e interrogados, ninguém poderá incriminar ninguém". Quando mencionei que havia trazido exemplares de meus livros traduzidos para o chinês para deixá-los como presentes, ela me advertiu: "Está bem, mas, por favor, não os autografe! Caso contrário, as autoridades saberão que eles se encontraram com um estrangeiro".

Durante as cinco horas seguintes fiquei sentando numa esquálida sala de hotel superaquecida por um sibilante radiador e sentindo um forte cheiro de inseticida. Mesmo assim, meus anfitriões mantiveram as janelas bem fechadas para que ninguém nos ouvisse. Também examinaram o ambiente com cuidado em busca de dispositivos de escuta e postaram um guarda no saguão do hotel. Eu me sentia como um personagem de um filme de James Bond e me perguntava se essas precauções eram realmente necessárias na China moderna.

Pouco antes da primeira entrevista, o celular de minha anfitriã tocou, e ela manteve uma conversa nervosa com o tradutor chinês. "Más notícias", disse ela finalmente em inglês. "A pessoa que mais gostaríamos que o senhor conhecesse, o pastor Yuan, um dos quatro patriarcas da igreja, não pode comparecer. Devido ao encontro do Partido Comunista, a Secretaria de Segurança Popular o proibiu de se encontrar com estrangeiros esta semana. Puseram guardas para vigiar sua casa". *Talvez as precauções sejam necessárias no fim das contas, pensei.*

As entrevistas começaram com um velho camponês chamado Josué. Eu poderia ter adivinhado sua ocupação observando-lhe apenas as mãos e o rosto, pois a pele áspera denunciava anos de exposição ao sol e ao vento. Tinha cabelos brancos como a neve e vestia um paletó amarelo justo demais na altura do estômago. Pouco habituado a ser o centro de atenção de um jornalista, ele se portava de forma rígida, quase não olhava para mim e dava respostas breves a minhas perguntas. Devido a sua crença, Josué havia passado seis meses preso, e depois quatro anos num campo de reeducação. Para minha surpresa, ele afirmou que havia gostado do campo: "Conheci pessoas de tipos diferentes, não apenas camponeses, e todos nos dávamos bem. Aprendi o valor precioso de sofrer por Cristo". Depois de solto, à medida que a economia se abria, Josué montou uma granja para a criação de galinhas. Por um tempo ele prosperou e construiu galpões enormes que abrigavam milhares de frangos, até que a gripe aviária varreu o mercado. Atualmente ele usa os galpões para armazenar Bíblias.

Minha amiga japonesa interrompeu para explicar: "Hoje, a China imprime Bíblias, mas nem todos os cristãos chineses têm acesso a um exemplar. Muitos guardam suas Bíblias em esconderijos subterrâneos para resguardá-las. Temos importado Bíblias durante anos. Ninguém suspeita de que japoneses carreguem Bíblias consigo, de modo que um grupo de vinte japoneses vem para cá, cada um trazendo nas malas cinquenta exemplares, e o irmão Josué atua como distribuidor. Todos os anos ele distribui cinco mil Bíblias".

Depois que Josué saiu da sala, entrou um homem muito mais jovem, chamado Lao San. Esfregava os olhos como se tivesse acabado de acordar: era ele que tinha passado dez horas num trem para comparecer ao encontro.

Nossa anfitriã apresentou Lao San como um intelectual que não tivera educação formal. Ele supervisiona cinquenta líderes de igrejas domésticas, muitos dos quais mulheres jovens de dezesseis a vinte anos de idade. Eu havia lido em algum lugar que metade dos dois bilhões de cristãos do mundo é dirigida por pastores que tiveram menos de duas semanas de treinamento formal. Lao San está tentando mudar esse padrão.

Perguntei-lhe sobre as necessidades da igreja chinesa. "Primeiro, precisamos de treinamento. Muitos dos líderes não sabem como interpretar a Bíblia ou pregar. Por isso a China tem muitos cultos estranhos. Precisamos também de mais fé, mais coragem. Nossa gente ainda vive com medo. Muitos perderam membros da família na Revolução Cultural e muitos passaram algum tempo na cadeia. Na opinião deles, podemos chorar, mas não sorrir. As pessoas que nos cercam veem os cristãos como gente boa que paga seus aluguéis e contas, mas como gente estranha. Os cristãos são perseguidos na escola. Muitos são pobres e não tiveram acesso à educação. Precisamos dar testemunhos melhores para que o povo saiba que temos uma vida melhor, temos alegria".

Depois que Lao San saiu, o irmão Shi entrou na sala — ou melhor, irrompeu sala adentro. O irmão Shi nada tinha da timidez da gente do campo que eu acabara de conhecer. Advogado formado, ele era brilhante, sofisticado, arguto e fadado ao sucesso em qualquer coisa que tentasse fazer. Eu teria imaginado que sua idade era de vinte e poucos anos, mas ele me disse que acabara de chegar aos 44.

Perguntei ao irmão Shi se ele provinha de uma família cristã. Ele riu. "Não, exatamente o contrário. Minha família era ateia. Eu dirigi a Liga da Juventude Comunista de toda a minha província e trabalhei na Guarda Vermelha. O líder do Partido estava me preparando para eu assumir o comando. A caminho do escritório eu passava de bicicleta na frente de uma igreja da Tríplice Autonomia, que sempre parecia estar cheia de gente cantando e se reunindo. Isso me despertou a curiosidade. Para mim era difícil encontrar *alguém* que participasse de meus encontros da Liga da Juventude. Como é que a igreja conseguia atrair tanta gente, apesar de desprezarmos os cristãos?

"Um dia estacionei a bicicleta e, embaraçado e cabisbaixo, entrei na igreja. Que choque! Eu achava que só gente velha e preguiçosa frequentava a igreja. Em vez disso, vi jovens dando seus testemunhos com grande convicção. Voltei no domingo, e algumas pessoas me reconheceram. Pude notar que apontavam para mim chamando a atenção de seus amigos. Julgaram que eu estivesse espionando para o Partido. Comprei uma Bíblia por dezoito iuanes, o que significava três dias de meu salário, e comecei a ler. Li Gênesis inteiro numa noite, sem conseguir dormir. Dentro de poucos dias, tinha lido a Bíblia toda.

Interrompi, incrédulo. "Leu tudo? Levítico, Números, Deuteronômio? Isso fazia algum sentido?"

"Li cada palavra, de capa a capa, como um romance. É claro que muitas coisas não faziam sentido. Mas o que eu lia sobre a natureza humana para mim fazia muito mais sentido do que aquilo que tinha ouvido dos comunistas. Passei a crer. Na época eu tinha 27 anos, e por um tempo houve uma guerra dentro de mim. Sabia que o fato de me declarar cristão seria o fim de minha carreira. Finalmente, não consegui suportar a tensão. Procurei o chefe do Partido e me demiti. Ele implorou para que botasse juízo na cabeça, mas eu tinha tomado a decisão. Chegando em casa aquela noite, meu pai me esperava junto à porta, furioso. O líder do Partido lhe havia telefonado. 'Eu lutei contra cristãos sob o governo de Chiang-Kai-shek', gritava ele. 'Lutei contra cristãos na Coreia! Não vou admitir Jesus na minha própria casa! Se você realmente quer isso, então saia daqui!' Ele jogou meus pertences no chão, e nas semanas seguintes eu dormi em meu escritório. Quando cruzava com meu pai na rua, ela virava a cabeça."

O irmão Shi prosseguiu relatando uma série de aventuras de arrepiar os cabelos, dignas de Atos dos Apóstolos. Ele viaja de aldeia em aldeia treinando líderes do movimento da igreja doméstica. Está sempre na luta e muitas vezes correu fugindo da Secretaria de Segurança — numa ocasião apenas três minutos atrás dele. Embora tendo um lar, com mulher e um filho, ele só pode visitá-los uma ou duas vezes por ano. O pai de Shi acabou se tornando cristão, depois de uma cura milagrosa de seu neto.

Pelo menos mil seminários e escolas bíblicas estão em atividade hoje em dia na China, e o irmão Shi faz o possível para visitá-los todos. Ele também julga que treinamento adequado é a necessidade principal da igreja da China. Eu lhe perguntei: "Você trabalha com estratos de líderes. Somando todos os membros de igrejas sob o controle deles, por quantas pessoas você é responsável na condição de bispo da igreja informal?". Ele pensou por um instante, fazendo um cálculo mental. "Difícil dizer com certeza. Meu melhor palpite é 260 mil". Apesar disso, o irmão Shi usa um pseudônimo, não é reconhecido e faz tudo em segredo. Não pude evitar comparar sua vida com a de famosos evangélicos da cultura americana da celebridade.

A essa altura eu havia passado quatro horas fazendo entrevistas. A garganta latejava, sentia a testa febril. Disse a mim mesmo: *Philip, nada do que você viveu antes se compara às agruras que essa gente suportou. Então aguente e vá até o fim.* Mesmo assim, à medida que a tarde ia avançando eu continuamente olhava para o relógio, esperando sair do hotel a tempo de passar por uma farmácia e comprar alguma coisa para a garganta inflamada. De repente, o telefone tocou, e todos nós estremecemos. Era o pastor Yuan e sua mulher; estavam na recepção. Ele decidira desafiar a proibição e encontrar-se com um estrangeiro, custasse o que custasse.

"Aguarde cinco minutos!", pediu a Yuan nossa anfitriã. Rapidamente, todos entregaram ao irmão Shi suas máquinas fotográficas e documentos incriminatórios e correram para outra sala. Com certeza o pastor Yuan fora seguido, disseram eles.

Logo em seguida um esbelto e jovial senhor da terceira idade, que mal tinha 1,70 metro de altura, estava junto à porta. "Tenho noventa anos de idade e passei 27 deles na cadeia — que podem eles fazer comigo", disse com um sorriso em perfeito inglês da escola missionária.

Allen Yuan ajudou a fundar o movimento da igreja doméstica nos tempos da ocupação japonesa. Quando os comunistas assumiram o poder, ele se recusou a cooperar com o movimento da Tríplice Autonomia por não acreditar que um partido político, especialmente um partido que incluía ateus, devia supervisionar a igreja. Depois de ser preso, os guardas carcerários o submeteram a torturas e a meses de confinamento absoluto numa cela sem janelas. "Eu cobria a cabeça com um cobertor e orava. Durante dez anos, nenhuma carta de minha família chegou a minhas mãos. Eu não tinha uma Bíblia; mas algumas passagens e salmos ficaram comigo, juntamente com um hino. Você conhece "A velha e rude cruz"? Ele se pôs a cantar em voz alta:

> A velha e rude cruz eu hei de amar,
> E um dia de meus troféus me desfarei.
> A velha e rude cruz eu hei de amar,
> E em troca uma coroa um dia terei.

Daqueles anos de prisão Yuan passou treze na província do extremo norte da China, acima da Mongólia. "Foi um milagre!", disse ele com muita emoção. "Eu só tinha uma jaqueta leve e no gélido rigor do inverno jamais peguei um resfriado ou uma gripe. Não fiquei doente nem um dia!" Levando-se em conta como eu me sentia mal naquele tempo, isso me parecia o milagre mais impressionante. Ele prosseguiu: "Além disso, me atribuíram a incumbência de engatar vagões ferroviários usados no transporte de carvão. Os vagões enormes chocavam-se uns com os outros, com grande ruído, e eu enfiava uma barra de aço na junção para engatar um vagão no outro. Muitos prisioneiros perderam as pernas ou os braços, ou morreram esmagados nesse serviço, e provavelmente foi por isso que me encarregaram dele. Imagino que engatei um milhão de vagões e nunca me machuquei. Outro milagre — Deus ouve quem ora!".

Obviamente tenso e ansioso por usar seu inglês, o pastor Yuan falou durante quinze minutos antes que eu tivesse a oportunidade de lhe fazer uma pergunta. Mas isso não fez muita diferença, como vim a saber, porque ele era praticamente surdo: o ruído daqueles vagões havia cobrado seu tributo. Eu fazia uma pergunta sobre a igreja e obtinha uma resposta sobre o tempo.

O pastor Yuan contou sua história e o que havia aprendido com a perseguição. "Vivemos num tempo semelhante ao dos apóstolos", comentou. "Sim, aqui os cristãos são perseguidos". Mas veja Hong Kong e Xangai — eles têm tudo, mas não buscam a Deus. Eu lhe garanto, saí daquela prisão com uma fé mais forte do que quando entrei. Como José, não sabemos por que passamos por tempos difíceis senão mais tarde, quando olhamos para trás. Pense nisso: nós na China podemos ser em breve a maior comunidade cristã do mundo, e isso num Estado ateu que nos tentou eliminar!"

Por ocasião da visita de Billy Graham à China em 1994, o pastor Yuan recebeu o evangelista em sua casa. Quando o presidente Bill Clinton esteve lá alguns anos depois, o governo proibiu que qualquer repórter estrangeiro se encontrasse com Yuan — o que obviamente levou dois mil repórteres a querer fazer exatamente isso. Sua consequente fama internacional valeu a Yuan um escudo de proteção que ele explorou ao máximo. Todos os anos ele celebra uma cerimônia de batismo para seus convertidos num rio que fica a duas horas de Pequim, sendo às vezes observado por binóculos da polícia. Ele me deu um DVD da última celebração dessa cerimônia, um registro visual de 453 convertidos sendo mergulhados na água.[1]

Sentia a cabeça rodar enquanto nos preparávamos para voltar aos Estados Unidos, e não apenas por causa da infecção das vias respiratórias. Alguns chamaram o século XXI de "o século da China", e isso não causa surpresa. Depois de passar pelo inferno, a China agora deslanchou, com um espírito de "sim, é possível" que traz à mente os primeiros tempos dos Estados Unidos. Outros países começam a se afastar do Ocidente e aproximar-se da liderança

[1] Allen Yuan morreu em 2005, dezoito meses após minha visita.

da China. Enquanto isso os líderes do Partido continuam andando na corda bamba de sua política, distribuindo liberdades econômicas enquanto mantêm outras liberdades sob rígido controle.

À medida que o Ocidente avança no caminho da decadência e do ceticismo, a China parece caminhar aos trancos e solavancos em outra direção. David Aikman especula que, quando o cristianismo envolver 10% de um povo, a sociedade pode atingir o ponto de uma virada cultural. À imagem de Jesus, o reino de Deus se propaga como o fermento na massa, afetando o pão inteiro. Eu não pude deixar de notar a semelhança entre pessoas parecidas com o irmão Shi e os primeiros idealistas maoistas que não tiveram nenhuma oportunidade de converter a China a suas crenças.

Uma última palestra agendada não poderia ter apresentado um contraste mais alarmante para as histórias que ouvi naquela sombria sala de hotel, e depois, quando examinei meu banco de memória da China, essa cena continuamente aparecia em primeiro plano. Um líder da igreja internacional, um homem de negócios tido em alto conceito, reservou o Clube da Capital, um luxuoso clube no 50º andar de um arranha-céu, e convidou executivos de grandes corporações internacionais para coquetéis e um banquete. Grandes janelas emolduravam as cintilantes luzes lá embaixo: anúncios de neon, os rios luminosos de congestionamentos, os prédios inundados de luzes.

"Eles estão aqui para ganhar dinheiro", disse o organizador sobre os participantes do encontro a quem eu dirigiria minha palestra. "Eles moram em comunidades fechadas e provavelmente têm uma visão muito distorcida da China. Na plateia estão presidentes de companhias de petróleo e de telecomunicações, assim como da Microsoft e da HP da China. Todas as empresas importantes vêm para a China. Uns poucos diplomatas estrangeiros também estarão presentes. Para os chineses, os participantes são todos *cristãos*, pois são ocidentais. No entanto, como sabemos, a maioria deles não sabe nada sobre o evangelho. Eu gostaria que você lhes dirigisse a palavra durante alguns minutos sobre essa situação usando termos que eles possam entender, especialmente sobre como essa situação poderia influenciar o futuro da China. O cristianismo é bom ou é ruim para a China? Como a fé afeta uma sociedade?"

Os executivos, a maioria em trajes de poder, comeram do bom e do melhor, depois se retiraram para uma sala contígua para bebericar *scotch* de primeira e saborear seus charutos. Entre uma coisa e outra, tive vinte minutos para falar da fé e da diferença que ela faz na vida de uma nação.

Palestra: De baixo para cima

China, março de 2004

Através das janelas vocês podem ver milhares de arranha-céus, sinais espetaculares de progresso econômico, já que poucos deles existiam apenas quarenta anos atrás. Vistos de outra perspectiva, eles também representam lápides tumulares do sonho fracassado do fundador da República Popular da China, Mao Tse-tung.

Juntamente com outros marxistas, o Chefe Mao acreditava que, em consequência de sua revolução, emergiria um novo tipo de ser humano, o Novo Homem Socialista. Leon Trotski descreveu assim esse caráter superior: "O homem se tornará infinitamente mais forte, mais sábio e mais sutil; seu corpo se tornará mais harmonizado, seus movimentos mais rítmicos, sua voz mais musical. As formas de vida se tornarão dinamicamente dramáticas. O tipo humano normal atingirá as alturas de um Sócrates, um Goethe ou um Marx. E acima dessas alturas novos picos surgirão".

Meu coautor em três livros, o dr. Paul Brand, teve uma noção dos ideais dessa nova sociedade nos anos imediatamente após a Revolução Cultural, quando aceitou um convite para fazer uma palestra sobre sua especialidade, a doença da lepra. Até aquela altura, poucos ocidentais haviam recebido a permissão de entrar na China comunista. Seu anfitrião, o ministro da Saúde, pediu desculpas por não o ter recebido no aeroporto (o voo se atrasara um dia) e perguntou-lhe como ele chegara ao hotel. Brand respondeu: "Não houve problema algum. Simplesmente peguei um táxi". "Quanto lhe cobraram?", perguntou o ministro. "Quarenta iuanes", ou seja, o equivalente a dez dólares.

O anfitrião chinês pareceu chocado diante dessa soma, mas o dr. Brand assegurou-lhe de que pagara uma tarifa razoável pelos padrões internacionais.

Na manhã seguinte, o dr. Brand foi chamado ao saguão do hotel. Lá estava o taxista, que solenemente lhe pediu desculpas. "Queira perdoar-me, senhor. A tarifa deveria ter sido de três iuanes, não quarenta. Num momento de fraqueza eu cedi à ganância e lhe cobrei a mais. Aqui está seu troco, 37 iuanes".

Ao lado dele estava um homem de terno. "Eu sou o supervisor deste motorista. Também lhe peço desculpas. Foi falha minha. Eu treinei este motorista a ser honesto e correto, mas falhei. Vou submetê-lo a mais treinamento". Depois um diretor do transporte público da cidade falou seguindo a mesma linha: "Não, eu assumo toda a culpa. Eu estabeleci os valores do sistema de transporte. Humildemente peço desculpas. Precisamos eliminar a ganância e a corrupção".

Alguns de vocês estão sorrindo ao ouvir essa história, e alguns parecem não acreditar. A ONG Transparência Internacional atualmente coloca a China em 72º lugar na lista de nações corruptas onde se pratica o comércio, o que para a maioria de vocês não é surpresa. Hoje em dia é mais provável que o supervisor do taxista e o diretor de transporte peçam uma redução das tarifas excessivas. O Novo Homem Socialista não emergiu na China, como tampouco emergiu antes na Rússia. Depois das mais exaustivas tentativas de mudar a natureza humana, constata-se que os chineses são exatamente como qualquer outro povo.

No início da Revolução Cultural, o general que ocupava o posto mais alto e foi designado para suceder Mao se vangloriava, dizendo: "O Chefe Mao é um gênio; tudo o que o Chefe diz é realmente grande. Uma das palavras do Chefe se sobrepõe ao significado de dezenas de milhares das nossas". E, para enfatizar essa crença, as gráficas do governo produziram mais de cinco bilhões de exemplares de *O pequeno livro vermelho*, contendo citações do Chefe Mao, o único livro a superar em número os exemplares impressos da Bíblia. (Eu comprei um exemplar numa esquina por dez centavos esta manhã.) Agora, porém, as biografias escritas por pessoas próximas de Mao, incluindo seu médico particular, mostram um retrato diferente: não o de uma figura virtuosa e heroica, mas de uma figura corrupta e imoral.

A corrente oficial do governo acredita que as políticas de Mao estavam 70% corretas, reconhecendo que os outros 30% custaram dezenas de milhões de vidas. Den Xiaoping desviou o movimento revolucionário da ideologia, adotando uma abordagem mais pragmática. "Não importa se o gato é preto ou branco, desde que ele pegue ratos", disse ele quando propôs abrir a economia para a livre iniciativa. Ele passou sete anos praticamente exilado durante a Revolução Cultural por alimentar essas ideias contrarrevolucionárias, mas no fim a China contornou a situação e adotou as políticas dele, e isso explica por que hoje em dia vocês podem ter seus negócios aqui.

No século XX, a China fez um experimento humano em grande escala, algo sem precedentes na História. Em grande parte foi um fracasso, como o próprio governo admite, e a presença de vocês aqui como homens e mulheres de negócios estrangeiros demonstra esse fracasso, pois Mao insistia na autossuficiência chinesa. Vocês se mudaram para cá não por causa do passado da China, mas por causa do seu futuro. As organizações para as quais trabalham reconhecem que o que acontecer aqui nos próximos anos bem pode moldar a economia e a cultura do século XXI. Na condição de autor cristão eu tenho um interesse específico no papel que a religião terá no futuro.

A feroz antipatia do comunismo pelo cristianismo muitas vezes me intriga. Bons cristãos são geralmente bons cidadãos: honestos, trabalhadores, caridosos e observantes da lei. No entanto, os comunistas de muitos países, incluindo este, enxergam o cristianismo como uma ameaça.

Quando perguntei a um dos bispos da igreja informal por que o governo vê os cristãos como uma ameaça, ele me deu uma resposta clara. "Três razões. Primeiro, obedecemos a Deus, e os comunistas querem uma obediência total a eles mesmos. Eles são contra Deus, e os conflitos de lealdades os deixam furiosos. Segundo, eles estão informados sobre o crescimento da igreja e o temem como temem qualquer movimento que não controlam. Eles conhecem o papel da igreja na derrubada do comunismo na Europa Oriental. Terceiro, eles têm memórias antigas e ainda pensam no cristianismo como uma religião ocidental. É preciso lembrar que os missionários ganharam o direito de atuar livremente na China só depois da Guerra do Ópio, travada pela Inglaterra para forçar a China a importar seu ópio! Temos muita história a superar".

Alguns anos antes, eu discuti a mesma questão com o diretor do *Pravda*, o maior jornal da Rússia, exatamente quando seu Estado comunista estava ruindo. "Temos tantas coisas em comum com vocês, cristãos", disse ele. "Combatemos o racismo, vocês combatem o racismo. Combatemos a pobreza, vocês combatem a pobreza. Combatemos a injustiça, vocês combatem a injustiça. No entanto, nós, comunistas, criamos uma monstruosidade, matando e encarcerando milhões de nossos cidadãos". Ele se calou por um momento e depois fez esta declaração singular: "Resíduos de valores cristãos talvez sejam a última coisa que impede que nosso país se desintegre".

O editor do *Pravda* acertadamente viu paralelos entre dois sistemas de crenças geralmente considerados opostos. Houve quem chegasse a chamar o comunismo de heresia cristã por causa de sua ênfase na igualdade, no compartilhamento, na justiça e na harmonia racial. O comunismo fala de um "Novo Homem Socialista"; o cristianismo fala de uma pessoa nascida de novo. Uma diferença primária entre os dois, todavia, está em seu uso do poder. O comunismo tende a impor suas crenças de cima para baixo, empregando a força das armas — daí os excessos dos expurgos de Stalin e da Revolução Cultural de Mao. Jesus descreveu um movimento que cresce de baixo para cima, com mudanças acontecendo internamente, mais que externamente. Sempre que seus seguidores se afastaram desse princípio, eles repetiram os erros dos marxistas.

A China de hoje, o último Estado comunista de grande porte que subsiste, está procurando uma espécie de terceira via: mantendo, por um lado, o controle autoritário e, por outro, pegando do Ocidente tudo o que possa servir a seus propósitos. Os chineses são grandes copiadores, como vocês sabem. Neste país é possível encontrar excelentes cópias de relógios, automóveis, aviões e armas nucleares ocidentais. Cada vez mais as autoridades do governo têm copiado o sistema financeiro do Ocidente e incentivado iniciativas empresariais. Mas elas ainda impõem restrições a outros valores ocidentais, como a democracia e a liberdade de expressão. E que farão com o cristianismo?

Gente de outros países tende a ver o Ocidente através de uma única lente. Não se faz distinção entre os "verdadeiros cristãos" que acreditam e os outros que vivem numa sociedade com raízes cristãs. Eles veem programas de televisão e filmes ocidentais e supõem que também sejam produtos de uma cultura cristã. Um governo ateu como o da China acha difícil entender a separação entre igreja e Estado, na qual uma nação permite que grupos com valores conflitantes se desenvolvam sem muita interferência. Eles estão acostumados a ditar políticas e crenças de cima para baixo, em vez de permitir que elas cresçam de baixo.

Se eles de fato equacionam o cristianismo com o Ocidente, então, com toda sinceridade, eu entendo a reticência dos líderes chineses quanto a abraçar a desregrada cultura ocidental. A China tem uma longa história de poluição causada pelo Ocidente. Como me fez lembrar o líder de uma igreja, o Império Britânico "Cristão" deflagrou uma guerra para impingir o ópio ao povo chinês a fim de corrigir a balança comercial britânica. E, antes que os comunistas assumissem o comando, um de cada catorze prédios de cidades portuárias era um bordel, a serviço principalmente de comerciantes ocidentais. Doenças sexualmente transmissíveis grassavam soltas. Sob o domínio de Mao, a China se tornou a primeira sociedade a erradicar essas doenças, não ocorrendo novos casos durante vinte anos — o que foi logo desfeito quando o país se abriu ao Ocidente.

Todas as vezes que retorno aos Estados Unidos depois de uma viagem internacional, eu me assusto com a superficialidade de nossa cultura popular. A China está lidando com questões gigantescas, como a de tirar centenas de milhões de camponeses da pobreza. Quando volto para os Estados Unidos e ligo a televisão, ouço falar de Angelina Jolie e Brad Pitt e das últimas fofocas de Hollywood. Como sociedade, os Estados Unidos gastam mais dinheiro com produtos de beleza do que com educação. Enquanto boa parte do resto do mundo se ocupa com a fome e doenças comuns, gastamos bilhões com cirurgia plástica e programas de redução de peso.

Lamentavelmente, nossos valores superficiais estão começando a penetrar na China. Nas bancas de jornais daqui eu vejo as mesmas imagens que vemos no Ocidente: lindas supermodelos, os milionários mais recentes, atletas famosos. No entanto, quando caminho pelas ruas, especialmente longe das cidades principais, vejo sobretudo gente pobre de aparência comum com dentes mal cuidados e roupa surrada. As modernas culturas da celebridade, tanto nos Estados Unidos quanto na China, idolatram o que para a maioria é inatingível.

Eu espero que vocês, os líderes do comércio, reflitam um pouco no impacto que podem exercer sobre a China a longo prazo. Além de produtos, vocês também estão importando valores. A Nike, por exemplo, promoveu uma das mais bem-sucedidas campanhas de *marketing*, e o fez zombando de valores asiáticos tradicionais em prol da iconoclastia americana. Durante uma turnê recente, um time de basquete de rua se apresentava enquanto o *rapper* 50 Cent disparava sobre a plateia a letra de uma canção dizendo que ele é um *gigolô*, e diante dele estavam as mães de seus fãs. Os adolescentes chineses absorviam o palavreado baixo dos jogadores; por exemplo, "Xangai é lixo, vai pro ralo outra vez!". Será que realmente queremos que mais de um bilhão de chineses aprenda a macaquear os piores aspectos do Ocidente em decadência?

Apesar do risco dessa poluição cultural, os líderes da China continuam desmantelando a Cortina de Bambu que em outros tempos isolava sua nação. Por que o fazem? O que particularmente me interessa é saber por que esses líderes parecem cada vez mais tolerantes em relação ao cristianismo.

Nesta viagem eu visitei amigos de fora de Pequim, onde pude sentir melhor a verdadeira China. Fomos comprar suvenires num mercado, numa rua sem asfalto, e fizemos uma bela refeição num restaurante local por menos de dois dólares. Muitos cristãos americanos se mudam voluntariamente para lugares como a China para ensinar inglês e, de quebra, compartilham sua fé. Conheci homens e mulheres solteiros cujos amigos lá nos Estados Unidos se casam, têm filhos e se estabelecem para levar uma vida confortável nos subúrbios. Em vez disso, esses aventureiros vivem em prédios que são verdadeiros cortiços quase sem nenhum conforto, mas tiram disso a máxima vantagem. Eles participam da maratona de Pequim, fazem viagens de trem pelo interior e fazem amizades com chineses em cafés. O impacto dessa gente numa sociedade em rápida transformação é incalculável.

David Aikman, que foi chefe da agência da revista *Time* em Pequim, estima que cerca de três mil cristãos ocidentais trabalham na China como professores de inglês, muitos dos quais estão dispostos a falar abertamente sobre sua fé. "Isso muitas vezes irrita as autoridades da Secretaria de Segurança Pública que monitoram a presença de estrangeiros nos *campi* da China. Mas, com o passar dos anos, o sistema de ensino superior da China aprendeu a apreciar a qualidade dos professores cristãos. Eles são bem-comportados, não se embriagam, não namoram garotas locais, não têm relacionamentos românticos nem mesmo com outros estrangeiros, são diligentes e não se queixam muito". Aikman acrescenta: "A constante evangelização a conta-gotas em contatos individuais promovida por esses zelosos professores estrangeiros tem exercido um profundo impacto sobre os jovens intelectuais chineses. Quase todos os jovens cristãos urbanos que conheci na China haviam aderido à fé cristã por intermédio de um professor estrangeiro falante do inglês".

Por causa de sua ambivalência em relação ao Ocidente, os burocratas chineses enfrentam um constante dilema: repreender ou estimular o crescimento do cristianismo na China? A fé em Deus é boa ou ruim para a sociedade? Às vezes há campanhas contra a Igreja chinesa e às vezes ela é abertamente tolerada. Lembremo-nos do provérbio de Deng Xiaoping: "Não importa se o gato é preto ou branco, desde que ele pegue ratos". Os líderes chineses sabem que nove dentre os dez países mais prósperos do mundo têm uma tradição cristã, e a única exceção, Cingapura, tem uma minoria cristã forte. Os índices que classificam as nações com base na corrupção e liberdade econômica mostram exatamente essa tendência. Até mesmo ateus conservadores são obrigados a reconhecer que a fé religiosa pode exercer bons efeitos sobre determinada sociedade.[2]

Aikman registra uma afirmação de um sociólogo chinês doutrinado no maoismo: "Uma das coisas que nos pediam para examinar era o que explicava o sucesso, de fato, a vantagem do Ocidente no mundo inteiro. Estudamos tudo o que nos foi possível do ponto de vista histórico, político, econômico e cultural. Primeiro, achamos que era porque vocês [ocidentais] têm armas mais potentes que nós. Depois, pensamos que era porque vocês tinham o melhor sistema político. Em seguida, focalizamos seu sistema econômico. Mas, nos últimos vinte anos, percebemos que o cerne de sua cultura é a religião: o cristianismo. Esse é o motivo pelo qual o Ocidente vem sendo tão poderoso. O fundamento moral cristão da vida social e cultural foi o que tornou possível o surgimento do capitalismo e depois a transição bem-sucedida para os sistemas políticos democráticos. Não temos nenhuma dúvida sobre isso".

Eu deveria esclarecer que para os cristãos esses benefícios são efeitos colaterais da adesão a Jesus. Sou cristão não porque o modo de proceder de Jesus é benéfico à sociedade, mas porque eu creio que ele corresponde à verdade. Se é verdadeiro, seu método *deve* criar as condições mais propícias para o funcionamento da vida humana. Estudos conduzidos por sociólogos chineses revelam que, em áreas rurais onde os evangelistas ambulantes estão introduzindo a fé cristã a dependência do ópio diminui, a criminalidade decresce e as famílias cristãs se tornam mais ricas que seus vizinhos. Os líderes da China,

[2] Da perspectiva do Partido Comunista, a fé também pode exercer um efeito perigoso. Em 2009, a Freedom Watch [Vigilantes da Liberdade], uma ONG que cuida dos direitos humanos, reconheceu 89 países como "livres"; desses, 81 eram predominantemente ou historicamente cristãos.

que são políticos pragmáticos e não crentes, estão vendo a religião de modo mais favorável pela simples razão de que ela pode ser útil aos planos deles de promover a melhoria do comportamento social.

Os líderes também devem reconhecer que a agitação da China, combinada com o ritmo fulminante das mudanças, tem despertado a fome espiritual. Ouvi relatos na primeira pessoa provenientes de aldeias, onde camponeses se reúnem e organizam cultos, apesar da ameaça real de perseguição. Decepcionados com a ideologia maoista, eles agora concentram sua fé sobre um fundamento diferente. É assim que a carta aos Hebreus do Novo Testamento exorta seus leitores, que também enfrentavam a opressão do governo:

> Seja a vossa vida sem avareza. Contentai-vos com as coisas que tendes, porque ele tem dito: "De maneira alguma te deixarei, nunca jamais te abandonarei". Assim, afirmemos confiantemente: "O Senhor é meu auxílio, não temerei; que me poderá fazer o homem?"

Essa mesma fome espiritual aparece de repente no seio da elite escolarizada da China. Alguns anos atrás, Allen Hertzke, professor da Universidade de Oklahoma, fez um ciclo de palestras para universitários chineses. Para surpresa dele, a maioria das perguntas que lhe fizeram dizia respeito à religião: "O *senhor* acredita em Deus?" "Alguém não pode ser moral sem religião?" "Se a Bíblia é a palavra de Deus, como se explica que Deus não soubesse nada da China?" Hertzke detectou um vazio moral e intelectual na geração seguinte da China.

A China conhece bem demais o efeito de uma moralidade arbitrária, do tipo ioiô, imposta de cima para baixo. A beleza era ruim, agora é boa. A riqueza era ruim, agora é boa. A religião? Um tempo atrás era ruim, agora não é tão ruim. A experiência chinesa me faz lembrar de um amigo cético que costumava perguntar-se: "O que faria um ateu?", zombando deliberadamente do *slogan* "O que faria Jesus?". No fim ele parou de se propor a pergunta porque não descobriu respostas confiáveis. A China mostrou ao mundo o incalculável custo humano de uma moralidade sem valores absolutos, arbitrada por um quadro de líderes imperfeitos e sancionada por um bando de radicais. Pelo menos alguns chineses estão procurando uma base mais confiável do que é certo e do que é errado.

Um pastor romeno chamado Josif Ton certa vez escreveu sobre a confusão que resulta da visão marxista da humanidade. "[Eles ensinam] a seus alunos que a vida é consequência de combinações aleatórias da matéria, que é regida por leis darwinianas de adaptação e sobrevivência, e esta é a única oportunidade do homem. Não há nenhuma vida após a morte, nenhum 'salvador' para recompensar o sacrifício pessoal ou punir o egoísmo e a ganância. Depois que o alunos foram expostos a essas lições, entro para lhes ensinar a ser homens e mulheres nobres e honrados, empregando todas as energias na prática do bem em prol da sociedade, aceitando até mesmo o sacrifício de si mesmos. Devem ser corteses, dizer apenas a verdade e levar uma vida moralmente pura. Mas eles não têm motivação para fazer o bem. Percebem que, num mundo puramente material, só quem correr e agarrar o que puder para si próprio possuirá alguma coisa. Por que eles deveriam ser altruístas e honestos?".[3]

O materialismo é suficiente? Qual é a base do comportamento moral? Podemos ser bons sem Deus? Essas são perguntas que a China vai enfrentar no futuro imediato. As respostas terão uma influência importante na maneira como os gerentes e trabalhadores de suas empresas se comportarão, bem como na maneira como a China se lançará em seu novo papel de liderança global.

O mundo bem percebeu o crescimento dramático da economia da China, que numa geração pôs o país numa nova rota: uma sociedade campesina tornou-se

[3] No livro *A abolição do homem*, C. S. Lewis fez a mesma advertência dirigindo-se a sociedades pós-cristãs que destroem as raízes de sua moralidade. "Nós continuamos a clamar pedindo exatamente aquelas qualidades que estamos tornando impossíveis. [...] Fazemos homens sem peito e deles esperamos virtude e iniciativa. Rimos da honra e nos sentimos chocados quando encontramos traidores no nosso meio. Castramos e pedimos que os castrados sejam frutíferos".

uma poderosa usina econômica. No breve tempo que passei aqui, eu também pude ver sinais de um dramático crescimento da igreja cristã. Na década de 1950 muitos se perguntavam se o cristianismo pelo menos sobreviveria na China, considerando-se a expulsão de todos os trabalhadores estrangeiros e a perseguição à igreja por parte do governo. Hoje, segundo algumas estimativas, vinte mil chineses se convertem ao cristianismo a cada dia que passa. Por trás do movimento Retorno a Jerusalém, a igreja chinesa está se mobilizando para enviar cem mil missionários para as regiões da Rota da Seda, na esperança de evangelizar 51 países localizados entre a China e Jerusalém.

Em minhas viagens internacionais e estudando a História, eu fico impressionado com o fenômeno de Deus "se deslocando" — não num sentido mítico, mas, sim, geográfico, deslocando-se de uma parte do mundo para outra. O apóstolo Paulo endereçou suas cartas do Novo Testamento a igrejas localizadas no Oriente Médio; hoje, apenas vestígios daquelas igrejas sobrevivem, e para descobri-los o melhor a fazer é contratar um arqueólogo muçulmano como guia. Num pequeno espaço de tempo a fé se espalhou pela Europa, subjugando as selvagens tribos germânicas e os viquingues, bem como as da Britânia e da Irlanda. Ela dominou a região por muito mais de um milênio. Muita evidência do cristianismo ainda permanece, é claro, mas hoje nas grandes catedrais é mais fácil encontrar grupos de turistas japoneses do que praticantes da religião.

No devido tempo, a fé estabeleceu uma base nas Américas, onde sua presença ainda é vigorosa. Nos últimos anos, porém, ela se propagou de modo mais impressionante em lugares como a África e partes da Ásia, de modo que agora menos de um terço dos cristãos provém da Europa e América do Norte. Como explicar esse padrão do jogo de amarelinha? E por que há tantos "países que outrora foram cristãos"? (São poucos os países que outrora foram muçulmanos.)

Volto ao princípio que mencionei anteriormente, o ensino de Jesus de que o reino de Deus cresce de baixo para cima em vez de ser imposto de cima para baixo. Deus vai aonde ele é desejado. Como comprovam os índices econômicos e de corrupção, o cristianismo pode ser bom para a sociedade. Mas, quando aquela sociedade atinge um nível de conforto e prosperidade, seus cidadãos sentem que precisam menos da fé religiosa. Eles vivem do capital moral do passado. Enquanto isso, Deus segue adiante em silêncio, para um lugar que sente mais a necessidade dele.

Uma de cada cinco pessoas deste planeta mora na China. À medida que o crescimento religioso continua penetrando essa sociedade, que acontecerá? Será que a China poderia emergir não apenas como um líder da economia global, mas como o maior centro de fé cristã? Só podemos esperar para ver.

Conheci poucos chineses que ainda acreditam na retórica idealista dos maoistas da fase inicial. Mas em meus encontros com "cristãos clandestinos" eu percebo um pouco do mesmo fervor dos revolucionários chineses que, contra todas as expectativas, conquistaram essa nação que é a mais populosa da terra. Empregando sua abordagem coercitiva, de cima para baixo, os Guardas Vermelhos causaram feridas das quais esta sociedade ainda está se recuperando. Empregando uma abordagem diferente centrada nas qualidades cristãs de amor, justiça e compaixão, esses novos revolucionários procuram mudar a sociedade de baixo para cima.

C. S. Lewis disse: "Quem lê a História descobre que os cristãos que mais fizeram pelo mundo presente foram precisamente aqueles que mais pensaram no mundo futuro [...]. Mire o céu, e você vai ter a terra como lucro. Mire a terra, e você não vai ter nem uma coisa nem outra".

Green Lake, agosto de 2004

3 No fundo do poço, a gente grita por socorro

Eu nunca pensei que um dia estaria sentando junto a prostitutas enquanto elas comparassem suas quotas diárias. Linda, uma ex-cafetina da Austrália cujo negócio costumava faturar trinta mil dólares por semana, observou que no seu tempo suas "meninas" atendiam cerca de cincos clientes por dia; agora elas têm de acomodar de dez a quinze. Hilda, da Costa Rica, reagiu chocada: "Quinze? Eu atendia até cem num dia, trabalhando em dois turnos! Os homens faziam fila junto à porta, e tínhamos dez minutos com cada um".

Ajeitei-me desconfortável na cadeira. O único homem numa sala cheia de mulheres, eu estava ouvindo histórias horrendas da crueldade e exploração masculina. Antes daquele dia eu nunca me havia encontrado com uma prostituta, e agora dezenas delas me cercavam. Algumas eram deslumbrantes, daquele tipo de mulher encantadora que se vê em *shows* de televisão de Las Vegas. Algumas tinham uma aparência simples, e outras mostravam sinais de uma vida dura nas ruas: dentes faltando, cicatrizes, aspecto ruim. Elas falavam de atividades sexuais com naturalidade, como um vendedor de automóveis falaria de pneus ou tetos solares. Em que enrascada eu fora me meter?

Estava participando de um congresso em Green Lake, no estado de Wisconsin, sobre a evangelização de mulheres prostitutas, com a participação de representantes de 45 organizações e trinta países. Inicialmente, quando recebi o convite para fazer uma palestra alguns meses antes, eu disse a quem me telefonara que minha agenda estava cheia por algum tempo. "Foi o que imaginamos", disse o organizador do evento, "mas como jornalista o senhor poderia dispor-se a abrir uma exceção para este congresso. Veja o senhor, pelo menos cem mulheres, todas ex-prostitutas, participarão". Ele definitivamente conseguiu minha atenção — e também a de minha mulher. Não podendo me acompanhar nessa viagem, ela quis mais informações antes de soltar seu marido para um encontro desse.

Depois de alguma discussão, minha mulher e eu concordamos que eu aceitaria esse estranhíssimo compromisso desde que pudesse ter uma sessão com as mulheres para ouvir suas histórias. Formulamos uma lista de perguntas, incluindo uma que Janet propôs: "Depois de tudo aquilo que viveram, como vocês evitam odiar os homens?".

Agora eu estava em Green Lake coordenando uma sessão numa sala de conferências apinhada de ex-prostitutas. Durante três horas ouvi pungentes relatos de degradação e transformação. As histórias delas destruíram todos os meus preconceitos sobre a vida no comércio do sexo.

Hilda,[1] a mulher da Costa Rica, contou sua história numa saraivada de palavras em espanhol que a tradutora mal conseguia acompanhar. Várias vezes ela teve de interromper-se e recobrar o controle das emoções. "Sinto muito", disse ela com um soluço. "Eu nunca contei a ninguém sobre minha mãe". Ela se concentrou. "Minha família não tinha dinheiro, e então, aos quatro anos de idade, minha mãe me vendeu como escrava no mercado do sexo. Enquanto outras crianças iam para a escola, eu trabalhava num bordel, faturando as altas taxas que se pagam por meninas jovens. Ah, era uma dureza! Todas as noites eu chorava até dormir. E minha mãe levava todo o dinheiro que eu ganhava.

"Na adolescência eu engravidei, não uma, mas duas vezes, e nas duas ocasiões minha mãe levou minha criança. "Uma pessoa suja como você não pode criar filhos", disse-me ela, e me obrigava a voltar para o bordel. Depois disso eu trabalhava ainda mais, cumprindo dois turnos, para ganhar dinheiro e ajudar meus filhos. Era a única maneira de mostrar meu amor por eles. A vida inteira me senti feia, suja e envergonhada. Viciei-me em álcool e cocaína para sufocar a dor. Eu não tinha uma razão para viver, a não ser meus filhos.

"Certo dia um cliente ficou furioso comigo quando me recusei a fazer a coisa bizarra que ele me pediu. Ele me bateu com um taco de beisebol e me rachou a cabeça. Vejam!" Ela afastou o cabelo mostrando a cicatriz. "Enquanto eu estava deitada na cama do hospital, planejei me matar. Estava desesperada.

[1] Os nomes foram alterados.

Talvez se eu simplesmente arrancasse os tubos que tinham enfiado em mim... Em vez disso, caí de joelhos e pedi a ajuda de Deus. Eu queria de algum modo fugir da prostituição, ser uma verdadeira mãe para meus filhos. E então Deus me concedeu um milagre, uma visão. Ele disse: 'Procure a Fundação Raabe'. Eu mal sabia ler e não conhecia a palavra 'Raabe'. Não é uma palavra do espanhol. Mas, uma das enfermeiras me ajudou a descobrir o número do telefone da fundação, e eu liguei."

Alguns dias depois Hilda deixou o hospital e apareceu, com escoriações e uma hemorragia, na porta da Fundação Raabe. "Eu preciso de ajuda", disse ela. "Estou morrendo. Não aguento mais". Uma mulher bondosa chamada Mariliana a acolheu, cuidou dela e lhe falou do amor de Deus.

"Eu não conseguia acreditar na esperança estampada no rosto de Mariliana", disse Hilda curvando-se para abraçar a amiga que o tempo todo estivera traduzindo sua fala. Agora Mariliana teve de fazer uma pausa para controlar as lágrimas. "Ela sorriu e me abraçou. Deu-me uma cama limpa, com flores no quarto, e me prometeu que nenhum homem me atormentaria. Ela me ajudaria a largar a prostituição e começar uma vida nova. 'Aqui você está segura, Hilda,' repetiu ela várias vezes. Disse-me que a casa da organização recebera o nome de uma prostituta da Bíblia, Raabe, que se tornou uma heroína. Ela me ensinou como ser uma verdadeira mãe, e agora estou aprendendo um ofício a fim de poder viver para a glória de Deus."

Anteriormente, naquele mesmo dia, eu havia visitado uma exposição na qual alguns dos ministérios tinham estandes em que apresentavam sua obra. Vi objetos caseiros, tão diferentes daqueles das chamativas exposições que eu conhecia das convenções de editoras. Li folhetos e falei com pessoas atuantes nesse campo desafiador.

Aprendi que, dos 25 milhões de mulheres que se estima atuarem na prostituição, a vasta maioria, como Hilda, provém de países relativamente pobres. Os traficantes compram mulheres jovens e crianças em lugares como a Tailândia, as Filipinas e a antiga União Soviética, lhes prometem empregos atraentes, depois as colocam em clubes de *strip-tease* e bordéis da Ásia e da Europa Ocidental. Só na Índia há oito milhões de prostitutas, e isso cria uma grave crise de saúde devido à AIDS e doenças sexualmente transmissíveis. A cidade de Mumbai tem uma zona de prostituição em que milhares de prostitutas arrancadas de aldeias trabalham praticamente como escravas em bordéis instalados em cortiços de quatro andares. A ONU estima que três milhões de mulheres são vendidas anualmente no mundo inteiro, e mais de um milhão de crianças. A demanda de crianças tem crescido porque alguns clientes de bordéis erroneamente acreditam que a prática do sexo com uma virgem pode curar a AIDS — o que obviamente apenas propaga ainda mais a doença.

Como a exposição deixava bem claro, quem trabalha em prol das mulheres na prostituição usa uma variedade de abordagens. Depois que 63 mulheres, na maioria prostitutas, desapareceram da zona mais pobre de Vancouver — um criador de porcos foi acusado de assassinar 27 delas —, várias organizações estabeleceram casas seguras e passaram a oferecer às mulheres de rua serviços gratuitos de manicures, cabeleireiros e podólogos. "Os homens as tratam como lixo", disse uma voluntária conhecida como "A Dama dos Pés" devido a suas massagens. "Eu faço o contrário". Em Praga, voluntários convidam trabalhadoras do sexo para refeições ou para um café e lhes oferecem flores. A Missão Justiça Internacional providencia advogados para forçar a sanção das leis locais e desmantelar as redes de tráfico em países como a Índia e a Tailândia. A Esperança Compartilhada Internacional abriga cerca de quinhentas mulheres jovens libertadas da escravidão sexual de bordéis de Mumbai.

Uma mulher da Nova Zelândia me falou sobre seu trabalho entre mulheres tailandesas traficadas para a Alemanha, doze mil prostitutas da Tailândia só em Berlim. Ela lhe dá gravações de música, flores, pequenas expressões de amizade. "Essas mulheres se sentem tão degradadas e sós num lugar estranho e frio. Para elas é difícil confiar em alguém, porque a maioria sofreu abusos de seus pais, irmãos e depois de uma sequência de homens interessados apenas em seu corpo. Eu ofereço amor, não religião, mas se elas expressarem algum interesse por Deus eu lhes dou literatura cristã. Eu as tenho visto em clubes de *strip-tease*, equilibrando-se durante uma dança do poste de modo a poder ler um de meus livrinhos, enquanto os homens em volta delas devoram seu corpo com os olhos". Essa é uma imagem que eu tive dificuldade para tirar da cabeça.

Voltando à sala do congresso, uma mulher do Quirguistão relatou o estupro sofrido por ela aos três anos de idade. "Eu sei o que essas garotas têm de engolir", disse ela. "E sei porque elas se tornaram profissionais do sexo. Vocês não fazem ideia de como a vida é difícil num país como o nosso. Não temos nenhum trabalho. Eu comecei a acolher meninas de quinze ou dezesseis anos que moram na rua. Juntas, com a ajuda de Deus, estamos tentando mudar, achar um jeito novo de viver".

Segundo as mulheres me contaram, as condições das profissionais do sexo variam dramaticamente de um lugar para outro. Uma prostituta que trabalhe na Costa Rica, ou mesmo nas ruas de Detroit, vive num mundo diferente daquele de Las Vegas ou de Dubai. Depois de ouvir várias histórias trágicas do mundo em desenvolvimento, fiz a pergunta sugerida por minha mulher. "Digam-me, depois de tudo aquilo que provaram, como vocês evitam odiar os homens?"

Eu notara Sandra, uma loira australiana de olhos azuis e porte espetacular, sentada a minha frente, bem a minha esquerda. Que homem não a notaria? Quando fiz a pergunta, ela imediatamente respondeu: "Odiar os homens? Eu amo os homens. Eles são tão fáceis de manipular".

Sandra tinha uma história mais típica de profissionais do sexo de países ricos. "Eu sabia que era bonita porque na escola os rapazes sempre queriam ir para a cama comigo. Eu entrava numa sala, e os homens se viravam para olhar. Sendo assim, por que não cobrar pela atenção deles? Fiz um contrato com um cafetão, e durante seis meses foi maravilhoso. Ele me instalou numa bela suíte de hotel, havia serviço de quarto sempre a meu dispor, e eu tinha mais dinheiro do que podia imaginar".

"Depois eu me viciei em drogas e álcool. O sexo foi ficando mais bizarro quando os homens viam pornografia pesada e queriam que eu fizesse as mesmas coisas. Passei a me sentir *só* num grau indescritível. Sentava-me na cama e assistia à televisão o dia inteiro até chegarem os homens à noite. Eu não tinha amigos, não tinha família, não tinha vida fora do quarto. Vivia sob uma constante nuvem de vergonha. Durante um ano inteiro eu nunca saí da cama, tão deprimida eu me sentia".

Sandra acabou achando uma saída na "Casa da Esperança de Linda", um abrigo cristão dirigido por uma ex-cafetina de Perth. "Eu admito que ainda estou lutando, mesmo depois de seis meses longe da atividade. Viciei-me no poder do dinheiro bem como em drogas. Uma vez que larguei a escola, tenho poucas opções profissionais. No entanto, eu sei o que Deus quer de mim. Preciso me curar".

Pensei em Hilda da Costa Rica, que havia falado antes. A necessidade de cura no caso dela — cura dos abusos físicos, da rejeição da família, da pobreza — era muito mais óbvia. Sandra precisava de uma cura de outra espécie: cura das mentiras de uma cultura complacente, saturada de sexo e obcecada pelo dinheiro. Sob alguns aspectos, o caminho dela parecia até mais difícil.

Linda, a ex-cafetina a quem Sandra se referira, falou em seguida. "Ouve-se dizer que a prostituição é um crime sem vítimas. Ouçam as histórias contadas aqui. Para mim, é o mal número um do mundo. Conheço prostitutas com apenas nove anos de idade trabalhando em Perth. Todas as profissionais do sexo que eu conheço sofreram abusos na infância. Minha mãe cristã orou durante vinte anos para que eu deixasse a profissão, mas como a Sandra aqui eu estava viciada em dinheiro. Quando finalmente deixei a atividade, temi por minha vida. Oito vezes meu ex-cafetão tentou matar-me. Procurei líderes religiosos, mas só descobri que eles não querem se envolver com essa causa. Os políticos — alguns deles meus antigos clientes — só querem legalizar o negócio. Minha situação financeira é difícil, mas eu prefiro comer qualquer porcaria pelo resto da vida a voltar atrás".

Parecia ser uma boa ocasião para eu apresentar ao grupo outra de minhas perguntas planejadas: "De todas as mulheres prostitutas que vocês conhecem, quantas querem deixar sua atividade?" Cada uma das que falaram estava de acordo: todas elas. Durante alguns meses iniciais a profissão é atraente porque traz dinheiro fácil e a prostituta é tratada como rainha. Com o tempo, todavia, os cafetões exigem cada vez mais, os clientes se tornam abusivos e as drogas e o álcool são o único refúgio.

Não pude deixar de pensar nos anúncios que aparecem em minha caixa de *e-mails* quando o filtro de *spam* não cumpre sua função. Garotas divertidas com nomes exóticos prometem fazer tudo o que eu quiser se eu simplesmente clicar nesse *link* direto. A indústria do sexo se apresenta como uma transação de divertimento entre adultos, na qual ninguém se machuca, e não há consequências. Durante várias horas eu ouvira exatamente o contrário. Algumas das mulheres, como Hilda, sofreram danos físicos. Todas sofreram danos emocionais. Todas se sentiam vítimas.

Eu só tinha tempo para mais uma pergunta. "Vocês sabiam que Jesus se referiu à profissão de vocês? Deixem-me ler o que ele disse: 'Em verdade vos digo que publicanos e meretrizes vos precedem no reino de Deus'. Ele estava se dirigindo às autoridades religiosas de seu tempo. Na opinião de vocês, o que ele quis dizer? Por que se referiu especificamente a prostitutas?"

Depois de vários minutos de silêncio, uma jovem da Europa Oriental se manifestou naquele seu inglês imperfeito. "Todo o mundo tem alguém para olhar com desprezo. Nós, não. Estamos no fundo do poço. Nossas famílias se envergonham de nós. Nenhuma mãe, em nenhum lugar, olha para sua filhinha e diz: 'Querida, quando você crescer, quero que seja uma boa prostituta'. Na maioria dos lugares, estamos violando a lei. Acreditem, sabemos como as pessoas se sentem em relação a nós. As pessoas nos dão nomes: prostituta, porca, vadia, vagabunda. Também sentimos isso. Estamos no fundo do poço. E às vezes, quando se está no fundo do poço, a gente grita pedindo socorro. Então quando Jesus chega, nós respondemos. Ele quis talvez dizer isso".

Pode ser que sim.

Algumas horas mais tarde eu tinha de fazer uma palestra para o plenário do congresso. Sozinho em minha sala, elaborei a palestra até a hora de proferi-la. À luz do que ouvira, o que poderia dizer que pudesse levar conforto e desafio aos dois grupos: as profissionais do sexo entrevistadas e também aquelas que exercem seu ministério em benefício delas. Os organizadores do congresso haviam determinado que eu falasse sobre a graça, o tema de um de meus livros. Quando se está no fundo do poço, a graça de Deus pode chegar lá embaixo? A fé pode fazer alguma diferença?

Notei a presença de alguns outros homens, provavelmente empregados da sede do congresso, espalhados pela plateia. Todavia, mais uma vez me senti em minoria absoluta. Enfrentei uma sala cheia de mulheres, e dessa vez eram elas que ficariam ouvindo.

Palestra: A graça, como a água, flui para baixo

Green Lake, agosto de 2004

Mencionei várias vezes em meus escritos um amigo meu de Chicago, sempre usando um pseudônimo para proteger-lhe a privacidade, embora ele se risse disso dizendo que qualquer um que o conhecesse o reconheceria de imediato. Pouco tempo atrás, George sofreu um violento derrame que lhe destruiu boa parte do cérebro, e nunca mais voltaremos a ter nossas longas e informais conversas sobre temas variados: a política de Chicago, a teoria do gênero, teologia e suas lembranças do Vietnã.

Durante anos George manteve uma livraria, mais pelo desejo de estar a par dos novos livros do que pelo motivo de obter algum lucro —, o que foi bom, pois a livraria quase nunca fez dinheiro e acabou falindo. Se um cliente despertava sua curiosidade, George lhe enviava um convite a comparecer no restaurantezinho barato no quarteirão da livraria onde ele pontificava. Lá ele passava boa parte do dia, bebendo inúmeras xícaras de café e fumando sem parar (quando isso era permitido). Nenhum de nós o censurava por seus vícios em cafeína e fumo porque sabíamos que eles o dissuadiam de uma dependência pior, a do álcool. Um médico o havia avisado de que mais uma bebedeira provavelmente lhe custaria a vida. George dava uma festa anual para celebrar cada novo ano de abstinência.

George quebrou seu molde. Criado como menonita pacifista numa fazenda do Kansas, ele se rebelou e entrou para o exército e serviu no Vietnã, depois se estabeleceu na cidade grande de Chicago. Bissexual, ele mantinha laços com homens e mulheres. No entanto, meu amigo fumante-inveterado-bissexual-alcoólatra sabia tanto sobre teologia quanto qualquer professor de seminário. Ele me disse que deu seus primeiros passos numa tentativa de voltar para Deus quando reconheceu um Poder Superior nos Alcoólicos Anônimos. Depois um dia, enquanto navegava pelos canais da TV a cabo, ele inexplicavelmente parou num programa religioso. Um coro cantava um hino que era um convite: "Do jeito que eu sou". George depôs o controle remoto e ouviu a primeira estrofe e depois a segunda:

Do jeito que eu sou, sem mais esperar
Para da alma a negra mancha apagar,
Ó Tu, cujo sangue pode me lavar,
Cordeiro de Deus, aqui estou! Aqui estou!

Ele ficou olhando as pessoas avançando, esgueirando-se por entre as apertadas fileiras de bancos e abrindo caminho até as primeiras fileiras, onde conselheiros as cumprimentavam e conduziam a um canto para uma oração. Era uma cena familiar para George, um retorno à infância, mas por algum motivo ele continuou olhando e, para sua grande surpresa, uma película de lágrimas logo lhe turvou os olhos.

Do jeito que eu sou, Tu vais me receber,
Abraçar, perdoar, lavar e entender,
Porque em Tua promessa eu só quero crer,
Cordeiro de Deus, aqui estou! Aqui estou!

George disse: "Aquela noite eu avaliei pela primeira vez a verdade de que Deus me ama do jeito que eu sou. Todos os outros me amam impondo condições. Eu decepciono minha família porque nunca realizei meu potencial — na escola, na carreira, em qualquer aspecto. Decepciono minha igreja com minha decisão de lutar numa guerra e com meu comportamento pessoal. Decepciono meus amigos e médicos com meu modo de tratar a saúde, fumando, bebendo e seguindo uma dieta ruim. Sou pobre, gordo, feio e logo estarei velho. Só Deus me ama do jeito que eu sou".

Algumas de vocês presentes nesta sala conhecem não apenas a decepção com a família e os amigos; vocês conhecem a rejeição, a vergonha e até o banimento. Vocês conhecem o ódio de si mesmas que resulta da frustração constante das expectativas pessoais, bem como daquelas de outras pessoas. E aquelas de vocês que representam vários ministérios pelo mundo afora ouvem histórias desse gênero todos os dias no trabalho realizado nas margens sombrias que "gente honesta" evita.

De meu amigo George eu aprendi que a graça, como a água, sempre flui para baixo. Quando escalo montanhas lá no meu estado do Colorado, constato essa força descendente. O que começa como um fiozinho de água num campo de neve lá no alto ganha força enquanto vai escorrendo para baixo e se junta a outros pequenos riachos que abrem canais na terra, no capim e até mesmo na rocha. Com o tempo essa força pode alterar a paisagem, pode até escavar um *canyon* enorme semelhante ao *Grand Canyon*, tudo porque ela busca inflexivelmente a parte mais baixa.

Hoje à tarde ouvi histórias de desolação e redenção que se assemelham à história de George, relatos impressionantes do que acontece quando uma mulher rejeitada por todos de repente percebe que ela não é rejeitada por Deus. Por mais baixo que seja o ponto que atingimos, a graça flui até esse ponto mais obscuro.

Certa vez, entrevistei Robert Coles, psiquiatra e professor de Harvard que dedicou boa parte de sua carreira a lançar luz sobre gente marginalizada: meeiros, trabalhadores migrantes, filhos de apalachianos pobres. Ele me disse que inicia suas aulas em Harvard citando o autor James Agee, que documentou a miséria dos pobres da região rural dos Estados Unidos. "Nenhuma dessas [...] pessoas é jamais duplicada, nem substituída e jamais teve um predecessor: cada uma é uma vida nova, incomunicável e delicada, ferida em todos os sentidos e morta praticamente com a mesma crueldade e facilidade com que é ferida: suportando, por certo tempo, indefesa, os enormes ataques do universo".

Aqui em Green Lake eu ouvi os duros detalhes desses "enormes ataques" bem como comoventes lembretes da delicadeza da vida. Também ouvi provas vivas do poder da graça que primeiro flui para baixo e depois alça a pessoa a alturas inimagináveis. O Exército de Salvação usa a expressão "troféus da graça" para descrever o que pode acontecer entre gente humilde e excluída. As mulheres aqui nesta sala podem apresentar um caso típico de troféus da graça de Deus.

Aquelas dentre vocês que prestam assistência a profissionais do sexo enfrentam desafios únicos. Potenciais doadores podem se recusar a despejar seus recursos em benefício de mulheres que, no modo de pensar deles, devem ir para a cadeia, e não para a igreja. Vocês estão, obviamente, seguindo o padrão de Jesus, um padrão tão incompreendido hoje como foi no tempo dele. Eu acrescentaria que o trabalho que vocês fazem tem valor não apenas para as mulheres que vocês assistem, mas também para o resto de nós que ficamos do lado de fora. Vocês nos fazem lembrar do mistério de cada pessoa individual, uma mensagem da qual a sociedade moderna e também nós da igreja certamente precisamos.

Meu amigo George encarnou para mim um mistério. Eu jamais consegui estabelecer limites para George; ele sempre saía das fronteiras. Um pacifista que empunhou um fuzil no Vietnã, um teólogo de gabinete que gostava de experimentações sexuais, uma mente brilhante que mal conseguia ganhar um salário mínimo, um dependente químico que venceu um vício, mas não outro — George sempre permaneceu um mistério.

Numa viagem para a Rússia eu comprei um daqueles "bonecos encaixados" que se separam na altura da cintura para revelar dentro deles bonecos cada vez menores. O cenário político estava mudando quase a cada hora em 1991, e eu me enganei ao escolher um boneco que exteriormente apresentava Mikhail Gorbachev. Abrindo-se o boneco, descobre-se Boris Yeltsin (que logo substituiu Gorbachev no posto mais alto). Abrindo-se Yeltsin, descobrem-se outros bonecos de tamanho cada vez menor: Khrushchev, Stalin, Lenin. Ocorreu-me depois que cada um de nós, como os bonecos encaixados, contém múltiplas personalidades, o que nos torna uma combinação misteriosa de bem e mal, sabedoria e tolice, razão e instinto.

Nos tempos modernos, o mistério tem pouco espaço. Gostamos de dissecar as coisas, analisá-las. Os sociólogos identificam as condições que originam criminosos, e biólogos evolucionários voltam-se para o reino animal tentando explicar a razão do comportamento humano. Todavia, os seres humanos individuais sempre saem de seus limites de maneiras misteriosas. Dois mimados adolescentes do Colorado, com todos os privilégios da riqueza, entram numa sala de aula na escola Columbine e assassinam doze colegas e um professor. Uma freira da Albânia chamada Teresa encontra pouca felicidade ensinando geografia a crianças ricas, mas muita felicidade cuidando dos mendigos moribundos de Calcutá. Predomina o mistério.

Todos temos dentro de nós mesmos o potencial para o desespero e também para o triunfo, o pecado e a salvação, a crueldade e a compaixão, a lealdade e a traição, o amor e o ódio. As escolhas que fazemos e as pessoas que vamos ser não cabem num gráfico previsível. Uma mulher assume a prostituição devido a abusos sofridos na infância? Por razões econômicas? Devido a uma profunda solidão? Por causa de um desequilíbrio químico? Pela baixa autoestima? Mesmo depois que todos esses fatores são conhecidos, o mistério persiste.

Como a maioria dos aspectos do comportamento humano, a sexualidade desafia a simplificação. O grupo de *rock* Bloodhound Gang insiste: "Você e eu, belezinha, não passamos de simples mamíferos; portanto, vamos fazer como fazem no Discovery Channel". A letra capta bem a filosofia de uma sociedade saturada de sexo que oferece videoclipes de todos os concebíveis atos humanos a qualquer pessoa que tenha acesso a um computador e à internet. O problema com essa filosofia é que nós, humanos, *não* fazemos como os outros animais.

No Colorado eu moro no meio de uma variedade de mamíferos, e já observei que para eles o sexo não encerra muito mistério. Durante três semanas em cada setembro os alces machos berram e entrechocam suas galhadas, e depois o vencedor copula freneticamente com um harém de cinquenta a cem fêmeas. Os alces não tomam precauções em relação à privacidade, pondo em ação seus instintos num campo de golfe da localidade ou até mesmo no meu quintal. Aparentemente eles nunca mais se lembram do sexo durante as outras 49 semanas do ano. Para eles, trata-se de uma atividade física e sazonal, nada mais que isso.

O sexo é meramente uma atividade física para os seres humanos? Liguem o rádio numa estação de música *country* e prestem atenção nas letras sobre a infidelidade. Ou confiram os assassinatos relatados nos jornais diários, muitos dos quais aludem a brigas com uma amante que se afastou. É óbvio que vocês não precisam desses indícios. Eu ouvi hoje à tarde provas contundentes de que o sexo envolve muito mais do que o corpo físico. Ele toca a alma. Todas as mulheres que falaram mencionaram as cicatrizes que resultam de fingir que não é assim. Cicatrizes da infância levaram muitas de vocês ao comércio do sexo. Cicatrizes desse comércio animaram vocês a procurar uma fuga dessa atividade, especialmente quando vocês entraram em contato com o lenitivo curador da graça.

Nossos desejos, incluindo os sexuais, não são errados. Antes, são como os degraus de uma escada portátil que conduzem para a beleza, para um relacionamento e uma intimidade e, finalmente, para Deus, que nos concedeu esses dons. Mas, se os degraus da escada forem removidos, o que sobra são dois sarrafos separados que não levam a lugar algum. O caminho da saúde para aquelas dentre vocês que estão deixando o comércio do sexo não significa nem saciar nem explorar o desejo, mas, sim, reconduzir esse desejo para seu lugar adequado.

Aquelas dentre vocês que trabalham com crianças e mulheres jovens em lugares como a Índia, o Brasil, a Tailândia, a Austrália e República Checa entendem a falha de nossa cultura no que se refere a esvaziar e desmistificar a pessoa. No momento em que nos convencemos de que deciframos um indivíduo, nos abrimos a surpresas e erros. A vida humana é irredutível e se desenrola muito mais como um romance de Dostoievski que um manual de *software*. Algumas de suas principais convertidas, essas mulheres sentadas a seu lado nesta sala, provavelmente terão uma recaída, da mesma forma que alguns de seus opositores mais ferrenhos um dia abraçarão vocês, arrependidos.[2]

"É uma coisa muito séria", escreveu C. S. Lewis, "viver numa sociedade de possíveis deuses e deusas, lembrar-se de que a pessoa mais tosca e mais desinteressante com quem a gente conversa pode um dia ser uma criatura que, se a víssemos de novo, nos sentiríamos fortemente tentados a adorar, ou então poderia ser um horror de corrupção tal que hoje só encontraríamos, se isso fosse possível, num pesadelo. O dia inteiro estamos, num certo grau, ajudando-nos mutuamente na direção de um desses destinos".

O mistério da pessoa inclui nossa falibilidade, e este congresso também me faz lembrar dessa verdade importante. Desde os primeiros dias da fé alguns cristãos têm resistido a enfrentar o simples fato de que todos nós somos imperfeitos. O apóstolo Paulo lutou contra os gnósticos, que alegavam um plano

[2] Ouvi dizer, da parte de gente que presta assistência a profissionais do sexo, que muitas de suas convertidas recaem no seu estilo de vida anterior. Mais tarde eu ficaria sabendo que Sandra, a loira australiana, foi uma delas. Depois de se mudar para a Europa e matricular-se num seminário, ela começou a sentir falta das vantagens de sua vida anterior. Não tendo uma educação formal, ela se sentia realizada numa só atividade: satisfazer homens com seu corpo. Ela voltou para a Austrália decidida a retomar a profissão.

superior de iluminação; contra os cristãos farisaicos, que exigiam adesão estrita às leis religiosas; contra os "justos", que desprezavam certas categorias de pecadores.

Temos equivalentes modernos para cada uma dessas tendências. Eu cresci entre cristãos perfeccionistas que alegavam ter atingido um plano superior de vida. Eles frequentavam conferências de "vida mais profunda" e competiam uns com os outros na abstenção de certas atividades questionáveis. Uma mulher de minha igreja insistia em que ela não havia pecado durante doze anos. Todavia, essas mesmas pessoas não sentiam remorsos por contar piadas racistas ou por se opor aos direitos civis. E nutriam um orgulho doce e venenoso em seu desprezo pelos menos espiritualizados, especialmente por pecadores manifestos. Os homossexuais estavam nessa categoria, assim como as prostitutas.

Paulo ataca frontalmente essas tendências classificatórias em Romanos 1 e 2. Ele abre seu catálogo de pecadores listando transgressores flagrantes: pervertidos depravados, assassinos, os que odeiam a Deus (embora, curiosamente, ele também mencione pecados do dia a dia como a ganância, a inveja, a bisbilhotice e a desobediência aos pais).

No momento exato em que os leitores que se julgam bons cidadãos acenam concordando como quem sabe das coisas, cheios de si em sua superioridade moral, Paulo vira a mesa no capítulo 2: "Portanto, você, que julga os outros, é indesculpável; pois está condenando a si mesmo naquilo em que julga, visto que você, que julga, pratica as mesmas coisas". Eu posso nunca ter assaltado um banco, mas será que nunca soneguei o imposto de renda? Ou nunca ignorei uma necessidade premente por minha falta de compaixão? Paulo segue a lógica de Jesus no Sermão do Monte: assassinato e adultério diferem de ódio e luxúria apenas por uma questão de grau. De fato, a pessoa flagrantemente má tem uma espécie de vantagem: um giroscópio interior da consciência que registra uma sensação de estar fora da rota.

Paulo reserva seus comentários mais ásperos para uma terceira categoria, a de gente hipócrita, que no seu tempo incluía os judeus que escrupulosamente observavam a lei. Sendo um fariseu dos fariseus, ele conhecia bem essa síndrome, como atestam seus pronomes. Ele se refere aos perversos como "eles" e aos bons cidadãos como "vocês". Mas, quando discute os hipócritas, Paulo muda para a primeira pessoa. "Que se conclui? Temos qualquer vantagem? Não, de forma alguma". Ele conhecia o perigo que acompanha o sentimento de superioridade moral. No fim das contas, em seu tempo de hipócrita Paulo havia perseguido cristãos e participado de pelo menos uma morte por suplício. Em outra carta, Paulo disse: "Cristo Jesus veio ao mundo para salvar os pecadores, dos quais eu sou o pior". Note-se que Paulo, um mestre da linguagem, disse "eu *sou* o pior", e não "eu *fui* o pior". Ele entendeu a falibilidade.

Da mesma forma que a negação da realidade leva alguém a evitar o médico quando aparece um nódulo ou uma lesão na pele, pondo em risco a própria vida, a negação do pecado pode levar a consequências piores. A menos que aceitemos o impiedoso diagnóstico, nós não buscaremos a cura. Paulo conclui: "Não há nenhum justo, nem um sequer". E essa afirmação absoluta inaugura sua magnífica apresentação do evangelho em Romanos 3. A graça de Deus, a única solução possível para a falibilidade humana, nos chega de forma gratuita, independentemente da lei, independentemente de qualquer esforço humano visando ao aperfeiçoamento pessoal. Para receber um presente, só precisamos estender as mãos abertas e necessitadas — o gesto mais difícil de todos no caso de uma pessoa hipocritamente perversa.

Meu amigo George disse-me um dia: "Eu me sinto entalado num impasse entre 'Do jeito que eu sou' e 'Do jeito que eu deveria ser'". De fato, estamos nesse impasse. No meu tempo de adolescente e na faculdade eu rotulava os ansiosos perfeccionistas da minha igreja de hipócritas, e talvez fossem isso mesmo. Agora olho para eles com compreensão e me reconheço neles. Se compararmos quem somos com quem deveríamos ser, somos todos hipócritas, e a igreja oferece um lugar onde podemos confessar abertamente nossas falhas e receber o poder purificador da graça.

Uma das histórias mais comoventes que ouvi esta tarde foi a de uma jovem tailandesa que falou com dolorosa honestidade de seu vício do sexo. Ela até quis estuprar seus filhos pequenos, confessou, cobrindo o rosto com as mãos.

Prosseguiu dizendo que a graça de Deus pode curar, e depois de um momento de reflexão acrescentou: "Não é fácil ser curado".

Como ela está certa! Cada um de nós pode falar de forças dentro de nós que lutam contra a cura. Meu amigo George nunca tentou diluir suas lutas. O apóstolo Paulo detalhou a sua no eloquentemente caótico capítulo 7 de Romanos. Não é fácil ser curado. Mas uma coisa é ainda mais difícil: permanecer sem cura.

O autor e pastor John Piper insiste em que a pior tragédia no caso de pecados sexuais não é a fornicação ou a pornografia ou outros atos de falha moral. A tragédia é que a torturante sensação de culpa e indignidade devido à falha sexual pode nos avassalar, fazendo-nos sentir excluídos do propósito de Deus e até mesmo do amor de Deus. Chafurdando na culpa, nos retraímos do perdão que Deus oferece.

O rei Davi, que se tornou o emblema público da falibilidade para uma nação inteira, escreveu as seguintes palavras depois de seu maior fracasso: "Não te deleitas em sacrifícios nem te agradas em holocaustos, senão eu os traria. Os sacrifícios que agradam a Deus são um espírito quebrantado; um coração quebrantado e contrito, ó Deus, não desprezarás". Mil anos depois, Paulo disse algo semelhante, resumindo nossa esperança cristã numa simples fórmula: "Mas onde aumentou o pecado, transbordou a graça".

Este congresso celebra a instigante verdade de que a graça aumenta sempre mais. Se nos tivéssemos reunido para apresentar provas mais lúgubres do mistério e falibilidade humanos, não teríamos esperança a oferecer ao mundo. Em vez disso, gente de trinta países se reuniu aqui para proclamar mais uma qualidade humana: a redimibilidade. Como a vibrante e distinta voz do clarim, a Bíblia anuncia uma promessa segura de que, independentemente de quem eu sou ou do que fiz, a porta da transformação se abre de par em par diante de mim.

O primeiro evangelho, Mateus, começa com uma lista de nomes que representam uma seleção dos ancestrais de Jesus. A família camponesa de José e Maria tinha sua origem em gente notável, incluindo o maior rei de Israel e seu fundador original. Todavia, a lista de nomes de Mateus também permite que alguns esqueletos saiam do armário. Vejam as duas mulheres mencionadas, uma raridade em genealogias judaicas. Tamar, uma viúva sem filhos, precisou vestir-se de prostituta e seduzir seu sogro para produzir sua contribuição para a linhagem de Jesus. Raabe não apenas fingiu, como de fato ganhou a vida como prostituta. E Bate-Seba foi o alvo da luxúria de Davi e provocou o mais famoso escândalo real do Antigo Testamento. Essas ancestrais suspeitas mostram que Jesus entrou na história humana aceitando a realidade nua e crua, um descendente disposto a assumir sua vergonha. Também mostram o poder da redenção que acolheu essas mulheres na história de alguém que trouxe a salvação para o mundo.

Uma reunião bíblica de assassinos incluiria alguns de seus nomes mais proeminentes: Moisés, Davi, Paulo. Uma reunião de traidores incluiria não apenas Judas, mas também Pedro e outros discípulos. E uma reunião de gente sexualmente promíscua incluiria duas mulheres anônimas que tiveram um encontro com Jesus que mudou a vida delas.

Em João 8, encontramos uma mulher apanhada em flagrante adultério. Com muita probabilidade despida até a cintura para sua maior vergonha, ela é arrastada por um grupo de profissionais religiosos que exigem sua morte por apedrejamento. Como se poderia prever, ninguém acusa o homem que foi seu parceiro de adultério (embora ela tenha sido apanhada no ato), e logo fica evidente que seus acusadores estão pouco interessados na sorte da mulher e muito interessados em armar uma cilada para Jesus.

De sua parte, Jesus deixa que a tensão da cena perdure por certo tempo enquanto ele vai escrevendo no chão, em silêncio. Depois se levanta e se dirige à murmurante multidão. "Aquele que dentre vós estiver sem pecado seja o primeiro que lhe atire pedra". Com esse comentário, ele abole a distinção artificial que eles faziam entre "gente honesta", *como os líderes religiosos*, e "gente desonesta", *como aquela vadia.* Jesus vê a multidão através de um conjunto diferente de lentes. Ele vê gente que precisa da graça de Deus e a nega, como os professores da lei e os fariseus, e gente que precisa da graça de Deus e a aceita, como a mulher que se curva diante dele aguardando o baque surdo da primeira pedra.

Depois que todos, um por um, foram embora, a única pessoa naquele cenário que de fato não tem pecado dispensa a mulher culpada. "Eu também não a condeno. Agora vá e abandone sua vida de pecado". Ela também enfrenta a chocante perspectiva de ser julgada por seu futuro, e não por seu passado.

Lucas 7 narra outro encontro, em que aparece não apenas uma adúltera, mas uma prostituta em ação, uma mulher que ganha a vida vendendo seu corpo. Num ato de ousadia incrível, ela irrompe pela casa de um fariseu desafiando as regras do ritual da purificação e derrama um dispendioso perfume sobre os pés de Jesus e, de modo provocador, esfrega a mistura de lágrimas e perfume com seus cabelos soltos. Perfume era o maior bem para uma prostituta num ambiente de deserto, o que explica por que sua oferta equivalia talvez aos salários de um ano inteiro. Ao derramar seu bem mais precioso sobre os pés de Jesus, essa mulher abandona sua carreira e confia todo seu futuro a Jesus.

O anfitrião fariseu, que já havia tratado Jesus de forma grosseira, reage com indignação. *Ele não sabe quem é essa mulher — ela é uma pecadora!* Para ele, a tolerância de Jesus diante dessa ostentação escandalosa prova que ele não poderia ser um verdadeiro profeta. Todavia, o próprio ato que torna Jesus inadequado aos olhos do fariseu decreta as credenciais de Jesus como distribuidor da abundante graça de Deus. "Portanto, eu lhe digo, os muitos pecados dela lhe foram perdoados; pois ela amou muito. Mas aquele a quem pouco foi perdoado, pouco ama".

Os fariseus, os líderes religiosos mais respeitados de seu tempo, tinham um sistema de moralidade hermeticamente fechado e levavam todas as vantagens profissionais. Contrastando com isso, os seguidores de Jesus começaram enfrentando todas as dificuldades. Eles incluíram mulheres de moral duvidosa como as duas mencionadas, bem como discípulos traidores, escravos e donos de escravos e um fanático que se especializara em torturar cristãos. Juntos, esses ofuscantes exemplos de falibilidade humana haviam infringido todos os Dez Mandamentos. No entanto, esse bando heterogêneo, inflamado pelo espírito de Jesus, partiu para transformar o mundo. Os fariseus logo saíram de cena enquanto o movimento de Jesus continuou crescendo, e cresce até hoje.

Neste congresso eu ouvi novos capítulos da saga contínua da redenção. Ouvi uma cafetina da Austrália que hoje se dedica a abrigar outras mulheres que procuram a libertação da escravidão sexual. Ouvi uma mulher que na infância foi vendida para a prostituição, que viveu sofrendo abusos diários que quase a levaram à morte, até que Deus, de forma milagrosa, ouviu sua oração. Os próprios nomes dos ministérios que compareceram aqui em Green Lake oferecem uma promessa de esperança: Centro Vida Nova, Cordão Escarlate, Projeto Resgate, Moeda Perdida, Projeto Hagar.

Somos todos troféus da graça de Deus, alguns de modo mais dramático que outros. Jesus veio para os doentes, e não para os sadios; para os pecadores, e não para os justos. Ele veio redimir e transformar, veio renovar todas as coisas. Que vocês possam partir mais empenhadas do que nunca no trabalho de alimentar as almas tocadas por vocês, aquelas delicadas vidas que têm suportado os enormes ataques do universo.

Cambridge, agosto de 2008

4 Apóstolo dos céticos

Meu primeiro contato com C. S. Lewis aconteceu enquanto estudava numa faculdade bíblica no sul dos Estados Unidos, numa época em que nem a faculdade nem eu estávamos muito bem. Avançando à deriva entre uma presidência e outra, a escola completara seu quadro de professores com missionários de licença e outros professores temporários que se aventuravam em águas demasiado profundas. Quanto a mim, endurecido por minha criação numa igreja fundamentalista e pela arrogância da imaturidade, logo passei a ver a escola com desdém. *Como vim parar neste lugar maluco?* — perguntava-me repetidamente. Eu sentia um prazer demoníaco em abrir buracos na fé de colegas de classe e em desnortear os professores com perguntas que eles não sabiam responder.

Segundo me lembro, li a trilogia espacial de C. S. Lewis primeiro. Embora talvez não seja sua melhor obra, ela exerceu em mim um efeito solapador porque ele tornava o sobrenatural tão acreditável que eu não podia deixar de perguntar-me: *E se isto for verdade?* E se houver um mundo além deste, e se forças sobrenaturais estão de fato atuando, nos bastidores, sobre este planeta e em minha vida? As emoções cresceram até se transformarem num terremoto quando eu prosseguia lendo *Cristianismo puro e simples*, *Milagres* e *O problema do sofrimento*, livros que derrubaram minhas defesas ao mesmo tempo em que expuseram meu pecado fundamental de orgulho.

Eu estava cursando a faculdade bíblica alguns anos após a morte de Lewis, em 1963, e comprei outros livros dele, menos conhecidos, que ainda não haviam conseguido atravessar o Atlântico saindo de sebos da Inglaterra. Depois de lutar com eles como quem luta contra um adversário num debate, eu me senti arrastado, como o próprio C. S. Lewis se sentira, esperneando e gritando o tempo todo, para dentro do reino de Deus. Desde aquela época, ele tem sido um companheiro constante, um mentor secreto, sentado a meu lado, incentivando-me a melhorar meu estilo de escrita, meu pensamento, minha visão e também minha vida.

Lewis chegou à fé passo a passo, aproximando-se primeiro do teísmo e só aos poucos entrando na crença na encarnação e na ortodoxia cristã. "Eu me senti como se fosse um homem de neve que finalmente começara a derreter", refletiu ele mais tarde. Convertido do ateísmo, manteve por toda a vida uma compaixão por aqueles que, como ele, achavam difícil acreditar. Em 1948, o poeta americano Chad Walsh, em seu primeiro livro sobre Lewis, conferiu-lhe o título apropriado: "Apóstolo dos céticos", e décadas mais tarde os escritos de Lewis continuam desafiando e guiando céticos. Ponto por ponto, ele desmantela barreiras intelectuais à fé e abre a imaginação e a mente para outra maneira de ver.

C. S. Lewis sugeriu que os modernos da era pós-cristã estão para os pagãos assim como uma mulher divorciada está para uma virgem. Algumas partes do mundo, como a China rural, podem receber o evangelho como uma novidade boa e desconhecida, mas o Ocidente alimenta um cínico espírito de resistência do tipo "estive lá, já fiz isso". Para atingir leitores assim, o escritor precisa de uma abordagem mais sutil, até subversiva. Conforme ele disse a um grupo de sacerdotes anglicanos: "O que nos falta não são outros livrinhos sobre o cristianismo, mas mais livros de autores cristãos sobre outros assuntos — com seu cristianismo *latente*".

Pelo exemplo, Lewis ensinou-me um estilo de abordagem que eu tento seguir em meus próprios escritos. A maioria de nós poucas vezes aceita um argumento lógico, a menos que ele se encaixe em nossa noção de realidade, e o autor persuasivo deve cultivar esse senso intuitivo — de um modo bastante parecido com o que Lewis fez por mim com sua trilogia espacial antes que eu lesse suas obras apologéticas. Eu passei a crer no mundo invisível só depois de identificar seus indícios no mundo visível. O próprio Lewis converteu-se ao cristianismo só depois de sentir que ele correspondia a seus anseios mais profundos, seus *sehnsucht* (desejos veementes).

Embora em pessoa ele fosse um poderoso apologista que intimidava seus alunos e gostava de um debate público, em seus escritos Lewis cortejava os leitores, em vez de intimidá-los. Não impunha a fé seguindo uma linha de argumentação como poderia fazer um pregador, mas a deduzia como um produto derivado razoável e natural. Quando era menino, ele se envolvera num corajoso cabo de guerra com Deus, só para acabar descobrindo no fim da corda um Deus inteiramente diferente daquilo que ele, na época, havia imaginado na rígida cidade protestante de Belfast. Da mesma forma, eu lutei arduamente contra um intimidador cósmico e acabei me confrontando com um Deus de graça e misericórdia.

Ao longo do caminho, descobri minha plataforma pessoal de escritor. Tendo sido chamuscado pela igreja, continuei suspeitando de pregadores e teólogos que falavam do alto de uma posição de autoridade. De Lewis aprendi a adotar a postura do leitor, primeiro criando confiança e depois convidando o leitor a me acompanhar na exploração de perguntas e dúvidas. Esse estilo satisfaz tanto minha profissão de jornalista quanto minha peregrinação pessoal.

Contrastando com isso, Lewis não era um jornalista, mas, sim, um estudioso da literatura medieval. Sua disposição de "rebaixar-se" ao nível da literatura popular pode representar sua conquista mais impressionante, uma conquista nem sempre celebrada por seus colegas de Oxford. Usando metáforas e ilustrações caseiras — ovos escaldados, tortas de lama, ratoeiras —, ele conduz seus leitores através de um labirinto de questões complexas com tal habilidade que a estrada parece desimpedida, e o destino, inevitável. Para Lewis, uma fé significativa deve permear toda a vida, não apenas a vida acadêmica.

Ao ouvir críticas de outros acadêmicos de Oxford que menosprezavam obras como *Cartas do Diabo a seu aprendiz*, a trilogia espacial e as *Crônicas de Nárnia*, Lewis costumava citar os comentários do general William Booth do Exército de Salvação conversando com Rudyard Kipling: "Meu jovem, se pudesse ganhar uma única alma para Deus tocando... tocando um pandeiro com os dedos dos pés, eu o faria". Tocar o pandeiro teve um custo alto para Lewis: outros professores de Oxford que sentiram ciúme de seu sucesso e se ressentiram de sua fé sincera lhe negaram o cargo pleno de professor naquela instituição (uma injustiça que a universidade rival — Cambridge — mais tarde corrigiu).[1]

Em suma, C. S. Lewis ratificou minha vocação de escritor que realiza sua própria fé por escrito. Vivemos vidas solitárias, nós que ganhamos a vida arrebanhando palavras. Eu mal consigo escrever se alguém estiver comigo na mesma sala. E os resultados de minhas obras são escorregadios e vicários: quando escrevo, eu não me preocupo de forma ativa com os pobres, nem sirvo a vítimas da AIDS, nem alimento os famintos, nem sequer converso sobre questões espirituais. Lewis me provou que esse ato extremamente isolado ainda pode fazer diferença. Na qualidade de alguém que foi mudado — literalmente, dramaticamente, permanentemente — por um professor de Oxford que muitas vezes se sentia mais à vontade com livros do que com gente, eu confio que Deus possa usar meus próprios pequenos esforços para conectar-me com leitores espalhados por este mundo, a maioria dos quais nunca se encontrará comigo.

Ficar sentado numa cadeira o dia inteiro olhando para palavras constitui uma existência inatural e, ao mesmo tempo, abre o portão para algumas tentações únicas. Numa carta endereçada a seu amigo Arthur Greeves, Lewis discutiu o solo fértil no qual o orgulho de um escritor pode começar a crescer:

> "Descobri algumas coisas ridículas e terríveis sobre meu caráter pessoal. Sentado sem fazer nada, observando pensamentos recém-nascidos que se matam

[1] J. R. R. Tolkien explicou a hostilidade contra Lewis: "Em Oxford, o professor é perdoado por escrever unicamente dois tipos de livros. Pode-se escrever livros sobre o próprio campo de pesquisa, seja ele qual for, literatura, ciência ou história. E pode-se escrever romances policiais, porque todos os professores a certa altura ficam gripados, e eles precisam de alguma coisa para ler na cama. Mas ninguém é perdoado por escrever obras de caráter popular, como aquelas que Jack escreveu sobre teologia, especialmente se essas obras são um sucesso mundial, como no caso de Lewis".

> assim que de repente surgem, aprende-se a conhecer que tipos de pensamentos nos ocorrem. E (dá para acreditar?) um de cada três é um pensamento de autoadmiração: quando todo o resto fracassa e teve o pescoço quebrado, eis que surge o pensamento: 'Que sujeito admirável sou eu que consegui quebrar seus pescoços!'. Eu me apanho posando diante do espelho, por assim dizer, o dia inteiro. [...] É como combater contra a Hidra. [...] O orgulho [...] é o pai de todos os pecados e o pecado original de Lúcifer. [...] Eu sou um instrumento que é tocado, mas que prefere tocar a si mesmo porque acha que conhece a melodia melhor que o músico".

A profissão de escritor nos convida todos os dias a lutar com o orgulho. Tenho de presumir que minhas palavras valem o tempo de vocês, valem o fato de vocês deixarem de lado a lista de atividades diárias e de se sentarem analisando em silêncio as marcas que deixo no papel. Se não acreditasse nisso, eu procuraria outra carreira.

Paradoxalmente, um ato que começa numa solitária absorção de si mesmo pode transformar-se em exibicionismo público. O sucesso inesperado que acompanhou a sequência de livros campeões de venda de Lewis na década de 1940 criou novas ocasiões para o orgulho. Direitos autorais e cartas de admiradores chegavam aos montes, e ele recebia muito mais convites para falar e escrever do que podia cumprir. Em 1947 a revista *Time* o exibiu numa de suas capas. Um escritor sob os holofotes do público pode reagir de várias maneiras perniciosas: deliciando-se com a atenção pública, como Norman Mailer, ou isolando-se ressentido, como J. D. Salinger. Lewis criou uma maneira diferente.

Bom conhecedor dos artifícios do Diabo, Lewis procurou combatê-los em todas as frentes. Doou dois terços do dinheiro que entrava. Tratou seus escritos e livros com indiferença, pouco se importando com seu legado literário. Absorveu os gestos de menosprezo e os insultos de Oxford sem dar o troco. Respondia à mão todas as cartas que lhe chegavam. E o que talvez é mais importante é que ele resistiu ao engodo da celebridade seguindo uma vida normal de passeios, orientação, palestras, escrevendo e encontrando-se com amigos.

Pela maioria dos padrões, C. S. Lewis levou uma vida chata. Poucas vezes viajou e nunca aprendeu a dirigir um carro. Descrevia a si mesmo como um dinossauro sobrevivente, um cristão compromissado numa época secular, que se alimentava de música e literatura de muitos séculos atrás. No entanto, seus amigos o conheceram como um homem plenamente e até exuberantemente vivo. "A plenitude silenciosa da natureza comum", frase usada como epígrafe de um capítulo de seu livro *A alegoria do amor*, nos dá uma pista. Lewis estava em fina sintonia com a beleza das coisas comuns, nas quais via sinais da própria mão de Deus.

Depois de uma viagem para a sua terra natal — a Irlanda —, ele voltou "inebriado com as montanhas azuis, praias amarelas, escuros brincos de princesa, ondas arrebentando, jumentos zurrando, cheiro de turfa e a urze que mal começava a florir". Ficar sentado junto a um regato comendo sanduíches, balançando os pés na água; observar a primavera se anunciando nas plantações ao longo do Passeio de Addison na sua faculdade; ouvir Wagner ao ar livre — esses prazeres simples pareciam uma plenitude suficiente. Nada lhe agradava mais do que um dia tranquilo com os amigos. "Estas são as sessões de ouro: quando quatro ou cinco de nós, após um dia de árdua caminhada, chegamos a nossa pousada; quando estamos de chinelos, os pés estendidos diante da lareira e os drinques ao alcance da mão; quando o mundo inteiro, e algo além do mundo, se abre diante da mente enquanto conversamos. [...] A vida — a vida natural — não tem um dom melhor a oferecer".

Lewis descrevera o efeito transcendental desses prazeres em sua autobiografia, *Surpreendido pela alegria*, e depois na idade madura dos 53 anos o inveterado solteirão conheceu uma mulher ironicamente chamada Joy [Alegria]. De repente, o reprimido e clubístico professor de Oxford, acostumado a ganhar todas as discussões e a controlar seu mundo privado (masculino), viu aquele seu isolamento invadido por uma atrevida nova-iorquina, Joy Davidman Gresham, que encarnava o oposto de Lewis: elegante, divorciada, judia e ex-comunista. De alguma forma os dois se apaixonaram e casaram — embora em ordem inversa, pois Lewis inicialmente concordou em celebrar um casamento civil só para ajudá-la a resolver problemas dela com seu visto.

No ano seguinte, quando Joy estava acamada com um câncer ósseo, eles sacramentaram o casamento. A peça teatral e o filme *Terra das sombras* descreve esse romance extremamente improvável, um período de êxtase obscurecido pela doença terminal de Joy. “Eu nunca esperei ter, aos sessenta anos de idade, a felicidade que me deixou para trás aos vinte”, afirmou Lewis a um amigo. Joy viveu apenas três anos após seu casamento à beira de um leito de hospital — incluindo um período de recuperação da saúde que no começo parecia uma cura milagrosa. Foram quarenta meses de sublime enlevo e dor esmagadora para C. S. Lewis.

Lewis escreveu a um amigo que ele mais desejava a própria morte nos momentos de alegria, não quando a vida parecesse mais difícil. Para ele, os prazeres deste mundo sempre apontavam para outro mundo, e as coisas boas eram provas indiretas de um Deus bom. “A alegria (que se distingue do mero prazer e mais ainda do divertimento) enfatiza nossa condição de peregrino; sempre nos faz lembrar, nos acena e desperta o desejo. O que temos de melhor são as coisas que nos fazem falta”.

Três anos após a morte de Joy, o próprio C. S. Lewis morreu, no dia 22 de novembro de 1963. Pouca atenção foi dispensada a essa perda por causa de outra morte famosa. Na noite daquela sexta-feira o dramaturgo inglês David Lodge estava assistindo à apresentação local de uma de suas criações satíricas. A plateia caiu na gargalhada quando um ator se apresentou para uma entrevista visando a um emprego munido de um rádio portátil. Ele depôs o rádio, que ficou fazendo um fundo musical enquanto a peça prosseguia. Após alguns minutos ouviu-se no rádio uma voz anunciando uma notícia extraordinária: “Interrompemos este programa para informar aos ouvintes que hoje o presidente norte-americano John F. Kennedy foi assassinado em Dallas, Texas”. A plateia ficou boquiaberta, e, quando o ator, alarmado, desligou o aparelho, já era tarde demais. Com uma frase, a realidade do mundo exterior havia estilhaçado o mundo artificial da produção dramática. De repente, qualquer ação que acontecesse no palco parecia superficial e irrelevante.

Foi isso que C. S. Lewis fez para mim e muitos outros: interrompeu meu próprio pequeno mundo de egoísta ambição, orgulho e dor com novidades de outro mundo — nesse caso não trágicas, mas boas além da imaginação; uma promessa segura de que Deus não desistiu deste planeta. Lewis enxergava esta vida como um ensaio para a vida futura, contendo indícios positivos e negativos. Nossos doces anseios e nossas insinuações de uma criação redimida por vir, "o perfume de uma flor que ainda não encontramos, o eco de uma melodia que ainda não ouvimos, as notícias de um país que ainda não visitamos". Para Lewis até a dor tem um objetivo desse gênero, sendo uma espécie de megafone que nos lembra que vivemos num planeta decaído que precisa desesperadamente de reconstrução. A dor nos impede de ver esta terra aqui presente como um lar definitivo".

Algum tempo atrás pediram-me para contribuir com um artigo para um volume intitulado *Mere Christians: Inspiring Stories of Encounters with C. S. Lewis* [Meros cristãos: histórias inspiradoras de encontros com C. S. Lewis]. A obra inclui 55 capítulos, alguns de gente famosa como Francis Collins, Charles Colson, George Gallup Jr. e Anne Rice. Outros colaboradores formam um grupo diversificado: uma pastora de nacionalidade iraniana, um médico missionário, um avaliador de imóveis, uma avó, um jogador prifissional de futebol, um cantor de música *country*, um pesquisador de biologia da Universidade de Yale, o fundador da Domino's Pizza. Todos eles atribuem a Lewis o crédito de ajudá-los a sustentar sua fé possibilitando-lhes a visão de um mundo crível além desta vida.

Duvido que C. S. Lewis tenha um dia previsto que quase meio século após sua morte suas palavras ainda exerceriam tanto efeito. Com certeza ele não previu que vários milhões de pessoas todos os anos comprariam um exemplar de suas dezenas de livros que continuam sendo publicados e que os estúdios da Disney e da Fox lançariam filmes baseados em Nárnia com a exposição de produtos derivados que apareceriam nas vitrines de todos os grandes *shoppings*. Houvesse sido informado disso em vida, ele provavelmente se teria retraído, alarmado. Nós, escritores, não somos Substantivos, costumava dizer. Somos meros adjetivos a serviço do grande Substantivo da verdade. Lewis desempenhou esse papel com a fidelidade de um mestre, e por isso muitos milhares de pessoas passaram a conhecer e amar esse Substantivo. Até mesmo eu.

Com intervalos de alguns anos, a Fundação C. S. Lewis patrocina um congresso sobre C. S. Lewis, com uma semana inteira de reuniões em Oxford e outra semana em Cambridge. Falei nesse congresso pela primeira vez em 1998 no Teatro Sheldonian, um elegante salão de Oxford projetado por sir Christopher Wren. A tradição exige que o palestrante se apresente de beca e barrete acadêmico (o barrete foi uma exigência impossível no meu caso devido a meu cabelo crespo). Meu livro *O Jesus que eu nunca conheci* acabara de ser publicado, e os organizadores do encontro me pediram para falar sobre esse tema. Como faço antes de iniciar qualquer livro, eu havia diligentemente examinado minha coleção de livros escritos por Lewis para repassar o que ele escrevera sobre o assunto. Os participantes do seminário sobre Jesus estavam atraindo cobertura da imprensa, e eu me apanhei desejando que Lewis estivesse vivo para responder a algumas das fantásticas teorias sobre Jesus e os evangelhos.

Durante o congresso ouvi um ator proferindo, do mesmo púlpito onde o autor o fizera, um magnífico sermão de Lewis intitulado "O peso da glória". Visitei a casa de Lewis conhecida como "The Kilns" e vi seu túmulo, percorri o passeio ao longo do Tâmisa, detive-me em simétricos jardins e assisti a concertos noturnos. Oxford conseguiu preservar os melhores aspectos da civilização ocidental (que, estranhamente, tendem a atrair hordas de turistas bagunceiros em trajes desleixados). Percebi em mim certa inveja de C. S. Lewis por sua vida tranquilamente ordenada antes da invasão de computadores, *e-mails* e telefones celulares.

Dez anos mais tarde, voltei para proferir uma palestra no mesmo congresso, dessa vez em Cambridge. A relação dos palestrantes mostra a grandeza do apelo de C. S. Lewis: o perito em DNA Francis Collins e o físico John Polkinghorne, o poeta Dana Gioia, os filósofos Richard Swinburne e Nancey Murphy, o psicólogo Paul Vitz, bem como um ex-redator de discursos da Casa Branca, um crítico de cinema e vários artistas e músicos.

Os leitores da revista *Christianity Today* classificam Lewis como o escritor cristão mais influente, embora ele mal se encaixe no perfil evangélico. Um congresso em sua memória reúne homens e mulheres de todas as denominações e *backgrounds* porque ele enfocou o cristianismo *puro e simples*, evitando certas questões divisoras como o universalismo, o batismo, os sacramentos, a inerrância e a escatologia. "Desde que me tornei cristão", escreveu ele em 1952, "achei que o melhor, talvez o único serviço que poderia prestar a meus irmãos vizinhos que não creem era explicar e defender a crença que tem sido comum para quase todos os cristãos de todos os tempos". Até mesmo um crítico previsível como o fundamentalista Bob Jones Jr. teve de admitir: "Esse homem fuma cachimbo, esse homem consome álcool — mas eu *de fato* acredito que ele é um cristão!".

Além disso, a apreciação que Lewis tinha do prazer como o "gotejar da graça" unifica os dois mundos: o visível e o invisível. Ao contrário de eremitas da Idade Média e legalistas dos tempos modernos, Lewis não via nenhuma necessidade de afastar-se do mundo e fugir do prazer. Ele gostava de uma bebida forte, das baforadas do cachimbo, de uma reunião de amigos, de uma peça de Shakespeare, de um chiste inteligente. Como o próprio Diabo teve de admitir, o prazer "é invenção dele [isto é, de Deus], não nossa". Os deleites da vida são de fato bons, só que não bons o suficiente; nossos desejos são demasiado pequenos, nossa visão demasiado limitada.

Percebo em Lewis algo poucas vezes visto na sociedade secular ou religiosa: um delicado equilíbrio entre abraçar o mundo, mas sem o idolatrar. Apesar de todos os seus defeitos, este planeta traz marcas do projeto original, traços de beleza e alegria que tanto evocam quanto antecipam o plano do Criador. Se os modernos abordam o cristianismo como pessoas divorciadas, talvez C. S. Lewis sirva como um reconciliador que recupera a vida das cinzas moribundas da fé. À pergunta "Para que serve Deus?" Lewis oferece um tipo diferente de resposta em relação àquelas que encontrei entre prostitutas, na igreja clandestina chinesa e entre os sobreviventes da Virgina Tech: o exemplo de um ateu transformado que viveu sua fé num ambiente escolástico agressivamente secular. Ocorreu-me que C. S. Lewis é, acima de tudo, um unificador, tema que decidi tratar em minha palestra.

Palestra: Navegando em dois mundos

Cambridge, agosto de 2008

Alguns amigos meus fizeram a pé um passeio pela Itália, visitando igrejas e museus de arte durante o dia e assistindo a concertos à noite. Nenhum dos outros participantes do grupo compartilhava o interesse de meus amigos em questões de fé, e de fato um inglês fanfarrão durante um passeio expressou a seguinte opinião: "Teria sido muito melhor para a Europa se não houvesse acontecido o cristianismo". Ele não conseguiu enxergar ironia alguma no fato de participar de uma excursão cara visitando artefatos culturais que surgiram — todos eles — do cristianismo.

A religião é malvista pela imprensa nos dias de hoje, o que é compreensível. Grande parte do mundo vê a fé religiosa como o grande elemento divisor: entre muçulmanos e cristãos, hindus e muçulmanos, budistas tibetanos e comunistas chineses, católicos e protestantes, xiitas e sunitas, muçulmanos e judeus. Homens-bomba, que contam com recompensas na outra vida, destroem a vida presente de si mesmos e de outros. A pessoa secular comum, que vê na televisão como fanáticos lançam insultos e bombas uns contra os outros, se afasta da religião sentindo repugnância. Os americanos outrora viam seus inimigos como ímpios comunistas; agora, quando enfrentam ataques de extremistas muçulmanos, tendem cada vez mais a rejeitar a afiliação religiosa.

Como cristão devo admitir que minha fé de fato traça linhas divisoras: os filhos da luz e os filhos das trevas, o bem e o mal, a vida do espírito e a vida da carne, o mundo natural e o mundo espiritual. Em seu estilo paradoxal, G. K. Chesterton não via problema algum nessa dualidade. Ele disse: "O cristianismo superou a dificuldade de combinar furiosos opostos, mantendo ambos os opostos e mantendo-os furiosos". Eu sugeriria que C. S. Lewis, mesmo vendo em Chesterton um pai espiritual, apresenta uma abordagem mais sadia, uma abordagem da qual o mundo dividido precisa urgentemente. Lewis descobriu um jeito de juntar, de *unificar* opostos aparentes.

Um oposto aparente vem de imediato à cabeça. "Não ameis o mundo nem as coisas que há no mundo", advertiu o apóstolo João. No entanto, alguns de nós claramente amamos o mundo. Estamos, no fim das contas, sentados na grande igreja de St. Mary, uma construção gótica inglesa que agrada aos olhos e um recinto no qual ouvimos música e poesia de excelente qualidade. Ontem eu fiz um passeio pelos fragrantes jardins floridos do Clare College. Provei da excelente cozinha internacional. Fazendo essas coisas, eu desobedeci ao apóstolo João?

Certa ambiguidade em relação ao prazer tem marcado todas as religiões, incluindo o cristianismo. O romancista Salman Rushdie observa que a verdadeira batalha da História se trava não entre ricos e pobres, socialistas e capitalistas ou brancos e negros, mas entre epicureus e puritanos. A prova disso ele vê entre muçulmanos austeros e muçulmanos seculares; a mesma tensão se manifesta no seio das denominações mais legalistas dentro do cristianismo. A igreja na qual me criei julgava que filmes, nado misto e *rock* eram "mundanos" e pecaminosos. Tomando o apóstolo João ao pé da letra, eremitas de outrora sentaram-se nus sobre postes ou se esconderam em cavernas do Egito, recusando qualquer alimento que não fosse pão e água.

Numa igreja arquitetonicamente semelhante a esta, na cidade coirmã de Oxford, C. S. Lewis discutiu essa questão de maneira direta. Ele quis explorar como o cristianismo se relacionava com a cultura, pois as artes, especialmente a poesia e a música, lhe haviam proporcionado muito prazer. Corria o ano de 1939 e, como os Estados Unidos ainda não haviam entrado na guerra, a Grã-Bretanha lutava contra a Alemanha de Hitler praticamente sozinha. Lewis fez o sermão "Aprendizado em tempo de guerra" a alunos que tentavam concentrar-se nas matérias acadêmicas antes de ir juntar-se a seus amigos nas linhas de frente no norte da África e na Europa. Como, perguntava Lewis, um jovem prestes a enfrentar perigos mortais, com o futuro da civilização em jogo, pode despender seu tempo com história e filosofia, sem falar no campo da literatura medieval de Lewis? "Não é como tanger a lira enquanto Roma está em chamas?"

Para começar, Lewis sublinhou que nenhum de nós sabe quando a vida chegará a um fim abrupto; a guerra apenas aumenta as possibilidades imediatas. A questão não é saber se vale a pena estudar literatura em tempos de guerra, mas se pura e simplesmente vale a pena estudar literatura. No caso de criaturas que a cada momento estão avançando para o céu ou para o inferno, vale a pena buscar uma boa cultura?

Evidentemente que sim. Deus, no fim das contas, criou o mundo natural e o chamou de bom. Além disso, no Antigo Testamento Deus inspirou artes sacras e revelações escritas que ainda são consideradas obras-primas. O Novo Testamento mostra-se mais ambíguo em relação à cultura, talvez porque os primeiros cristãos viveram à sombra de Roma, que era culta, mas pagã. Lewis achou que era necessário pôr a cultura em seu devido lugar. "A obra de Beethoven e a obra de uma faxineira", disse ele, "tornam-se espirituais precisamente na mesma condição, a de serem oferecidas a Deus, a de serem feitas humildemente 'como para o Senhor'". A salvação de uma única alma, disse ele em outro ponto, vale mais que todos os textos épicos e trágicos jamais escritos — uma grande concessão para um homem que ganhava a vida ensinando literatura.

C. S. Lewis reconheceu a criatividade humana como um bem, mas não um bem extremo. A glória de Deus representa o bem extremo, e a cultura pode muito bem servi-la. (Sabemos, é óbvio, que a cultura popular também pode glorificar o mal.) Este mesmo congresso, realizado entre os pináculos das torres de duas universidades enraizadas no cristianismo, celebra um homem que procurou glorificar a Deus em seus escritos, seus ensinamentos e sua vida. Como Lewis disse aos estudantes: "A vida intelectual não é o único caminho para Deus, nem o mais seguro, mas percebemos que é um caminho e talvez ele seja, para nós, o caminho indicado. Naturalmente ele só o será na medida em que preservamos o impulso puro e desinteressado".

Lembrem-se de meus amigos em sua excursão a pé pela Itália: na Europa a cultura que resultou do cristianismo tem sobrevivido com uma reputação melhor que a dos próprios cristãos. Em S. Petersburgo, na Rússia, eu visitei o Museu Hermitage, onde uma sala impressionante exibe 24 quadros de Rembrandt, incluindo "O retorno do filho pródigo". Grupos de alunos do ensino fundamental estavam por acaso visitando o museu naquele dia e eles paravam diante de quadros-chave — o sacrifício de Isaque por seu pai, Abraão; a Anunciação — que os professores tentavam explicar.

Observando a interação, lembrei-me de outro tema de Rembrandt, a cena de Atos 8 em que Filipe entra na carruagem do eunuco etíope e pergunta: "O senhor entende o que está lendo?". Na Europa pós-cristã, temos uma tarefa semelhante a essa. O vocabulário já existe numa nação como a Rússia: nos romances de Tolstoi e Dostoievski, que tanto influenciaram minha fé, nas grandes obras penduradas nas paredes do Hermitage e nos ícones que se destacam em todas as igrejas. Alguém simplesmente precisa subir na carruagem e explicar.

A cultura, que é uma forma de prazer, pode servir como um indicador de Deus. C. S. Lewis nos deixou esse forte legado, pois ele espelha seu próprio caminho para a perfeição que consistiu em rastrear a origem de seus anseios pessoais. Para ele as coisas boas da vida, quer fossem as belezas naturais, quer as criações humanas, soavam como ecos antecipados de um futuro mundo perfeito. "As colinas e os vales do céu estarão para aqueles de vocês que experimentam agora não como uma cópia está para o original, nem como a substância está para o artigo genuíno, mas como a flor está para a raiz, ou o diamante para o carvão".

Um amigo meu de Manhattan, um nipoamericano chamado Makoto Fujimura, enfrentou uma oportunidade extraordinária na esteira de 11 de setembro. Ele é um artista de renome internacional e também um cristão solícito. Sua preocupação de que os cristãos abandonaram as artes o levou a fundar uma organização — International Arts Movement — para encorajar cristãos a se envolverem na criação de cultura. Mako casualmente mora a poucos quarteirões do Marco Zero, numa vizinhança muito conhecida no meio artístico. Depois do desastre do World Trade Center, quando muitos artistas perderam suas casas e seus ateliês, Mako abriu um estúdio comunitário que lhes permitisse continuar trabalhando. Ele dedicou esse espaço como "um oásis de colaboração de artistas do Marco Zero".

Naquele tempo, contou Mako, muitos artistas estavam produzindo obras que visavam chocar, e a maioria deles retratava obscenidades e violência. No dia 11 de setembro a realidade truncou a criatividade: o que acontecera na vizinhança era muito mais obsceno e mais violento do que tudo o que eles haviam imaginado. Na segurança do estúdio de Mako, esses artistas redescobriram outros valores — beleza, humanidade, coragem, bondade —, e suas obras começaram a refletir outra visão. Um artista de vanguarda que trabalhava para "decodificar o gênero e a sexualidade" fez outro tipo de criação, dobrando centenas de origamis brancos em forma de borboletas e dispondo-os numa linda decoração.

Durante seis meses os artistas promoveram mostras, espetáculos, sessões de leitura de poemas e reuniões de oração nesse lugar seguro, esse oásis. Como comentou Mako mais tarde, "nossa capacidade imaginativa tem a responsabilidade de curar na mesma exata medida que tem a responsabilidade de pintar a ansiedade". Para C. S. Lewis as obras imaginativas fizeram precisamente isto: oferecer consolo a um planeta ferido e, ao mesmo tempo, despertar um desejo de cura definitiva.

Um congresso como este luta pela excelência artística. Os organizadores tentaram reunir os *melhores* músicos e artistas, e seu êxito foi admirável. Os cultos religiosos, os concertos, as apresentações dramáticas e as sessões de leitura de poemas, tudo refletiu um comprometimento com a qualidade superior — o que inadvertidamente cria outra área de tensão. Nas bem-aventuranças, nas parábolas, em seus contatos sociais, Jesus tendia a exaltar os perdedores deste mundo, não os vencedores. Nossa cultura moderna recompensa de modo extravagante a beleza, a habilidade atlética, a riqueza e a realização artística, qualidades que de modo algum pareciam impressionar Jesus. Como podemos harmonizar um compromisso com a excelência com a compaixão por aqueles que nunca a conseguem?

Peço permissão para expressar essa tensão de forma explícita. Como podemos admirar a *Miss* Universo sem depreciar a aluna adolescente que usa óculos, tem espinhas e que mais parece um poste? Ou como podemos homenagear Bill Gates e também o lixeiro de Bill Gates?

C. S. Lewis nos mostrou o caminho. Em seus livros, que abarcam diversos gêneros, ele lutou por um ideal de excelência, e isso explica por que, meio século após a morte dele, muitos desses livros ainda são publicados. Como autor que escreve para ganhar a vida, quando leio Lewis me admira que ele sempre pareça saber com precisão que pensamento, até mesmo que palavra, deve vir em seguida. Falando à nação pelo rádio, ou analisando *Paraíso perdido* de Milton, ou expressando a vastidão da dor pela perda de sua mulher, ou escrevendo história para crianças, Lewis atingiu um padrão elevado. E ai daquele seu aluno que o procurasse despreparado ou apresentando um trabalho malfeito!

No entanto, o mesmo intelectual que amava acima de tudo um eloquente debate com colegas acadêmicos em seu *pub* favorito empregava um zelador querido que em regra ofendia a gramática. "Elas não tão pronta", dizia Fred Paxford se um cozinheiro lhe pedisse determinada verdura da horta. Durante três décadas, Lewis morou com uma mulher dominadora que muitas vezes o tratava como se trata uma empregada ou um menino de recados, em parte para cumprir a promessa que fizera ao filho dela que morreu na Primeira Guerra Mundial. Quando a sra. Moore finalmente precisou mudar-se para uma clínica de repouso, Lewis passou a visitá-la todos os dias. Os pobres e os famintos muitas vezes se apresentaram como hóspedes para refeições na casa dele, e durante a Segunda Guerra Mundial sua residência "The Kilns" abrigou crianças retiradas de Londres devido aos bombardeios. Lewis casou-se com Joy, mulher que não era conhecida por sua beleza, num quarto de hospital onde ela estava internada com câncer, e desde esse momento cuidou dela com carinho.

Eu ainda não encontrei uma explicação lógica no naturalismo evolutivo — a sobrevivência do *mais adaptado* — que sugira por que deveríamos cuidar dos fracos e dos que sofrem. A natureza é dura: a manada segue em frente abandonando os que poderiam atrasá-la. Lewis, porém, entendeu que o cristianismo inclui igualmente uma apreciação pela qualidade (todas as coisas boas são dádivas do Pai no céu) e uma compaixão por aqueles que não a têm.

Como, então, poderemos homenagear a *Miss* Universo bem como a Maria Ninguém, Bill Gates e seu lixeiro? Eu creio que Lewis responderia a essa pergunta primeiramente reconhecendo a imagem de Deus em cada pessoa. "Não há nenhuma pessoa *comum*", escreveu ele num sermão. "Você nunca conversou com um mero mortal. Nações, culturas, artes, civilização — essas coisas são mortais, e a vida delas está para a nossa como a vida de um mosquito. Mas são imortais as pessoas com quem brincamos, trabalhamos, nos casamos e que censuramos e exploramos — imortais horrores ou eternos esplendores". Essa assustadora verdade se aplica igualmente ao zelador e ao intelectual.

Lewis também reconheceu as qualidades que apreciamos — talento, beleza, inteligência — como dádivas de Deus, que deveriam provocar uma resposta de humilde gratidão. A sociedade recompensa pessoas naturalmente dotadas com dinheiro, fama e oportunidades para desfrutar de prazeres para nós outros inatingíveis — e nisso reside a cilada. As personalidades que exaltamos em nossa cultura da celebridade confirmam o perigo em seus episódios amplamente divulgados de adultério, de consumo de drogas, de alcoolismo, de extravagante egoísmo e de outras formas de exageros.

Todas as dádivas de Deus, quer se trate de uma aptidão natural quer de um prazer do dia a dia, nos chegam trazendo um potencial de abuso. Alguns de vocês, tenho certeza, conhecem pessoalmente o poder do vício — talvez da pornografia, talvez do álcool. Os prazeres têm a força bruta capaz de abrir caminho e sair da ordem planejada, usurpando o Doador que os criou. *Preciso ter aquilo, não importa quanto custe, independentemente do que diz a moral.*

Como escreveu Lewis em *Cartas do Diabo ao seu aprendiz*, entregar-se ao prazer prescindindo do plano do Criador pode conduzir a uma forma de escravidão. "Um desejo sempre maior por um prazer sempre menor" — essa é a fórmula do Diabo. Lewis constatava diariamente a prova disso no efeito da bebida sobre seu irmão alcoólatra e em suas próprias batalhas contra a tentação sexual. Os profetas do Antigo Testamento nos alertaram sobre idolatrias; nossos profetas modernos, cientistas médicos, usam a palavra "adição" em vez de distúrbio. A única proteção, dizia Lewis, é lutar para ver todas as dádivas e todos os prazeres naturais como um raio de luz da glória de Deus, desfrutando-os em seu contexto adequado.

Nossa cultura moderna exalta a absoluta liberdade de escolha. A tradição cristã apresenta algo que mais se parece com o exercício do papel de pai e mãe. Que perito na criação de filhos recomendaria que se lhes desse tudo o que eles querem? Deus determina os desejos para o nosso próprio bem, porque com muita frequência nos mostramos pouco sábios na tomada de nossas próprias decisões.

Como cristãos somos convidados a abraçar o mundo com gratidão para com o Pai de todas as coisas boas, mas sem deixar que esses prazeres nos escravizem. Ao mesmo tempo, somos chamados a respeitar os marginalizados — os idosos, os inválidos, os doentes, os sem atrativos, os pobres — que se sentem privados de dádivas naturais e talvez não possam usufruir certos prazeres. Eles também refletem algo da imagem de Deus.

Por fim, C. S. Lewis é um unificador que junta dois mundos, o visível e o invisível, esta vida e a vida futura. O homem-bomba sacrifica uma coisa pela outra; o asceta cristão priva-se dos prazeres desta vida pelos da outra. Lewis acreditava fortemente que os dois mundos são mutuamente interpenetráveis, agora e na eternidade.

Lewis se sentia mais à vontade com a visão de mundo medieval do que com a moderna porque aquela pelo menos via um significado e propósito no universo. Jacques Monod capta essa típica perspectiva moderna: "O homem finalmente sabe que está sozinho na insensível imensidão do universo, do qual ele emergiu apenas por acaso. O homem tem de aprender a viver num mundo estranho que não ouve sua música e é indiferente a suas esperanças assim como a seus sofrimentos ou a seus crimes". Autores como Sartre, Heidegger e Camus ampliaram esse tema da alienação durante a vida de Lewis.

Mais recentemente, os ambientalistas pintaram os seres humanos como os vilões do planeta. O romancista Philip Roth concluiu seu livro *A marca humana* com uma cena reveladora: um lago coberto de gelo cercado de árvores, todas elas cobertas de neve recém-caída, surgindo apenas uma marca escura para estragar esse cenário primitivo: um pescador do gelo sobre o lago, "como o X da assinatura de um analfabeto numa folha de papel" — a marca humana.

A vida segue em frente. Homens e mulheres se apaixonam e se casam e têm filhos e trabalham em suas carreiras e depois envelhecem e morrem, criando espaço para outras marcas sobre o planeta Terra. Poucos se preocupam em saber se a vida e as escolhas deles têm importância para o cosmo para toda a eternidade. Contra esse negativo pano de fundo Lewis afirmou o contrário: o que fazemos aqui na terra desempenha um papel importante na grande dança que um dia há de curar um universo fragmentado.

Os deuses dos gregos e romanos pouco se preocupavam com o tratamento mútuo entre os seres humanos aqui na terra. Os antigos tinham a seguinte concepção da vida: "Como lá em cima, assim aqui embaixo". A raiva de Zeus lá nos céus caía sobre a terra na forma de raios e trovões. O cristianismo inverteu essa fórmula, prometendo que o que fazemos aqui tem importância, uma importância suprema, eterna. Quando um pecador se arrepende, os anjos se rejubilam. Um copo de água fresca servido em nome de Jesus, o céu o recebe como uma oferenda, exatamente como um soneto sagrado ou um hino de louvor. A história bíblica irradia a certeza de que cada momento da vida tem significado.

Vivemos, acreditava Lewis, num território ocupado pelo mal, que obscurece a realidade e perigosamente complica a jornada. Em consequência disso, o avanço do peregrino rumo à cidade celestial implicará escolhas confusas e quedas terríveis. No fim, porém, nós que agora enxergamos através de um espelho enxergaremos face a face. Como disse Lewis: "Nossas primeiras palavras, ao chegarmos ao céu, serão Ahhh..., com um ar de *Agora eu estou entendendo*".

Em sua antologia de George MacDonald, Lewis incluiu esta citação que poderia servir de epitáfio para sua vida: "Devemos recusar, abandonar, negar por inteiro o eu como elemento predominante, ou determinante, ou causal dentro de nós. Ele já não deve ser o regente de nossos atos. Não devemos mais pensar 'O que eu deveria fazer?', mas, sim, 'O que o Deus Vivente gostaria que eu fizesse?'". Responder bem a essa pergunta torna-se o foco central de uma vida de fé.

C. S. Lewis respondeu à pergunta de muitas formas: nas *Crônicas de Nárnia*, em que crianças conduzem uma batalha decisiva contra o mal para reconquistar o cosmo; na trilogia espacial, em que outros planetas se reforçam entre si contra a marca humana; nos sermões e nas obras apologéticas, todas elas anunciando aos quatro ventos a mensagem de que homens e mulheres comuns têm um papel a desempenhar. Acima de tudo, ele respondeu à pergunta em sua própria vida, servindo com excelência e ao mesmo tempo com humildade — na sala de aula, no púlpito, em seu escritório e em casa.

PEACE
IN
VIETNAM
END THE
WAR IN
VIET NA
NO MORE
WAR

Faculdade Bíblica, abril de 2007

5 A vida numa bolha

A FACULDADE BÍBLICA QUE eu frequentei atraía alunos esquisitos. Um rapaz do meu dormitório disse que seus pais às vezes moíam toxicodendro, que misturavam a seu suco de laranja a fim de que ele se tornasse imune a plantas venenosas. Um colega de classe, que se criou numa fazenda, dizia que costumava enterrar frangos até o pescoço para depois passar por cima deles com o cortador de grama. Depois de ouvir isso eu procurava evitá-lo. "Tu conhecerás a verdade, e a verdade te deixará esquisito", disse a romancista Flannery O'Connor, que nos apresentou alguns dos personagens literários mais estranhos.

Outro aluno, um calouro alto, sardento, de orelhas grandes e pálidos olhos azuis, vestia-se dentro de uma caixa para que a bainha das calças não tocasse o chão sujo. Patologicamente tímido, ele caminhava como se arrastasse os pés, de cabeça baixa. Mas, se você deixasse de falar com ele na rua, logo ele apareceria a sua porta horas mais tarde perguntando num mal controlado gaguejo: "Eu fi-fi-fiz algu-gu-guma coisa que of-f-fendeu você?".

Um veterano do meu andar se orgulhava de só tomar banho uma vez por ano. Nós, os residentes daquele dormitório, ficávamos junto à porta do banheiro para aplaudi-lo quando ele desfilava pelo corredor com sua toalha naquele dia especial.

A escola também incluía muitos alunos sadios, alguns dos quais continuam meus amigos íntimos até hoje. Naquela época, porém, eu era *pouco* saudável emocional e espiritualmente, e via a faculdade bíblica como uma espécie de ninho de malucos. Na esperança de superar os efeitos de uma infância de pobreza e fanatismo sulista, eu havia sonhado com a faculdade como um trampolim para um mundo mais amplo e mais sofisticado. Em vez disso, essa escola parecia uma fortaleza isolada contra o mundo lá fora, com sua própria cultura particular.

Os valores sociais eram invertidos. Embora o corpo discente incluísse algumas garotas atraentes e pelo menos um menino rico que dirigia um jaguar e tinha seu avião particular, essas pessoas tinham uma classificação baixa na nova escala de valores. Nós, estudantes, bisbilhotávamos sobre eles e orávamos por eles — embora alguns se sentissem secretamente atraídos pelas garotas sensuais e invejassem os brinquedos do rapaz rico. Os estudantes que mostravam interesse por filosofia, ciência ou outras buscas intelectuais despertavam suspeitas. As artes mal existiam. "A sofisticação mundana é o maior perigo para o cristão!", ameaçava um professor.

Os modelos de comportamento preferidos eram tipos dóceis e obedientes que falavam em espiritualês. "Hoje perdi o ônibus... bem, o Senhor deve ter tido uma razão para isso". *Talvez na próxima ocasião você devesse usar o despertador em vez de culpar a Deus.* "Philip, quero que você saiba que o Senhor pôs você no meu coração. Eu simplesmente sinto um amor especial por você". *Certo, um amor especial que deseja que eu deixe de ser tão genioso e acabe me comportando exatamente como você.*

Olhando para trás do ponto de vista de nossa sociedade da barriga de fora, das calças caídas, do corpo tatuado com *piercings* nos lábios, eu acho difícil trazer à memória o espírito e as crenças do final da década de 1960 numa escola bíblica do sul dos Estados Unidos, onde alunos do sexo masculino usavam paletó e gravata todas as noites para o jantar, e os homens se levantavam quando uma aluna se aproximava da mesa.

As alunas tinham rígidas normas de vestir, mas que sofriam alterações todos os anos. As saias de minhas colegas de primeiro ano tinham de se estender até abaixo dos joelhos. Ao longo dos três anos seguintes — a época da minissaia fora da fortaleza —, a linha aceitável subiu para o meio do joelho e depois para cima do joelho. As assistentes dos supervisores caçavam quem transgredisse as regras, às vezes exigindo que as moças se ajoelhassem para uma verificação mais precisa com uma régua. As regras proibiam calças compridas, exceto para alguma atividade como um passeio sobre um carro cheio de feno, caso em que as calças eram permitidas desde que usadas *por baixo de uma saia.* Se uma aluna usasse calças compridas em seu quarto (o que era permitido), ela devia vestir um roupão de banho sobre elas simplesmente para caminhar pelo corredor até o chuveiro ou o banheiro. Uma amiga minha que foi apanhada no corredor sem roupão de banho no meio da noite questionou essa regra. "Você nunca sabe quando poderia encontrar um funcionário da manutenção", respondeu-lhe a supervisora.

A revolução sexual dos anos 1960 não penetrou no ambiente hermeticamente fechado da faculdade bíblica. "Os estudantes devem absolutamente evitar beijos, abraços, mãos dadas e outros contatos físicos", rezava nosso livro de regras de 66 páginas, que os alunos tinham de assinar todos os anos. Para limitar as tentações, aos calouros e segundanistas só eram permitidos dois encontros sociais por semana (mas não com a mesma pessoa) — encontros de dois casais, obviamente, e isso somente a caminho da igreja nas noites de domingo. Antes de cada encontro, as primeiranistas deviam submeter previamente seu pedido de permissão a sua supervisora. Excluídas essas duas datas, até alunos comprometidos que visavam ao casamento só podiam "encontrar-se" durante uma hora por dia, durante a refeição da noite, na presença de todo o corpo discente. Contatos telefônicos eram proibidos.

Ficar perto demais do próprio par na fila do refeitório poderia custar um interrogatório do supervisor. Vocês já ficaram de mãos dadas? Já se beijaram? Por que estão flertando com a tentação? Sempre havia olhos observando, e espiões relatavam infrações das normas. O motorista do ônibus num dia de passeio da escola enfrentou um de meus amigos: "É minha obrigação dirigir-me a você como cristão. Pelo espelho retrovisor eu vi você e aquela garota tocando nariz com nariz. Vocês não conhecem o versículo da Bíblia: 'É bom que o homem não toque em mulher'?".

Um venerável professor, um ancião calvo, insistia para que em seu próprio carro sua esposa se sentasse junto à maçaneta da porta (o assento era um banco único), evitando assim que alguém que não soubesse que eles eram casados tirasse uma conclusão falsa caso se sentassem demasiado próximos. Ele se desfez de suas ações da Belk Gallant, uma loja de departamentos da região, porque lá vendiam trajes de banho, e isso ia contra as convicções dele a respeito de "banhos mistos". "Quando você usa batom", malignamente advertia ele dirigindo-se às virginais meninas de sua classe, "está dizendo ao mundo: 'Me beija! Me beija!'".

A lista de atividades proibidas da escola incluía dança, carteado, bilhar, patinação em público, filmes, boxe, luta livre e "apresentação de programas de ópera e musicais que incluíssem balé, dança e canções sugestivas". Na privacidade de seus quartos no dormitório, os alunos só podiam tocar música "coerente com seu testemunho cristão", frase muito aberta a interpretações individuais na década de 1960.

Uma vez que eu, de qualquer maneira, não gostava muito dessas atividades, não considerava a proibição delas uma grande perda. Mas a extravagância e inconsistência das regras me irritavam. Se para as mulheres se estabelecia o comprimento das saias, para os homens se determinava o comprimento dos cabelos: eles não deviam cobrir as orelhas e definitivamente não podiam crescer no rosto na forma de barba ou bigode. Isso parecia estranho, visto que nossos livros de história da Igreja retratavam Jesus, os apóstolos e a maioria dos santos do sexo masculino com os cabelos ondulados e as barbas longas. A escola proibia que se falasse em línguas, prática perfeitamente bíblica. E, apesar de a Bíblia se referir positivamente ao vinho dezenas de vezes, naquele *campus* o álcool aparecia logo depois do pecado imperdoável.

Durante os cultos na capela os supervisores tentavam bravamente ancorar cada uma das regras da faculdade a um sólido princípio bíblico, tarefa dificultada pelos pequenos ajustes introduzidos no livro de regras todos os anos. O mundo lá fora estava mudando rápido demais, e os criadores de regras não conseguiam acompanhar os tempos. Billy Graham encaminhou alguns de seus convertidos ("gente de Jesus") para a escola, e eles acabaram conhecendo supervisores que os mandavam ao barbeiro e submetiam seus discos à censura.

Às vezes, num fim de semana, eu tomava um ônibus para o centro da cidade e ficava caminhando pelo amplo *campus* de uma universidade estatal. Saguões de dormitórios — nada menos que mistos — tinham televisores! Estudantes que pareciam *hippies* ficavam se amassando nos sofás à vista do público. Pichações com tinta *spray* desfiguravam as paredes, e cartazes psicodélicos anunciando demonstrações e marchas de protesto cobriam os quadros de avisos. Os elevadores cheiravam a urina. Parecia existir um universo alternativo lá fora, e quando me retirava para o ambiente da bolha da faculdade bíblica eu apreciava as paredes limpas, os banheiros imaculados e os quartos dos dormitórios em ordem (os inspetores verificavam diariamente se as camas estavam benfeitas). A escola conseguira virar de cabeça para baixo os valores das casas das fraternidades, pois naquele *campus* competíamos em responsabilidade, polidez, limpeza, ordem, autocontrole. Tudo funcionava bem.

Mesmo assim, uma parte de mim se rebelava. O filósofo William James escreveu, depois de uma visita ao acampamento de Chautauqua em 1896: "Fiquei lá uma semana, enfeitiçado pelo encanto e pela facilidade de tudo, pelo paraíso da classe média, sem nenhuma vítima, sem nenhuma mancha, sem nenhuma lágrima. E, contudo, qual não foi meu espanto quando, ao voltar novamente para o mundo escuro e perverso, me apanhei [...] dizendo: 'Nossa, que alívio! Vamos agora mergulhar em algo primordial e selvagem [...] para reequilibrar a balança!'".

Sempre que escrevo sobre minha experiência na faculdade bíblica, eu recebo de meus leitores uma destas duas reações. Alguns me censuram por criticar uma instituição piedosa e por distorcer a realidade: "Será que você e eu frequentamos a mesma escola?!", perguntaram-me alguns ex-alunos, indignados. Outros, de históricos muito variados — católicos, pentecostais, armstronguistas, adventistas do sétimo dia — relatam suas histórias pessoais ligadas a instituições que ou formaram ou destruíram sua fé. "Agradeço-lhe por me permitir que não assuma sozinho a culpa de tudo", dizem eles.

Eu escrevo não para diminuir as pessoas sinceras que administravam a faculdade (por isso mesmo evito usar o nome da escola), mas, antes, com o intuito de separar as mensagens confusas que lá recebi. Tive uma acalorada discussão com o cidadão que atuou como presidente da faculdade durante os dois últimos anos que lá passei, uma pessoa a quem respeito muito. "Conheço todos os tipos de histórias picantes sobre gente que atua no ministério cristão", disse ele. "Mas eu nunca escreveria sobre isso por causa da dor que poderia causar. Sigo esta regra de ouro: Faço em relação aos outros o que gostaria que os outros fizessem comigo".

Refletindo sobre seu comentário, percebi que esse é precisamente o motivo pelo qual *de fato* escrevo honestamente sobre meu passado, mesmo que isso possa causar dor a outros. Eu esperaria que os leitores apontassem minhas próprias incoerências, meus exageros e erros teológicos. Não conheço nenhum livro mais honesto que a Bíblia, que revela as verdades desagradáveis acerca de seus principais protagonistas (pense em Moisés, Davi, Pedro, Paulo), bem como na igreja que foi estabelecida para levar adiante a tradição (pense em Tiago, Gálatas e 1Coríntios, e também nas cartas às sete igrejas de Apocalipse). Contrastando com isso, os fariseus e seus semelhantes exibem uma falha persistente: incapacidade de aceitar críticas. Pessoas e instituições querem obviamente apresentar-se na melhor luz, e assim racionalizamos ou encobrimos as falhas. Fazendo isso, nos afastamos da autenticidade e caminhamos exatamente para os perigos sobre os quais Jesus nos alertou.

Eu encontrei Deus naquela escola sobre a qual estou escrevendo, uma experiência transformadora que compensaria vinte anos na prisão, e muito menos quatro anos numa escola bíblica. No entanto, algumas pessoas, incluindo algumas de quem eu gosto, nessa mesma escola afastaram-se de Deus. Lembro-me de meus tempos de faculdade com uma sensação estranha; eles me trazem à lembrança sobretudo a dor do julgamento e da rejeição, uma sensação de desajuste. Ouvindo as histórias deles eu compreendo melhor a fúria de Jesus contra os fariseus, um alvo surpreendente, pois eles eram as pessoas mais justas e que mais acreditavam na Bíblia no tempo de Jesus.

Os fariseus, acusou Jesus, pagavam dízimos sobre especiarias, mas negligenciavam questões mais importantes como a justiça. Em outras faculdades os estudantes estavam protestando contra a Guerra no Vietnã e juntando-se à Marcha da Liberdade nos estados do Alabama e Mississippi. Em nossa escola debatíamos questões como o dilúvio universal, o hipercalvinismo e o batismo de infantes. Certo, estudávamos a Bíblia, mas seletivamente. Nas palavras de Marilynne Robinson: "Gente que insiste em que a sacralidade das Escrituras depende da crença na criação em literalmente seis dias parece nunca insistir na leitura literal de "dá a quem te pede", ou "vende teus bens e dá o dinheiro aos pobres".

Houve um ano em que um estudante disparou um tiro de pistola contra o próprio rosto. Que isso foi um acidente, ninguém pôs em dúvida: ele estava examinando a arma quando ela disparou, cravando-lhe uma bala no queixo. O dono da pistola teve de escrever 500 vezes: "Eu não guardarei uma arma carregada no meu quarto". Visto que estávamos no Sul, ninguém levantou a questão maior sobre a posse de armas de fogo. Houve outro ano em que um aluno morreu afogado num rio da vizinhança quando uma represa nas cabeceiras do rio inesperadamente fez subir o nível das águas. Seu companheiro, perturbado com a morte de seu melhor amigo, foi castigado por ir nadar num domingo.

A ênfase da escola na "vida cristã vitoriosa" conduzia a outro perigo sobre o qual Jesus alertou os fariseus: uma espiritualidade de dois níveis. Adolescentes que mal se percebiam como seres morais independentes, quase sem nenhuma experiência de vida, porfiavam entre si para "pôr tudo sobre o altar", a fim de viver "uma caminhada mais profunda no Espírito". Se alguém não tivesse o zelo apropriado — um pai ou mãe ou um irmão lá em casa, por exemplo, ou um aluno suspeito como eu —, surgia a angustiante pergunta: "Eles realmente conhecem o Senhor?". Os escritos de C. S. Lewis, que para mim representavam uma linha de conduta na vida, eram desaprovados porque ele fumava cachimbo e bebia cerveja.

A escola realizava diariamente cultos obrigatórios, exigia um tempo de silêncio para que o indivíduo estudasse a Bíblia e fizesse suas orações todas as manhãs — o som forte de um sino nos despertava às 6h — e fixava dias trimestrais de oração. Os alunos aprendiam que orar e dar testemunho em público eram as melhores oportunidades para atingir uma posição superior mediante a exibição da intensidade espiritual pessoal. Assim, um de meus colegas de quarto confessava pecados extraordinários que eu sabia que ele não cometera. Uma aluna levou uma vida de falsidade durante sete meses, levando muitos a crer que ela sofria de um câncer terminal. Os artifícios não se distinguiam das experiências autênticas — e precisamente esse foi o ponto essencial de Jesus acerca dos fariseus.

Uma amiga minha teve de comparecer ao escritório do supervisor por usar um casaco com uma barra acima do comprimento estabelecido para a saia. Teve de ouvir a reprimenda: "Joyce, o que é que você está fazendo?" — como se ela houvesse violado um dos Dez Mandamentos. Em outra ocasião, ela saiu de roupão pelo corredor do dormitório feminino com o último botão desabotoado. A supervisora, chocada, balançou a cabeça: "Joyce, como vamos confiar em você? Se você falha numa coisa como esta, como Deus poderá usá-la?". Mais tarde, essa mesma estudante estava trabalhando no escritório da supervisora das mulheres preparando a festa do Dia de São Valentim.[1] Ela testemunhou a cena bizarra em que sua chefe, de luvas brancas, censurou um por um todos os doces na forma de pequenos corações a serem usados como enfeites para a festa. *Você é meu/minha, Amigos para sempre, Seja meu namorado/minha namorada* passaram pela censura; *Gracinha gostosa, Lábios ardentes, Te amo* foram direto para a lata de lixo.

Os leitores que me escrevem protestando contra caricaturas injustas enfatizam o sentimento sadio de comunidade que se cria numa instituição como

[1] Festa cultural do contexto americano; é uma espécie de mescla do Dia dos Namorados com o Dia do Amigo. (N. do E.)

aquela. Eu concordo. Que universidade estatal incute em seus alunos valores tão positivos e proporciona uma comunidade tão incentivadora? Nas férias saíamos da bolha e encontrávamos um mundo saracoteando nu sobre o palco, queimando sutiãs e fichas de alistamento, jogando bombas contra prédios de *campi* universitários, viajando no LSD. Assassinos mataram King, depois Kennedy. Moradores de guetos se amotinavam. Soldados atiravam contra estudantes da universidade Kent State. Depois voltávamos para nosso mundo seguro, ordenado, uma comunidade baseada no controle que media saias e cabelos e debatia o hipercalvinismo.

Certa vez, tentei explicar a base lógica das regras nas faculdades cristãs a Frederick Buechner, que estava então conhecendo uma versão mais suave delas pela primeira vez como professor visitante na Faculdade Wheaton. Comecei pelo argumento moral e tive de concordar com a resposta dele de que, ao contrário de Wheaton, a Bíblia não proibia especificamente beber, fumar ou dançar em reuniões sociais. Mencionei a doutrina do *in loco parentis*, segundo a qual as escolas assumem a responsabilidade dos pais. Bob Jones Sr. costumava promover sua escola como um lugar para onde "os pais podem mandar seus filhos e ir dormir à noite sabendo que eles estão seguros física, mental e espiritualmente".

Buechner refletiu sobre essa linha de raciocínio. "Certo, mas essas crianças têm 20, 21, 22 anos", disse ele por fim. "Do ponto de vista legal, são adultos". A única base lógica que fazia sentido para Buechner era o argumento da ladeira escorregadia. Por acaso Harvard, Yale, Princeton e Oberlin não haviam começado com o mesmo comprometimento de Wheaton? "Todos devem ter em mente que o objetivo principal da vida e dos estudos é conhecer a Deus e Jesus Cristo, que é a vida eterna", proclamava o livro de regras de Harvard. "Maldito seja todo conhecimento que for contrário à cruz de Cristo", escreveu o primeiro reitor de Princeton. Questione-se o dilúvio universal ou a travessia do mar Vermelho e em breve os milagres de Jesus e sua ressurreição serão atacados. Permita-se ficar de mãos dadas, e um dia eles vão exigir dormitórios de portas abertas.

Foi chocante, mas no meu terceiro ano de faculdade a escola contratou um sociólogo que se formara em Harvard, e suas aulas me ajudaram a sair da bolha e ver a faculdade bíblica como uma subcultura. Seguindo o modelo das "instituições totais" descrito por Erving Goffman, eu percebi que a escola estava usando mecanismos de controle testados e comprovados para nos comunicar valores espirituais. O supervisor do setor masculino admitia preferir manter algumas regras irracionais para ensinar os alunos a obedecer. Para mim, isso se parecia com a técnica empregada pelos sargentos dos fuzileiros navais americanos. Fazer a cama e deixá-la tão esticada que uma moeda que caísse sobre ela ricochetearia e engraxar os sapatos e deixá-los tão brilhantes que possam refletir o rosto do sargento — isso não aperfeiçoa a capacidade de um recruta de conduzir uma guerra. Isso, porém, reforça um princípio militar importante: "Eu sou chefe, e você não é, por isso deve fazer o que eu mandar".

Goffman teorizou que instituições totais como academias militares e prisões — *E faculdades bíblicas?*, eu me perguntava — aos poucos realizam a aculturação de seus membros de modo que, após um tempo, os membros da instituição consideram aquela cultura normal. Elaborando um projeto de sociologia, eu entreguei um formulário impresso a todos os calouros e quartanistas, contendo perguntas não científicas como "Que regra desta escola mais incomoda você?". Como era de esperar, os quartanistas defenderam regras que os calouros acharam ridículas. Meu projeto me levou mais uma vez para a lista especial de suspeitos dos professores porque alguém entregou ao supervisor uma cópia de meu levantamento mimeografado. "Isso é insurreição!", disse um dos membros da administração. "Ele não pode fazer um levantamento entre calouros. Eles não nos conhecem".

❖ ◆ ❖ ◆ ❖

Como admito, eu não estava nada bem naquele tempo de estudante, especialmente nos primeiros dois anos. Eu empregava o tempo de oração na capela para atualizar minha leitura de revistas, para grande aversão de alunos piedosos que sempre me delatavam ao supervisor. Como uma espécie de testemunha silenciosa às avessas, eu me sentava ao ar livre e lia obras como *A cidade do homem*, de Harvey Cox, e *Por que não sou cristão*, de Bertrand Russell. Em suma, eu era o antítipo do aluno ideal de uma faculdade bíblica, e era tratado como tal. Alguns me chamavam de teimoso, alguns me evitavam, alguns oravam por mim. Uns poucos, especialmente a mulher que se tornou minha esposa, me amavam.

Por meio da graça de Deus, e também da graça da administração da faculdade, eu consegui sobreviver durante a graduação. Hoje reflito sobre o tempo passado na faculdade bíblica sentindo alguma vergonha, mas muita gratidão: pelo conhecimento bíblico ali adquirido, pelos castigos pessoais de que na época me ressenti, mas depois aprendi a avaliar, e pelo papel essencial daquela escola na fundamentação de minha fé. Sempre desde aquele tempo temos um relacionamento ambíguo, a escola e eu. Eles me concederam um prêmio outorgado a Ex-Alunos Distintos e quase o pediram de volta depois que escrevi sobre a escola em *Maravilhosa graça*.

Voltei ao *campus* como palestrante três vezes. A primeira vez, fiz uma série de palestras que se tornaram o esboço básico de meu livro sobra a graça. Para mim, essa palavra *graça* parecia o ingrediente que faltava na aquisição de uma fé significativa no mundo fora da escola. A segunda vez, uma década mais tarde, a escola me convidou para fazer um discurso de formatura, em cima da hora (o que me levou a perguntar quem roera a corda e deixara a escola na mão). Quando cheguei ao *campus* e saí do carro, um aluno veio a meu encontro e perguntou: "O senhor não é Philip Yancey?". Acenei que sim, e ele emendou: "Eles nos disseram que o senhor nunca mais seria convidado a voltar aqui depois do que disse sobre a graça!".

Naquela visita os administradores e os professores me asseguraram de que a escola havia mudado radicalmente desde meus tempos de aluno, e por todas as aparências tive de acreditar. Alguns alunos me disseram em particular: "Na verdade, não foram muitas as coisas que mudaram. O espírito de controle mental é simplesmente o mesmo".

Em 2007, fui convidado mais uma vez. Aceitei, sob a condição de falar sobre "O que eu gostaria de ter sabido quando era aluno aqui".

PALESTRA: AH, SE EU ENTÃO SOUBESSE...

Faculdade Bíblica, abril de 2007

OBRIGADO POR COMPARECEREM AQUI esta manhã! Mas vocês não me enganam — eu sei que aqui a presença nos cultos é obrigatória, os assentos são marcados e os monitores controlam a presença. Neste exato momento estou olhando para o assento que eu ocupava, bem na frente, onde a administração podia facilmente ficar de olho em mim. Eu às vezes lia a revista *Time* na capela, e o supervisor me convocava para discutir esse comportamento grosseiro. Eu lhe explicava que era capaz de ouvir os sermões da capela e, ao mesmo tempo, ler; em outras palavras, eu podia cumprir multitarefas antes mesmo de conhecermos esse termo.

Ele refletia sobre minha resposta, depois perguntava se eu não achava meu comportamento desrespeitoso em relação a quem fazia o sermão. "Eu gostaria de me encontrar com os pregadores antes do sermão e explicar-lhes que os estarei ouvindo enquanto estiver lendo", respondia eu. Os supervisores de faculdades bíblicas ficam de cabelo grisalho e descem mais cedo para a cova por causa de sabichões espertos como eu.

Na minha imaturidade daquele tempo, eu teria preferido qualquer coisa a ficar sentado na capela durante os cultos cinco dias por semana ouvindo sermões. Agora, como um ato de penitência, eu me vejo *falando* em capelas de faculdades para alunos que talvez se sintam tão entediados quanto eu me sentia e sejam tão refratários quanto eu era. Deus com certeza tem senso de humor.

Eu percebi nos meus tempos de estudante que a maioria dos palestrantes dirige suas observações a 80% da plateia que deseja ardentemente ouvir o que eles têm a dizer, não a rebeldes ressentidos como eu. Hoje eu pretendo dirigir-me em primeiro lugar aos outros 20%, aqueles dentre vocês que se sentem como eu me sentia, não tendo certeza de que querem estar aqui. Vou lhes dizer o que eu gostaria de ter sabido como estudante nesta escola cerca de 40 anos atrás. Talvez, apenas talvez, o que aprendi desde aquela época possa lhes poupar alguns aborrecimentos enquanto estiverem aqui, ou pelo menos dar-lhes uma ideia sobre o que esperar quando saírem daqui.

✣ ◆ ✣ ◆ ✣

Eu gostaria de ter sabido como apreciar dois mundos ao mesmo tempo. Os cristãos creem que o mundo que vemos lá fora olhando por estas janelas, um mundo material de rochas e árvores e pássaros e nuvens, não é tudo o que existe, e a faculdade bíblica cria um ambiente artificial para ampliar a percepção que se tem do mundo invisível. Muitas das aulas nesta escola focalizam práticas *espirituais* e o conhecimento da Bíblia, tida pelos cristãos como o livro-guia para chegar ao conhecimento do Criador de todas as coisas, visíveis e invisíveis.

Quando rememoro meu tempo neste *campus*, grande parte do qual eu passei num estado confuso e perturbado, tudo perde seu significado, comparado ao fato de que aqui me encontrei com Deus. Embora eu houvesse crescido dentro de uma igreja sufocante e conhecesse a Bíblia tão bem como alguns professores desta escola, eu não me havia encontrado com o Deus vivente de modo pessoal e convincente antes de eu vir para cá. Isso por si só me deixa eternamente grato pelos anos passados neste lugar. Ao mesmo tempo, contudo, estou convencido de que a escola apresentava um quadro distorcido. Um ambiente artificial voltado para o mundo invisível facilita a depreciação do mundo visível, criado.

Certa vez, ouvi Eugene Peterson, conhecido por sua paráfrase da Bíblia, *The Message* [A mensagem], falando sobre uma mulher chamada Irmã Lychen. A igreja pentecostal da infância de Peterson encorajava palavras de profecia, e quase todas as semanas essa frágil idosa se levantava e dizia algo assim: “O Senhor me revelou que não verei a morte antes de ele descer do céu com um alarido e ao som de trombetas para me arrebatar com outros santos para um encontro com ele nas alturas".

Certo dia, Eugene passou por um grande susto quando sua mãe lhe pediu que levasse alguns biscoitos caseiros para a casa dessa mulher. Ele bateu na porta tremendo de medo, e a própria Irmã Lychen, de 90 anos de idade, pálida feito uma bruxa, as veias saltadas e o rosto ossudo, o convidou para comer alguns daqueles doces. Ela lhe serviu um copo de leite, e o menininho sentou-se nervoso e comeu seus doces em quase total escuridão, pois a Irmã Lychen mantinha as venezianas abaixadas o dia inteiro.

Mais tarde, disse Peterson, ele teve uma espécie de visão. Ele se viu precipitando-se para dentro daquela casa e abrindo violentamente todas as venezianas. "Olhe para fora!", gritava ele. "Veja, lá está um álamo! Uma águia-pescadora no galho mais alto! E um cervo de cauda branca. Irmã Lychen, há todo um mundo inteiro de coisas boas lá fora!"

Foi esse "mundo de coisas boas lá fora" que me ajudou a recuperar a fé, corrigindo em parte meus conceitos errados sobre Deus. Comecei a ver Deus como um artista fantástico e extravagante que inventa criaturas cômicas como o porco-espinho, o gambá e o fascólomo de nariz pelado, que enche o mundo de flores do deserto, e peixes tropicais mais belos que qualquer obra exposta num museu de arte.

Francis Collins, que coordenou o Projeto do Genoma Humano, vê a mão de Deus na elegante estrutura da hélice dupla do DNA. Annie Dillard o vê nas minúsculas criaturas que nadam e mergulham no córrego Tinker na Virgínia. Com autores que escrevem sobre a natureza, como John Muir, Henri Fabre, Loren Eiseley e Lewis Thomas, eu aprendo a apreciar um Artista magistral no qual eles nem sequer acreditam; todavia, as observações precisas e reverentes desses autores me ajudam a abrir as venezianas.

O historiador da Igreja Mark Noll observa que o hino "Volta teu olhar para Jesus" está claramente errado quando diz: "E as coisas da terra se tornarão estranhamente obscuras à luz de tua graça e glória". Não, o resto do mundo se torna mais claro, não mais escuro, quando exposto àquela luz. Deus criou o mundo da matéria, colocou-nos no meio dele e nele entrou na Encarnação. O mínimo que podemos fazer é apreciá-lo.

Espero que ao deixarem este ambiente artificial — e mesmo antes de o deixarem — vocês explorem o mundo lá fora. Cultivem amigos não cristãos e demonstrem-lhes que a beleza, o anseio, a curiosidade e a alegria são dons que Deus nos deu, que devem ser corretamente explorados. Espero que vocês abracem o mundo lá fora com um sentimento sagrado de gratidão, especialmente aqueles dentre vocês que estão se preparando para servir em outros países. Conheci um pastor no Bahrein que identifica pelo olhar duas mil espécies de conchas do mar; e um missionário na Costa Rica que juntou uma coleção de borboletas e mariposas reconhecida mundialmente. Como vocês provavelmente sabem, o pastor e escritor britânico John Stott durante toda sua vida teve uma paixão pela observação de pássaros.

Temos modelos bíblicos de gente que se serve dos recursos do mundo exterior. Por exemplo, os israelitas usaram o ouro dos egípcios para construir o tabernáculo. Vocês provavelmente também se lembram da história, narrada em 2Reis, do que aconteceu quando a cidade de Samaria foi sitiada e sofreu uma carestia mortal. Desesperados, os leprosos excluídos arriscaram a vida aventurando-se além dos muros da cidade em busca de comida. Eles tiveram uma visão surpreendente: as sobras de um exército que havia desaparecido, e assim voltaram com as provisões abandonadas ao encontro dos israelitas encolhidos de medo dentro dos muros. Às vezes precisamos sair da igreja para conseguir alimento — arte, beleza, conhecimento — que depois podemos trazer para dentro e apreciar de forma plena.

A igreja outrora se colocava como a administradora da cultura, seu patrocinador, bem como seu guia. A educação, a ciência, a arte e a música, tudo isso tem suas raízes numa comunidade eclesiástica compromissada com a vontade de Deus sendo feita "assim na terra como no céu". Quando ignoramos o mundo fora de nossos muros, sofremos — e o mundo também.

Eu gostaria de ter sabido como cultivar a vida interior. Vocês ainda têm um livro de regras aqui? No meu tempo, as regras cobriam 66 páginas, o número de livros da Bíblia, e brincávamos de dividir o livro de regras em Antigo Testamento e Novo Testamento. Na verdade, para mim todo o esquema tem certo cheiro de Antigo Testamento. Vocês ouviram sem dúvida histórias sobre regras nos "tempos antigos"; mas peço permissão para esclarecer essa informação: todas aquelas histórias são verdadeiras!

Estudantes, por serem estudantes, sempre reagem contra a autoridade. Quando deixei esta escola, fui fazer minha pós-graduação na Faculdade Wheaton, onde as regras mal cobrem uma única página, não 66, e lá também os alunos resmungavam contra a opressão. Por mais estranho que possa parecer, a *rigidez* das regras não é a questão principal: a Academia Militar de West Point e a Academia da Força Aérea têm um regime mais rigoroso do que aquele de qualquer faculdade bíblica, e mesmo assim milhares de jovens, homens e mulheres, competem todos os anos para ingressar nessas escolas. Aqui, as regras podem apresentar a tentação de confiar no comportamento exterior em vez de cultivar a vida interior.

Basear a fé em coisas exteriores tem a vantagem de permitir que vocês saibam exatamente o que esperar. Em contrapartida, isso também torna a fé facilmente descartável. Eu posso trocar uma forma de comportamento por outra, como um camaleão que muda de cor, sem que nada mude interiormente. Conheço ex-alunos que se afastaram completamente de Deus reagindo contra regras desta faculdade, o que configura exatamente o contrário da intenção de quem fez as regras.

Alguns de vocês planejam trabalhar em países islâmicos, e vocês talvez estejam informados sobre a reação violenta contra regras rigorosas em algumas regiões. Um intelectual iraniano disse a um professor visitante de Harvard: "O islamismo pode perder esses jovens rapazes para sempre... Eles seguem os costumes e a maneira de vestir dos islâmicos porque a lei os obriga a isso, mas por dentro seu coração é vazio e cínico. Estamos perdendo uma geração inteira de descrentes com esse nosso zelo de forçar a conformidade". Seria difícil encontrar palavras melhores para expressar o perigo central do legalismo no seio de uma subcultura cristã.

Para o cristão, viver de acordo com regras rígidas torna-se um perigo quando isso reprime a vida espiritual em vez de expressá-la. Você confia que as regras são uma forma de conseguir a aprovação de Deus? Uma comunidade baseada em regras estabelece um sistema classificatório de espiritualidade superior e inferior? As regras desviam sua atenção de questões de maior peso? O que fomentam elas, o orgulho ou a humildade? Elas ajudam a nutrir a vida interior ou simplesmente encobrem as aparências exteriores? Essas são as perguntas que Jesus fez acerca dos fariseus, empregando algumas de suas mais duras formas de linguagem.

Lembro-me de passar vários meses no ambiente desta bolha e depois voltar para casa no Natal e nas férias de verão para me deparar com o choque cultural de um mundo louco de sexo, drogas e *rock'n'roll*. Acreditem-me, isso é menos importante quando comparado com o choque cultural que vocês vão enfrentar se viajarem para outros países. Alguns de vocês irão para a Europa, onde os cristãos consomem bebidas alcoólicas em todas as refeições, exceto no café da manhã, e as mulheres fazem *topless* em parques públicos. Alguns irão para a África, onde há meninos que são soldados e a corrupção é violenta, ou para a Ásia com sua prostituição forçada, para países islâmicos onde o vizinho pode ter várias esposas e vocês poderão ouvir os gritos delas quando são espancadas.

Como vocês podem se preparar para esses choques culturais? Jesus deu a seus discípulos um conselho simples em Marcos 7: "Não percebem que nada que entre no homem pode torná-lo impuro?". Seus discípulos judeus devem ter coçado a cabeça, pois grande parte da lei do Antigo Testamento opera baseada no princípio da contaminação. Se você tocar uma pessoa impura, se torna impuro; se comer um animal impuro, você se torna impuro. Num aparte surpreendente, Marcos acrescenta: "Ao dizer isso, Jesus declarou 'puros' todos os alimentos".

Eu ouvi um fascinante sermão sobre essa passagem, do dr. Paul Brand, que o proferiu numa velha igreja de pedra na Inglaterra. "Jesus está nos dando uma aula de anatomia, e ele é absolutamente preciso", disse o dr. Brand. Enveredou depois por uma descrição das maravilhas da pele, que estabelece uma fronteira entre o interior e o exterior. Os perigos estão à espreita em todas as partes no lado de fora, e células epiteliais criam contra eles uma barreira salva-vidas. "Eu posso usar a mão sem nenhuma proteção para desentupir uma calha enlameada e até mesmo para desobstruir um vaso sanitário, entrando assim em contato com milhões de bactérias, mas as células de minha pele lealmente a protegem impedindo que as bactérias penetrem no corpo. E, para enfatizar a imagem de Jesus, as células epiteliais forram todo o aparelho digestivo de modo que, se alguém engolir um objeto inerte — um ladrão que engula um diamante, por exemplo, ou um traficante de drogas que engula um pacotinho plástico —, o objeto literalmente nunca penetra no organismo atravessando aquela barreira da pele antes de voltar para o exterior".

O dr. Brand descreveu então o que acontece quando as células da pele ficam comprometidas devido a uma contusão ou, pior ainda, devido a sua própria profissão de cirurgião. "Corremos o risco mais grave, sem dúvida alguma, quando cortamos essa barreira da pele, expondo as partes íntimas vulneráveis a riscos provenientes de fora. Nós, cirurgiões, usamos os desinfetantes mais fortes que temos antes de uma operação, e ainda assim podemos introduzir nos pacientes sérias infecções".

Apontando para os vitrais engastados nos muros de pedra da igreja, ele estabeleceu uma aplicação espiritual. "Vocês já observaram que os artistas retratam os santos com as mãos erguidas para o alto diante deles, quase numa atitude de oração? Na vida comum eu quase nunca vejo mãos nessa posição — a não ser na sala de operação. Depois de lavar as mãos, se o paciente ainda não está pronto, fico com as mãos erguidas exatamente nessa posição, com os polegares e os indicadores se tocando, para não tocar nada ali na sala que possa abrigar algum germe. Que imagem terrível para os santos! Deveríamos ficar de mãos estendidas, abraçando um mundo sujo, pois, como disse Jesus, nada que está do lado de fora pode nos tornar impuros".

Nas palavras de Jesus: "O que *sai do homem* é o que o torna 'impuro'. Pois do interior do coração dos homens vêm os maus pensamentos, as imoralidades sexuais, os roubos, os homicídios, os adultérios, as cobiças, as maldades, o engano, a devassidão, a inveja, a calúnia, a arrogância e a insensatez. Todos esses males vêm de dentro e tornam o homem impuro".

Como aluno aqui observei a maioria das regras — não todas, eu admito. Alguns de nós gastaram muitas energias opondo-se a regras. Elas pareciam tão poderosas naquela época. Mais tarde, percebi que a principal força delas era negativa: elas tiravam o foco de minha atenção da necessidade muito mais importante de alimentar a vida interior. O estridente sino todas as manhãs nos obrigava a levantar e passar um tempo orando ou lendo nossa Bíblia; inspeções periódicas do supervisor nos faziam cumprir essa regra. Levei anos para perceber que a oração é um privilégio, e não um dever; para ver a leitura da Bíblia como uma fonte de vida, e não uma obrigação.

Gostaria de ter tido, como aluno aqui, a maturidade de desviar minha atenção de regras sem importância e devotar minhas energias ao cultivo da vida interior. Ninguém a não ser o próprio indivíduo pode realizar isso. Se confiar numa estrutura exterior para sua vida espiritual, é possível que a jogue fora no dia após deixar o *campus*, como fizeram muitos. Em contrapartida, como Jesus disse a seus discípulos, se você mantiver limpa a parte interior, nada que venha de fora o poderá manchar. Você pode estender as mãos com carinho e abraçar um mundo cheio de violência, abusos, tráfico, injustiça, pobreza e promiscuidade, e permanecer interiormente limpo o tempo todo.

Eu gostaria de ter tido mais humildade. Vim para cá como estudante por achar que detínhamos A Verdade. Mais tarde aprendi como é pequena a fatia do mundo composta pelos evangélicos. Pouco menos de um terço das pessoas do mundo se identificam como cristãs. Dessas, quase dois terços são de católicos, ortodoxos ou quase católicos. Dentre os cristãos remanescentes, mal e mal 10% da população mundial, muitos não aceitariam o rótulo de evangélicos.

Aprendi a apreciar outras tradições da fé. Quando escrevi um livro sobre a oração, aprendi mais com os católicos que com qualquer outro grupo; eles, no fim das contas, devotaram ordens inteiras a essa prática. De modo semelhante, eu aprendo mais sobre mistério e reverência com os ortodoxos orientais. Nos campos da música, do culto religioso, da teologia, eles me ensinam o *mysterium tremendum* que está envolvido quando nós, insignificantes seres humanos, nos aproximamos do Deus do universo — uma lição difícil de aprender nas igrejas evangélicas, nas quais o culto é conduzido por guitarristas de bermuda e camiseta desleixadas, com boné de beisebol virado para trás.

Cheguei à conclusão de que Deus não supervisionou o tortuoso processo registrado no Antigo Testamento, e Jesus não passou sua vida de trabalho entre doze judeus unicamente para redimir evangélicos americanos. Algo maior estava em ação, e esse algo deveria inspirar humildade.

Não me entendam mal. Ao contrário de alguns amigos meus, eu não desdenho o termo "evangélico"; tampouco o confundo com a caricatura que a mídia faz dos evangélicos como fanáticos de direita. A palavra significa *boa-nova*, e eu tenho visto essa boa-nova difundida em mais de 50 países para onde mal remunerados missionários e promotores de obras sociais levam saúde, educação, justiça e assistência prática aos menos favorecidos por acreditarem que agindo assim estão servindo a Deus. "Você consegue evangélico para fazer qualquer coisa", disse um amigo meu que os recruta para trabalhos no centro da zona urbana de Chicago. Depois ele acrescentou uma advertência: "O desafio é que também se faz necessário suavizar suas atitudes preconceituosas para que possam ser úteis".

O clássico de Langdon Gilkey *Shantung Compound* [O Conjunto Shantung] descreve uma comunidade de cristãos forçados a conviver: durante a Segunda Guerra Mundial, invasores japoneses prenderam estrangeiros, incluindo muitos missionários, num campo de concentração. Os evangélicos não se sentiram muito bem. Queixavam-se de sua situação, bisbilhotavam sobre os outros e armazenavam, em vez de compartilhar, as provisões recebidas do Ocidente. De acordo com o relato de Gilkey, de todos os grupos aprisionados, os evangélicos foram os que demonstraram o grau mais alto de mesquinhez, rebeldia e egoísmo. Os monges trapistas foram os que se saíram melhor. Depois que os superiores suspenderam a regra do silêncio, o campo lhes pareceu uma casa de férias. Eles tinham variedade de comida, sabiam conversar, rir e contar piadas, e eram piadas sobre *mulheres*!

Ao examinar a história do movimento evangélico eu vejo muitas coisas boas. Também vejo uma história de desunião — quantas denominações diferentes estão representadas nesta capela? — e um passado que inclui falhas vergonhosas de ética e bom senso. Algumas das denominações das quais vocês provêm, como os batistas e metodistas do Sul, surgiram a partir da questão da escravidão: seus líderes tinham escravos e queriam manter essa prática. Muitas denominações evangélicas, incluindo a minha, opuseram-se de forma ativa ao movimento dos direitos civis. Leiam levantamentos atuais e vocês descobrirão que os casamentos evangélicos terminam em divórcio numa proporção semelhante à de qualquer outro grupo.

Notei esta manhã que na entrada desta capela há um monumento de pedra dedicado a um dos valores básicos desta escola: Vida Cristã Vitoriosa. Embora naturalmente não me oponha a esse ideal, eu simplesmente acrescentaria: Tomem cuidado. Sejam humildes. Preparem-se para uma queda.

Alguns anos atrás eu discuti a vida cristã vitoriosa com o professor que eu mais apreciei aqui, um professor que amavelmente me estendeu a mão e me ajudou a preservar a fé. Nós nos encontramos pouco tempo antes de sua morte, e eu devo dizer que foi um choque para mim ver esse homem que havia sido meu mentor, um gigante da fé, arrastar-se na minha direção feito um velho de roupão e chinelos. "Eu acredito na vida cristã vitoriosa", disse ele, "porque a vi na vida praticada pelo homem que fundou esta escola". Ele prosseguiu descrevendo o caráter genuíno de um grande homem de Deus.

"Certo, mas o senhor só consegue pensar num único exemplo?", não consegui evitar a pergunta. Nós não ousamos diminuir o ideal, mas também não deveríamos apresentar esse ideal como a norma. D. L. Moody, ao ser questionado se estava repleto do Espírito, respondeu: "Sim, mas há vazamentos em mim". Talvez vocês devessem colocar outra pedra ao lado do monumento Vida Cristã Vitoriosa: "Sim, mas temos nossos vazamentos".

⁂

Eu gostaria de ter conhecido a graça aqui na faculdade. Embora não pretenda entrar em detalhes sobre esse tema, devo mencioná-lo, pois é "pela graça, por meio da fé", nas palavras de Paulo, que qualquer um de nós é salvo.

Escrevi que a graça que conheci quando frequentei esta escola foi pouca. "Talvez a graça estivesse presente, e você não dispusesse dos receptores para captá-la", disse-me o mentor que mencionei há pouco. Eu me opus a essa afirmação e apresentei exemplos específicos de ausência de graça, mas talvez ele tivesse razão. Talvez minha insensibilidade espiritual tenha impedido que eu percebesse a fragrância da graça aqui neste lugar — não sei. Mas sei que algum tempo passou após a graduação até eu perceber no fundo do coração que o evangelho é realmente uma boa-nova; que o íntimo do universo é um sorriso, não um semblante carregado; que Deus, acima de tudo, é amor. Um versículo em 1João garante: "e tranquilizaremos o nosso coração diante dele quando o nosso coração nos condenar. Porque Deus é maior do que o nosso coração". Eu gostaria de ter sabido disso quando estudei aqui.

⁂

Vim para esta escola com uma ideia distorcida sobre Deus, concebido como um carrancudo Superpolicial observando tudo para esmagar quem porventura estivesse se divertindo. Eu estava muito errado. Passei depois a conhecer um Deus que tem uma queda pelos rebeldes, que recruta gente como o adúltero Davi, o lamuriento Jeremias, o traidor Pedro e o desrespeitador dos direitos humanos Saulo de Tarso. Passei a conhecer um Deus cujo Filho fez dos pródigos os heróis de suas histórias e os troféus de seu ministério.

Como vocês sem dúvida notaram, estou usando um colar cervical em consequência de um acidente que sofri dois meses atrás. Durante sete horas fiquei amarrado a uma prancha sem saber se estaria vivo na hora seguinte. Depois de todos os sermões sobre fogo e enxofre que eu ouvira na infância, eu esperava perfeitamente sentir o cheiro de pelo menos uma baforada de enxofre numa ocasião como aquela. Para meu grande alívio, não senti. O Deus que sirvo é um Deus em quem passei a confiar, um Deus que espreita o horizonte procurando o filho pródigo ou filha pródiga e sai correndo ao encontro dele ou dela. "Deus não é injusto", insiste o autor do livro de Hebreus numa radical atenuação da graça.

Os professores me dizem que o caráter geral do corpo discente mudou desde meus tempos de estudante aqui. Naquele tempo, muitos alunos de uma faculdade bíblica viam a si mesmos como a elite, os vitoriosos que vão conquistar o mundo para Cristo. Enquanto isso, nossa cultura doente alcançou esta escola. Hoje em dia um número muito maior de estudantes provém de lares desfeitos, e não menos de 20% de vocês apresentam históricos de abusos sexuais. Alguns de vocês sobreviveram a famílias de alcoólatras, e as cicatrizes permanecem. Neste exato momento, alguns de vocês estão sentados aqui com segredos que provocam vergonha. Perguntei aos professores sobre as questões candentes no *campus*, que no meu tempo talvez incluíssem o hipercalvinismo e o exercício do ministério por mulheres. Hoje, dizem eles, é a pornografia na internet.

Tenho aqui em minhas mãos uma carta de uma aluna que se formou nesta faculdade alguns anos antes de mim. "Ao contrário de você", escreve ela, "eu passei pela faculdade bíblica extremamente confiante. O futuro parecia brilhante e promissor. A razão de minha extrema confiança é que eu era uma legalista no grau máximo. Eu era uma fariseia. Prosperava alimentando-me de regras". Ela prossegue contando sobre seu casamento com um jovem missionário que conheceu aqui, o qual ao longo de 25 anos traiu o casamento centenas de vezes estabelecendo vínculos com heterossexuais e homossexuais. Depois ela descobriu que seu "piedoso" pai, que conduzia cultos em família todos os dias, havia molestado sexualmente as netas dele. Um ano mais tarde a própria filha dela, adolescente, foi estuprada por um intruso. "Não haveria um termo para meus sofrimentos?", pergunta ela.

Depois de descrever essas tragédias da família dando alguns detalhes, ela fala de sua descoberta vivificante da graça de Deus. "Eu amava meu estilo cristão de vida — não amava a Deus", diz ela referindo-se ao tempo que passou nesta escola. Mas, desde aquela época, "tenho sido a beneficiária da escandalosa graça sobre a qual o senhor escreve. Num período de minha vida em que eu esperava ter as mãos cheias de dons (realizações) para Deus, eu cheguei até ele de mãos *vazias*!". Só então ela percebeu a bondade e a misericórdia de Deus, e criou-se nela um profundo contentamento e paz em meio à dor e à tristeza. Ela descobriu para si mesma uma nova vida ensinando numa minúscula escola missionária.

Uma faculdade bíblica é uma espécie de casa a meio caminho da maturidade. Vocês enfrentarão um mundo mais confuso e misterioso do que podem imaginar. O que agora parece perfeitamente claro, logo não parecerá mais. Regras e doutrinas por si sós não protegerão vocês contra as surpresas que enfrentarão, tanto em si mesmos quanto nas outras pessoas próximas de vocês. Vocês precisarão beber muitas vezes na fonte da graça de Deus.

Depois que vocês se formarem não haverá mais sinos para acordá-los pela manhã e nenhum livro de regras para instruí-los sobre como se comportar. Este lugar é temporário. As pessoas e as experiências, que hoje estão vividamente presentes para vocês, serão vistas no passado através de uma névoa. Os professores a quem vocês hoje obedecem — acreditem, vocês talvez nem consigam se lembrar do nome deles. No entanto, vivemos no presente. O modo em que vocês passam seu tempo aqui dentro, com quem vocês aprendem, as pessoas com quem vocês andam os afetarão para sempre. Os dias de hoje são importantes. Eles ajudam a formar vocês.

Acima de tudo, eu lhes deixo esta palavra de graça, e espero e oro para que a deixem calar fundo dentro de vocês hoje e no resto da vida. Eu oro para que enquanto vocês estão aqui não apenas acreditem em Deus, mas também saibam no fundo da alma que Deus acredita em vocês.

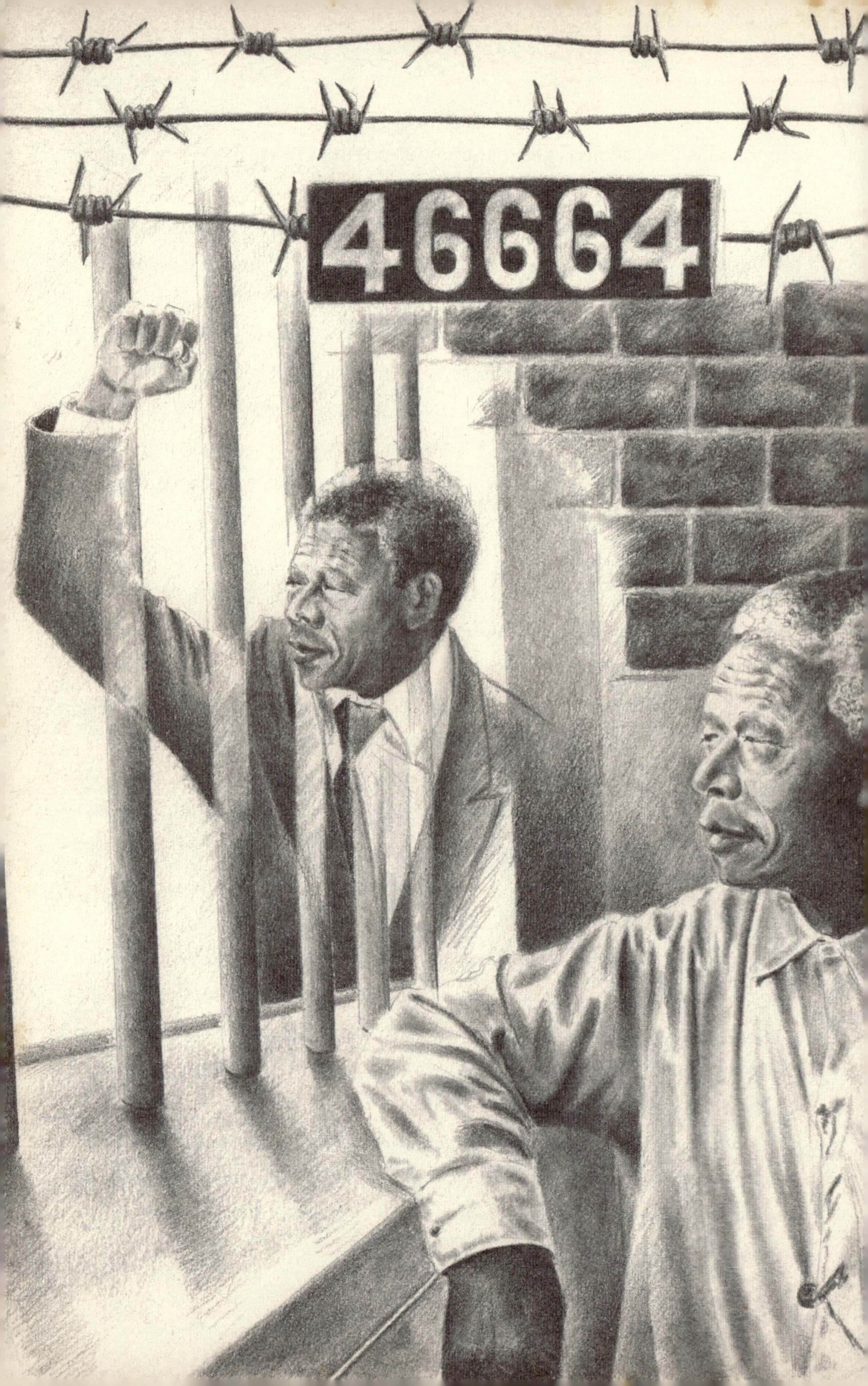
46664

África do Sul, março de 2009

6 O grupo mais improvável

A CARTA, ENDEREÇADA AO "pastor Philip", me convidava a fazer o discurso de formatura numa escola bíblica de Joanesburgo, na África do Sul. Respondi, pedindo mais detalhes e também observando que, não sendo pastor, seria suficiente dirigir-se a mim como "prezado Philip". A resposta chegou endereçada mais uma vez ao "pastor Philip", e a partir de então a correspondência da Igreja Rhema tem usado essa forma de tratamento.

Após rápida investigação descobri que essa igreja carismática começou em 1979 com treze membros e cresceu, somando agora 35 mil; que o pastor Ray McCauley é uma das figuras mais populares da África do Sul, em parte devido a sua saliente atividade ministerial na televisão e em parte devido a um divórcio que foi manchete no ano 2000; que a composição racial da igreja tem mudado, passando de uma maioria branca para 70% de negros. Minha curiosidade cresceu, e aceitei o convite. Logo chegou outra carta: "Prezado pastor Philip, antes de fazer seu discurso, o pastor Ray e sua esposa, Zelda, gostariam que o senhor e sua esposa fossem seus hóspedes numa reserva particular de caça".

Depois de uma viagem de 36 horas que incluiu uma longa parada na Alemanha, nos encontramos com Ray e Zelda num hotel de Joanesburgo. Os dois eram personagens exagerados. Ray fora um fisioculturista na juventude e uns trinta anos antes conseguira o segundo lugar num concurso de *Mister* Universo, só perdendo para Arnold Schwarzenegger. Embora houvesse poucos sinais de que ele houvesse malhado recentemente, Ray ainda tinha uma presença física imponente. Mesmo parecendo incoerente, ele provinha de uma família de jogadores e trabalhara como leão de chácara de uma boate. Depois de uma conversão dramática, seguira em frente e fundara a igreja que se tornaria a maior da África do Sul, com seus cultos dominicais transmitidos por uma rede de quatro estações de televisão.

Zelda, uma loira impressionante, tinha sua própria história acidentada. Abandonada pelos pais e criada num orfanato, ela havia trabalhado como modelo em Londres e namorado com astros do *rock*, voltando em seguida para a África do Sul, onde teve três filhos de três pais diferentes e superou dois divórcios antes de conhecer Ray. Zelda vestia-se de modo impecável, exibindo um traje mais adequado para uma excursão num *shopping center* do que numa reserva de caça.

Cumprimentamo-nos com apertos de mão, colocamos nossa bagagem no porta-malas e partimos para um fim de semana com nossos novos conhecidos. Logo ficou claro que nem Ray nem Zelda tinham muita experiência ao volante — o que é compreensível considerando-se que a igreja normalmente oferece seus motoristas —, e depois de meia hora estávamos solenemente perdidos. Quando Zelda parou num posto de gasolina para pedir informações, tive um vislumbre da celebridade de Ray. Num instante, várias dezenas de africanos rodearam o carro, gritando: "É o pastor Ray! É o pastor Ray!". Uma mulher grande com um sorriso que exibia um dente de ouro chegou-se à janela do carro e pediu uma bênção. Depois que ele lhe segurou a mão e fez uma breve oração, ela começou a dar pulos de alegria: "Ele me abençoou! O pastor Ray me abençoou!". Olhei para Janet de soslaio. Será que havíamos assumido um compromisso com o papa dos pentecostais africanos?

Aparentemente sim. No entanto, nos poucos dias seguintes, quando levantávamos antes do amanhecer para safáris matinais e praticamente passávamos todo o tempo lado a lado, passei a dar valor à jornada espiritual e intelectual de Ray. Ele queria que eu lhe dissesse quais livros deveria ler e anotava cada sugestão com cuidado. Ficou evidente que ele ultrapassara o nível superficial e interesseiro do evangelho de seu *background*. Quando o regime do *apartheid* começou a ruir, Nelson Mandela e o bispo Desmond Tutu haviam abraçado Ray, sem dúvida cobiçando o apoio de seus admiradores espalhados por todo o país, e nesse processo as atitudes raciais, a visão política e a incipiente teologia de Ray haviam passado por mudanças.

O evangelho da prosperidade tem grande apelo em países em desenvolvimento — durante certo tempo. Pastores de países como as Filipinas e o Brasil me contaram sobre as massas que se juntam para ouvir uma mensagem de saúde e riqueza e depois vão embora desiludidas quando a coisa não funciona conforme o prometido. Ray havia descoberto que a igreja tem uma missão mais ampla e poderia desempenhar um papel crucial na formação da cultura da nova África do Sul. Sob sua liderança a Igreja Rhema havia começado a cuidar de necessidades humanas por meio de um hospital para aidéticos, um programa habitacional e uma fazenda de reabilitação de dependentes químicos.

Ray McCauley revelou-se um fascinante contador de histórias. Ele conhecia todas as pessoas importantes do país e havia participado de todos os acontecimentos-chave de sua história recente. Por exemplo, ele fora certa vez levado de helicóptero para o centro de uma situação crítica após um massacre. Viu-se de repente lado a lado com o bispo Tutu enfrentando os gritos de uma multidão. O coração de Ray disparou quando ele olhou ao redor e percebeu que o seu era o único rosto branco presente. "Eu nunca havia visto nada igual", disse ele referindo-se ao tenso impasse. "Helicópteros da polícia circulavam no alto. No matagal, atiradores de elite tinham seus fuzis apontados para a multidão, que saíra de casa para ver sangue. Desmond enfrentou tudo com calma. Pediu um copo longo de uísque; sorveu-o lentamente, depois se levantou e, armado apenas com o poder de sua voz persuadiu dezenas de milhares de furiosos manifestantes a dispersar-se".

Ouvi essas histórias dos bastidores da política sul-africana num Land Rover de capota abaixada, enquanto navegávamos pelos campos à procura de animais. Um elefante enorme fingiu várias investidas contra nosso veículo até que o guia bateu com a mão na lateral do carro e o deteve a apenas alguns metros de distância. Observamos leões se alimentando com a carne de uma presa recém-abatida. Vimos rinocerontes, um grupo de girafas com filhotes, uma manada de 35 elefantes, um ajuntamento de hipopótamos bufando num rio. Entremeando as histórias de Ray, nosso guia nos ensinava sobre o comportamento dos animais.

Um hipopótamo macho, informou-nos o guia, não se acasala se primeiro não surrar outro fraco hipopótamo macho. Aprendemos sobre os minúsculos vasos capilares presentes no nariz da gazela que funcionam como um mecanismo de resfriamento para evitar que o cérebro não fique superaquecido no deserto; aprendemos sobre as aves insetívoras que se movimentam sossegadas sobre o lombo de rinocerontes, elefantes e búfalos aquáticos, todos eles gratos pelos serviços que elas lhes prestam removendo insetos e carrapatos; aprendemos sobre as avestruzes de cérebro pequeno que botam um ovo a cada dois dias, mas muitas vezes não se lembram de onde o botaram, o que facilita a coleta dos ovos.

Em suma, foi uma experiência agradável e estimulante, graças a nossos afáveis companheiros e aos animais selvagens. Depois voltamos para Joanesburgo, onde eu discursaria na cerimônia de formatura. "Precisamos esclarecer um detalhe", disse Ray durante a viagem de volta para a cidade. "Você quer fazer o apelo evangelístico, ou devo eu fazê-lo?"

Olhei para ele, intrigado. "Eu achei que era uma cerimônia de formatura. Fazer o apelo... Você quer dizer um convite para vir ao altar?"

"Exato. Sabe, muitos de nossos formandos estarão acompanhados por gente que não crê. Queremos lhes dar uma oportunidade para responder à mensagem e receber Cristo".

Pensei por um segundo. "Sabe, Ray, isso é uma espécie de gesto cultural. Por que você não se encarrega disso?"

Aquela noite, depois de meu discurso, Ray fez o clássico apelo para ir ao altar, típico de Billy Graham, e as pessoas, jovens ou idosas, fluíram em grande número pelos corredores entre os bancos a fim de orar. Para meu espanto, a plataforma sobre a qual eu estava sentado começou a se mover. Percebendo meu susto, o pastor assistente que estava a meu lado sussurrou que toda a plataforma repousava sobre trilhos. "Ela recua eletronicamente, como um palco de ópera, a fim de criar mais espaço para aqueles que se aproximam do altar".

Essa é a Igreja Rhema!

Três anos mais tarde, em 2006, voltei para a África do Sul, acompanhado por atores ingleses da Companhia de Teatro Saltmine. Falei mais uma vez na Igreja Rhema, dessa vez como participante de uma programação sobre o tema da graça que estávamos apresentando em seis cidades. Nessa segunda visita, em vez de passear em reservas de caça, fui visitar alguns museus novos que haviam sido inaugurados para preservar a memória dos tempos do *apartheid*. O que a África do Sul poderia ensinar ao resto do mundo sobre a graça?

Os sul-africanos haviam celebrado recentemente o décimo aniversário do "milagre" da troca de governo que pôs um fim abrupto ao *apartheid* e empossou africanos negros como governantes do país. Todos haviam previsto um banho de sangue; já haviam morrido catorze mil pessoas em atos violentos ocorridos entre a data em que Mandela fora solto da prisão em 1990 e sua eleição para a presidência em 1994. Todavia, para confusão dos especialistas, o novo regime não cedeu à política da vingança. Em vez disso, Mandela fez propostas de paz à minoria branca e nomeou Desmond Tutu para tratar de atrocidades passadas não por meio de tribunais de justiça, mas, sim, de uma inovadora Comissão de Verdade e Reconciliação, que permitiria que a nação perdoasse sem esquecer.

Bill Clinton relata uma conversa que teve com Nelson Mandela. "Você realmente não os odiou por aquilo que eles fizeram?", perguntou Clinton. Mandela respondeu: "Ah, sim, eu os odiei por muito tempo. Na prisão, eu quebrava pedras todos os dias e me mantive vivo alimentando-me de ódio. Eles me tiraram muitas coisas. Separaram-me de minha mulher, e isso depois destruiu meu casamento. Eles me privaram de ver meus filhos crescer. Abusaram de mim física e mentalmente. E um dia eu percebi que poderiam me tirar tudo, exceto o coração e a mente. Essas duas coisas eu teria de entregá-las a eles, e decidi que simplesmente não as entregaria".

Clinton o pressionou. "Bem, e o que aconteceu no dia em que você saiu da prisão? Eu acordei minha filha Chelsea e, pela televisão, vimos você caminhando pela estrada de terra. Você não os odiava naquele momento?"

Mandela disse: "Quando senti a raiva crescer, pensei: 'Eles já prenderam você por 27 anos. E, se você continuar a odiá-los, vão prendê-lo de novo.' Eu disse: 'Quero ser livre'. E assim relevei tudo. Eu relevei tudo".

Com essa atitude Mandela estabeleceu um estilo para todo o país. Líderes negros incentivaram seus seguidores a não ceder a sua raiva, por mais justa que fosse, mas, sim, relevar tudo, seguir em frente em sua recém-conquistada liberdade. Igrejas de brancos, muitas das quais haviam apoiado o sistema opressor dos brancos, foram apanhadas de surpresa pelo novo espírito de cooperação. Talvez elas pudessem participar do futuro do país, no fim das contas.

O Museu do Apartheid em Joanesburgo tenta recriar a atmosfera da vida sob o antigo regime. Na entrada, cada um de nosso grupo recebeu uma classificação racial, e sentimos o que era o dia a dia da vida desse ponto de vista. Entramos por portas separadas, rotuladas: Europeus, Negros, Indianos ou Colorados (mestiços) e caminhamos por um labirinto de barras de aço, às quais estavam presas reais carteiras de identidade do passado. Sob o *apartheid* essa carteira de identidade determinava como cada um era tratado. Certas etnias estrangeiras, como os japoneses, recebiam a designação de "brancos honorários", e tinham os mesmos privilégios dos brancos devido à importância econômica do Japão.

Diante das leis segregacionistas expostas no museu, eu me retraí ao me lembrar que havia crescido no estado da Geórgia, sob um regime de segregação. A culpa e a raiva aumentavam à medida que eu me deslocava entre as amostras que documentavam um racismo não muito diferente daquele de meu país. Brancos e negros tinham escolas, restaurantes, praias, piscinas, banheiros e hospitais separados. Fotos históricas mostravam letreiros "Exclusivo para Europeus" afixados em bancos de praça, escadas rolantes, passarelas e até em ambulâncias.

Para impor ainda mais a separação, o governo demarcou *homelands*, semelhantes a reservas indígenas, e passou a transferir os negros para lá, privando-os nesse processo da cidadania sul-africana. Mais de três milhões de negros foram transferidos à força para essas *homelands* ou para novas comunidades na periferia das cidades principais, incluindo sessenta mil levados para o distrito de Soweto, nome formado com iniciais inglesas de South Western Township, isto é, Distrito do Sudoeste. Por razões de segurança, os distritos ficavam a quilômetros de distância das cidades onde os negros tinham seus empregos de jardineiros e domésticas, e isso acrescentava horas de transporte diário na vida dos trabalhadores.

Kate, a jovem sul-africana branca que nos serviu de guia no Museu do Apartheid, saiu de lá abalada. Ela passara a maior parte da vida sob aquele regime injusto que exigia que os negros saíssem da calçada quando um branco se aproximasse — ou, em alguns casos, os negros eram simplesmente proibidos de usar a calçada. Ela conhecia bem o domínio da vergonha e também a opressão violenta que mantinha os negros, em maior número que os brancos à razão de quatro para um, "em seu devido lugar". Os monitores de vídeo do museu exibiam alguns dos piores massacres. Em Sharpeville, 69 foram mortos pela polícia e 18 mil foram presos em consequência do evento; em Soweto o número oficial de mortos era 23, mas há suspeitas de que tenha havido centenas de vítimas fatais.

Quando deixamos o museu e saímos para a luz de um dia ensolarado, Kate disse com amargura: "Tendo em vista o que fizemos e como os tratamos, eles tinham o direito de pegar cada um de nós, brancos, enfileirar-nos contra o paredão e atirar em nossa cabeça".

❖ ♦ ❖ ♦ ❖

Mas eles não agiram assim. De fato, na lanchonete do museu eu vi gente de todas as raças misturando-se entre si, rindo, compartilhando refeições. Na noite anterior, na Igreja Rhema, negros, brancos e colorados sentaram-se lado a lado durante o culto. Muitos sul-africanos seguiram o lema de Mandela de "relevar tudo", em grande parte devido à extraordinária liderança dele. Em Soweto visitei a casa bem cuidada de Mandela, agora transformada num museu, um pouco mais adiante na mesma rua onde se situa a casa do bispo Tutu. Aquela área, uma favela que ficou famosa por suas rebeliões, também se orgulha de ser a única rua do mundo que produziu dois vencedores do Prêmio Nobel da Paz.

Falando como um profeta do Antigo Testamento, o bispo Tutu credita a Deus o milagre da reconciliação. "Deus tem mesmo um senso de humor. Quem em sã consciência poderia jamais imaginar que a África do Sul seria um exemplo de qualquer coisa que não fosse o que há de mais assombroso, ou de como *não* determinar as relações de uma nação e seu governo? Nós, sul-africanos, somos o grupo mais improvável, e é precisamente por isso que Deus nos escolheu. Não podemos de fato reivindicar crédito algum pelo que conseguimos realizar. Estávamos destinados à perdição e fomos arrancados da aniquilação total. Éramos um caso perdido, se é que isso existe".

A graça pode viver até mesmo nesse tipo de ambiente envenenado, e em 2006 eu vi muitos sinais de seu poder. O padre Michael Lapsley, expulso para um país vizinho devido a suas atividades antiapartheid, um dia abriu um envelope que explodiu em suas mãos. Era uma carta-bomba, que supostamente lhe fora endereçada por autoridades sul-africanas. Ele perdeu as duas mãos, mas quando ocorreu a mudança de governo ele voltou a seu país e criou o Instituto para Cura de Memórias. Longe de considerar sua perda uma deficiência, ele fez de sua experiência uma plataforma para lançar uma campanha mundial pelas vítimas da violência.

Proferi uma palestra na Igreja de St. James, perto da Cidade do Cabo, naquele mesmo santuário em que quatro negros armados irromperam durante um culto dominical, lançaram granadas revestidas de pregos de seis polegadas e varreram a congregação com fuzis de combate, matando 11 adoradores e ferindo 58. Da boca de alguns dos sobreviventes eu ouvi dizer que mais tarde a congregação se reuniu com os perpetradores do ataque e publicamente os perdoou. A Igreja de St. James tornou-se depois disso um guia de reconciliação. Completando o ciclo, quando eu estava autografando livros no pátio da igreja, uma senhora elegante aproximou-se de mim e se apresentou. "O senhor mencionou o fato de Nelson Mandela ter convidado o guarda de sua prisão a subir na sua plataforma no dia de sua posse. Bem, aquele guarda da Prisão Pollsmoor era meu marido. Faleceu há três anos. Obrigado por mencioná-lo".

Menos dramático, mas igualmente significativo, foi um encontro que tive com um homem escolhido para dirigir a Igreja Reformada Holandesa. Toda a política do *apartheid* remonta à doutrina teológica promovida por essa denominação. (Nos tempos do *apartheid*, um africano negro não podia sequer frequentar legalmente uma igreja de brancos, e, tendo em vista o tratamento dispensado a negros por aqueles que trouxeram o cristianismo para seu país, causa espanto que eles tenham algum interesse nessa crença. No entanto, a África do Sul ocupa hoje o quarto lugar num índice indicador de maior frequência à igreja no mundo inteiro.)

Quando nos encontramos, na fortaleza de Stellenbosch da Igreja Reformada Holandesa, esse respeitado pastor e teólogo me disse: "Cresci acreditando que o *apartheid* estava de acordo com a Bíblia, pois, no fim das contas, era uma doutrina oficial da igreja, e teólogos reformados usavam a Bíblia para justificá-lo. Eu regularmente ouvia sermões que pregavam essa posição política. Agora minha denominação se arrependeu de modo formal e estigmatizou o *apartheid* como heresia. Acredite, isso me faz cauteloso, muito cauteloso, em relação a fazer pronunciamentos oficiais sobre outras questões".

Ele acrescentou: "Atualmente, em grande parte devido à injustiça do *apartheid*, minha denominação detém alguns dos melhores recursos do país, com uma infraestrutura que só fica atrás daquela do governo. Temos prédios enormes, igrejas que servem refeições, escolas. Como ato de penitência e também de compaixão, eu gostaria de levar nossa denominação a servir àqueles contra quem cometemos injustiças. Este país enfrenta problemas enormes de pobreza, AIDS e crime. Podemos fazer parte da solução".

A graça desabrocha na África, como as flores silvestres que inesperadamente surgem na planície depois de uma chuva de verão.

Em 2009 fiz minha terceira visita à África do Sul. A euforia pelo milagre da mudança de governo havia diminuído, dando lugar à ansiedade em relação aos enormes desafios que o país ainda precisava enfrentar. Os brancos lamentavam a perda de dois mil agricultores mortos em ataques gratuitos e a "discriminação às avessas" que levara muitos de seus filhos a deixar o país em busca de melhores escolas e empregos. Os negros falavam da inclemente pobreza e do fracasso do governo no suprimento de habitação para milhões de favelados. Todos se queixavam da criminalidade: a probabilidade de assaltos a residência, o medo do assassinato e do estupro.

Uma crise supera todas as outras: a do HIV/AIDS. A África do Sul tem mais cidadãos infectados por esse vírus (quase seis milhões) que qualquer outro país, e antes da descoberta de novas drogas mil pessoas morriam diariamente dessa doença. Eu vi de perto o impacto de vários orfanatos — na África toda quinze milhões de crianças perderam ou o pai, ou a mãe, ou os dois, devido à AIDS. Depois de uma dessas visitas, meus anfitriões me levaram a um cemitério da vizinhança. Vários funerais aconteciam ao mesmo tempo, e de cada um deles podíamos ouvir os cantos chorosos subindo aos céus misturados com gemidos. Do lado de fora, junto ao portão, uma longa fila de ônibus aguardava os passageiros, como normalmente acontece num evento esportivo. Com a pandemia da AIDS, o sábado tornou-se o dia de funerais. Uma comunidade que visitei costumava ter em média dois funerais por semana; agora tem 75. Diante desses múltiplos desafios, a igreja sul-africana entrou em ação. O governo, com seus recursos limitados, vê com bons olhos a participação de igrejas no processo de reconstruir a sociedade, sem se preocupar muito com a separação entre igreja e Estado. Em consequência disso, a nação se transformou num laboratório de grupos religiosos que tentam satisfazer as necessidades nas linhas de frente.

Cem mil organizações comunitárias sem fins lucrativos, muitas delas baseadas na fé, estão em ação, e eu visitei três na região da Cidade do Cabo. A organização Learn to Earn [Aprenda a Ganhar], situada numa das maiores favelas da Cidade do Cabo, ensina a jovens uma gama de habilidades, desde fazer faxina e cozinhar até publicar livros *on-line*. A AIDS afeta também essa organização: estagiários gráficos que antes desenhavam convites de casamento agora se especializam em programas de funerais. Outro pequeno ministério tem conseguido um sucesso notável reabilitando membros de gangues na Prisão Pollsmoor. O terceiro ministério talvez seja o mais improvável de todos.

John Thomas, pastor batista da sonolenta cidade litorânea de Fish Hoek, ouviu falar do alto índice de infecções da AIDS numa favela da vizinhança e, investigando mais, ficou chocado ao descobrir que 70% dos alunos de sexta e sétima séries eram sexualmente ativos. Mais ainda, ele começou a ver uma ligação direta entre a pobreza e a AIDS. "É possível que uma mãe faça sexo com cinco ou seis homens diferentes num esquema normal", disse-me ele. "O contato da segunda-feira paga a escola das crianças, o da terça paga as contas da casa, o da quarta paga a quitanda e assim por diante. Aos olhos dela, isso é sobrevivência, não prostituição. Se ela for infectada e não tomar os devidos cuidados, pode transmitir a doença a todos os seus parceiros, que por sua vez a passarão para outros. As histórias das crianças são ainda mais comoventes. Conheci uma menina de treze anos que vendeu sua virgindade a um homem em troca de uma refeição no McDonald's. Conheci outra de catorze anos que afirmava fazer sexo sempre que pudesse porque isso a ajudaria a pegar AIDS e assim logo estaria morta. Não tinha nenhuma esperança de conseguir um emprego ou um jeito de sair da pobreza".

Thomas foi em frente e fundou um programa chamado Esperança Viva, que inclui um albergue e um centro de prevenção, bem como programas assistenciais para aidéticos sem-teto e dependentes químicos. Sua igreja tem um orçamento de 400 mil dólares e um quadro de dez funcionários; Esperança Viva tem um orçamento de 1,2 milhão de dólares e um quadro de 180 funcionários em tempo integral. Vem gente do mundo inteiro, interessada em ver a diferença que uma única igreja comum pode fazer. "Nós, na verdade, não aprendemos essas coisas no seminário", diz Thomas soltando uma risada. "Mas eu voltei e estudei tudo o que Jesus tinha a dizer sobre os pobres, e não tive outra escolha a não ser corresponder".

Depois de visitar esses três ministérios na Cidade do Cabo, voei para o norte e atravessei o país para mais uma visita à Igreja Rhema em Joanesburgo. O pastor Ray McCauley frequentara mais uma vez as manchetes naquela semana. O candidato à presidência Jacob Zuma havia feito um discurso na Rhema no domingo anterior, provocando gritos de protesto da oposição. A Igreja Rhema havia publicado os números de seu orçamento, acusando uma receita de 10 milhões de dólares no ano anterior. Quando revelei na Cidade do Cabo para onde eu estava indo, eles franziram a testa, surpresos. "Quanto você sabe sobre Rhema?", perguntou-me alguém delicadamente.

Nessa visita fiquei na casa do irmão de Ray, Alan, seu oposto em quase todos os sentidos. Ray é gregário e expansivo, tem um estilo de vida extravagante e está sempre sob os holofotes. Alan, um advogado de fala mansa, escolheu intencionalmente uma vida simples numa comunidade do interior. Ele morou por um tempo com a Comunidade Gente de Jesus em Chicago, enxerga Jim Wallis, da revista *Sojourners*, como um preceptor, e recentemente hospedou Shane Claibourne, fundador da Nova Comunidade Monástica e autor de *The Irresistible Revolution: Living as an Ordinary Radical* [A revolução irresistível: a vida de um radical comum]. Alan e sua mulher supervisionam o ministério de Rhema para várias centenas de dependentes químicos, mães solteiras e órfãos de pais aidéticos.

Deixando o cenário calmo, bastante espartano, do interior, eu viajava até o caprichado *campus* da Igreja Rhema. Primeiro, proferi uma fala durante um culto (é claro, a plataforma ainda deslizava sobre trilhos). Tenho pouca experiência com plateias carismáticas, mas devo admitir que é mais divertido falar para gente que bate palmas, grita "Amém!" e acena o tempo todo com entusiasmo.

Na noite seguinte, nossa última noite na África do Sul, proferi uma palestra para líderes de igrejas e estudantes da escola de treinamento bíblico. Escolhi o tema "Crescendo em graça" porque muitos líderes de Rhema, como o próprio Ray McCauley, primeiro abraçaram a fé visando à transformação de vidas individuais e agora se descobrem num movimento que objetiva transformar a sociedade. Em alguns lugares a igreja pode dedicar suas energias a questões tão internas como estilo de culto e programas de construção de templos. Na África do Sul a igreja, cada vez mais, enfrenta a obrigação de voltar-se para fora, de tratar das necessidades além de seus muros.

Embora Rhema outrora baseasse seu apelo na mensagem do evangelho da prosperidade, Ray me disse que sua visão de igreja mudou. "Mais que um hotel, deveríamos parecer um hospital", disse ele. Jesus usou as imagens de uma cidade na colina, luz nas trevas, uma pitada de sal na carne, imagens que apontam para o nosso efeito sobre o mundo que nos cerca. A igreja como formadora de cultura... Será que a colorida congregação de Rhema poderia ser um exemplo disso para a África do Sul?

Palestra: Crescendo em graça

África do Sul, março de 2009

Eu me lembro da primeira vez que vi uma girafa. Lá estava ela perto de um pé de acácia, a camuflagem de sua pele confundindo-se com o ambiente. Depois, esse animal mais alto que um prédio de dois andares começou a andar, trotando graciosamente pelo capim, enquanto a cabeça e o pescoço subiam e desciam sem parar. Soltei um grito de alegria, o que só serviu para que o guia do safári me dirigisse um olhar de reprovação. Eu soube depois que os turistas não devem levantar a voz em reservas de caça.

Já de volta ao alojamento, li tudo o que pude encontrar sobre girafas. Soube que elas pesam cerca de uma tonelada, e o pescoço é responsável por um terço desse peso. Surpreendentemente, o pescoço delas têm o mesmo número de vértebras que o dos seres humanos, com articulações enormes e músculos de sustentação para escorar toda a extensão dele. Estudei diagramas do elaborado sistema circulatório da girafa: válvulas que funcionam numa única direção permitem que o animal se curve para baixo a fim de poder beber sem que todo o sangue aflua à cabeça; a pele esticada funciona como um tubo de borracha para impedir que o sangue fique represado nas pernas; um coração alongado bombeia o sangue para as extremidades com uma pressão duas vezes superior à normal. Assisti a um vídeo do nascimento de uma girafa: o filhote cai sobre o chão de uma altura de mais de 1,80 metro, e em poucos minutos cambaleando, se põe de pé e ensaia os primeiros passos.

No dia seguinte relatei ao nosso grupo de passeio fatos enigmáticos sobre a capacidade dos pulmões da girafa e sua língua à prova de espinhos, e tudo o que consegui foram uns olhares inexpressivos. Sendo eles africanos, não se impressionavam com as girafas. Só esperavam descobrir um leopardo caçando um antílope, ou talvez topar com um rinoceronte branco. Girafas eram para principiantes.

Refletindo depois sobre esse episódio do safári, reconheci nele um padrão comum: o que começa com uma explosão de entusiasmo muitas vezes acaba virando uma coisa comum e termina como decepção. Apaixonar-se, trazer da maternidade para casa um recém-nascido, o primeiro dia de uma criança na escola, a emoção de aprender a ler — fatos marcantes da vida, tão intensos e promissores, quando acontecem com demasiada frequência perdem seu brilho. Revemos rapidamente fotografias daquele casal extasiado, agora balofo, aborrecido, na meia-idade; ou daquele minúsculo bebê, agora um adolescente problemático cheio de tatuagens, e nos perguntamos como foi que um dia sucumbimos àquele surto de emoções.

Durante minha primeira visita à África do Sul, em 2003, as pessoas ainda falavam sobre "o milagre". Era grande a esperança. Hoje, alguns anos mais tarde, candidatos políticos acusam o governo de corrupção e incompetência. Ouço mais conversas sobre criminalidade do que sobre o fim do *apartheid*, mais sobre AIDS do que sobre o progresso econômico.

Aqueles dentre vocês que estão se preparando para serem pastores e conselheiros virão a conhecer muito bem esse padrão. O mesmo casal enlevado que lhes pede ajuda visando ao casamento pode voltar amargurado e pedir ajuda na negociação de um divórcio. Dependentes químicos que vocês sob fiança tiraram da cadeia e auxiliaram durante seu tratamento podem ter uma recaída e retomar o caminho da autodestruição. E recém-convertidos cuja vida parecia tão transformada a ponto de animar a fé a seu redor um dia vão declarar: "Aquilo foi apenas uma fase. Já não tenho religião".

Vocês da Igreja Rhema conhecem as primeiras explosões de entusiasmo quando as pessoas têm seu primeiro contato com a boa-nova do evangelho. Como vocês poderão evitar que esse entusiasmo se transforme em algo comum e acabe numa azeda decepção? Mais ainda, como vocês podem alimentar o crescimento do reino de Deus de tal modo que ele cure e transforme a tão machucada sociedade a seu redor?

Por uma questão de conveniência, eu identifiquei três estágios da vida cristã: o das Crianças, o dos Adultos e o dos Pais. Isso sugere uma progressão, naturalmente, mas temos algo a aprender e a preservar em cada estágio. O próprio Jesus apresentou as crianças como seu modelo de fé. Nós, porém, não ousamos permanecer crianças: o apóstolo Paulo queixou-se mais tarde em relação aos coríntios, "crianças em Cristo", que parecem estacionados na infância, sendo capazes de digerir apenas leite, e não o alimento sólido de que precisam.

Cada vez que visito a África sinto novamente a explosão do entusiasmo que acompanha a vida nova, a compreensão do evangelho como uma boa-nova de verdade. Durante esta minha visita estive lendo sobre a história das missões na África. Um século atrás, alguns achavam que o cristianismo não criaria raízes aqui, e a grande Conferência Missionária de Edimburgo de 1910 mal fez menção a este continente. Só depois da queda do colonialismo a fé realmente decolou. Hoje a África tem mais cristãos que qualquer outro continente, e 32 mil africanos se somam à igreja todos os dias. As pessoas falam abertamente, sem pejo algum, sobre sua fé. Lemas cristãos decoram ônibus e táxis. Os visitantes provenientes de outras partes do Ocidente, onde o cristianismo mais se parece com uma corporação do que com um movimento vivo, precisam se lembrar de que o evangelho é, na sua raiz, uma boa-nova que transforma a vida.

Eu tenho a teoria pessoal de que Deus é "mais simpático" para com os recém-chegados, reservando as tarefas mais árduas para os que estão mais avançados na fé. Entrevistei muita gente enquanto escrevia um livro sobre a oração, e as reações mais entusiasmadas sobre o tema eram as de cristãos novos que mostravam a mesma fé infantil que impressionou Jesus. Eles tomavam Jesus ao pé da letra quando ele convidou seus discípulos a pedirem o que quisessem no nome dele. Eu percebo um pouco desse espírito na Igreja Rhema, especialmente quando vocês aplaudem quem responde aos apelos do pastor Ray para seguir a Cristo.

Ao mesmo tempo, devo fazer uma advertência em relação às características perniciosas do estágio infantil da fé na vida cristã. A primeira é o legalismo. Parece estranho juntar infantilidade e legalismo porque tendemos a pensar nos legalistas como cristãos maduros, disciplinados. Esse é o problema, precisamente. O legalismo oferece a alguns cristãos um jeito conveniente de transmitir superioridade.

Na superfície, essa tendência para o legalismo que se verifica em qualquer religião parece inofensiva, até cômica. Os judeus ortodoxos de Israel programaram elevadores que param em todos os andares aos sábados porque eles acham que apertar um botão equivale a "trabalhar"; pela mesma razão, alguns hotéis preparam papel higiênico devidamente cortado para seus hóspedes do sábado. Os *amish* da Pensilvânia usam carrocinhas em vez de automóveis, ao passo que seus vizinhos, os "menonitas do para-choque preto", toleram carros desde que não apresentem partes cromadas. Poderíamos perguntar: Que perigo o legalismo pode representar?

Todavia, tanto Jesus (ver Lucas 11 e Mateus 23) quanto Paulo (ver Gálatas) o atacaram com veemência, sabendo que a tendência do legalismo é de semear a dissensão e solapar a graça de Deus. Vocês têm aqui na África do Sul um exemplo perfeito de um dos perigos do legalismo — a canalização dele para questões mesquinhas — porque os africâneres da Igreja Reformada Holandesa eram, sob muitos aspectos, pessoas de uma disciplina admirável. Eles baniam revistas como a *Playboy* e censuravam os filmes com rigor, ao mesmo tempo que confinavam milhões de pessoas nas *homelands*. Cerca de trinta anos atrás uma adolescente sul-africana me disse que a igreja dela não lhe permitia usar *jeans* dentro do santuário e desaprovava que se mascasse chiclete durante o culto — a mesma igreja que promulgava a doutrina racista do *apartheid*!

A lista de atividades questionáveis muda com o tempo. Muitas igrejas têm condenado o fumo mesmo quando se mostram mais tolerantes em relação ao álcool — embora eu ouça poucos sermões sobre a gula, que talvez represente o maior perigo para a saúde. No tempo de nossos pais, filmes de Hollywood, *jazz*, festas de *Halloween* e estilos de penteados geravam acaloradas discussões. Nos tempos de Paulo, os cristãos debatiam violentamente questões como o vegetarianismo, festividades pagãs, carnes sacrificadas a ídolos, circuncisão e a adoração a anjos. Paulo não mediu palavras em seus ataques contra os legalistas. Em Colossenses, ele criticou os que julgam os outros segundo a maneira de observar um dia santo ou o sábado. Ele censura os defensores da circuncisão em Filipenses, chamando-os "cães, maus obreiros, mutiladores da carne". Em 1Timóteo, ele fala da "hipocrisia dos que falam mentiras" referindo-se àqueles que proíbem o casamento e se abstêm de certos alimentos.

Embora o próprio Paulo tenha seguido um código de comportamento rigoroso, ele entendeu o perigo do legalismo, de substituir por regras um evangelho baseado na graça e no perdão. O legalismo rebaixa os padrões de Deus, em vez de elevá-los. Amar o próximo como a si mesmo, cuidar dos pobres, fazer justiça, perdoar os inimigos — nada disso se reduz a um conjunto de regras. De fato, qualquer lista de regras rigorosas delimita a amplitude do que Deus quer que se faça no mundo, afastando a ênfase da distribuição da graça de Deus em prol de pecadores e aproximando-a de uma competição sem sentido entre pseudossantos. Isso torna a fé mesquinha e irrelevante, não algo de importância premente.

Paulo conheceu o legalismo por experiência própria, pois durante certo tempo ele seguira a lei farisaica em seus mínimos detalhes. Mas ele nunca se recuperou do impacto daquela primeira rajada de liberdade em Cristo. Tampouco deveríamos fazê-lo.

Preciso mencionar mais uma característica nociva do estágio infantil da fé, e o faço com cuidado porque conheço a história da Igreja Rhema. Também conheço o progresso que vocês fizeram exatamente em relação a essa questão: aquilo que muitas vezes é chamado de *evangelho da prosperidade* ou "teologia da saúde e riqueza".

Numa viagem que fiz ao Brasil, tive uma conversa com um dos líderes nacionais do cristianismo. "Sem dúvida você ouviu falar da explosão da igreja no Brasil", disse ele. "Certamente é verdade. Estão surgindo igrejas em toda parte. Uma das grandes razões por trás disso é que os pregadores prometem que a conversão ao cristianismo resolve todos os seus problemas. Você precisa de um carro. Basta orar. Seu filho está doente. Ore. É óbvio que num país pobre como o nosso essa mensagem atrai multidões. Mas não se ouve falar daquilo que eu chamo de 'porta dos fundos' da igreja no Brasil — as pessoas atraídas por essa mensagem que descobrem que ela não funciona como esperavam e vão embora sem fazer alarde".

O Novo Testamento não contém advertências pormenorizadas sobre o evangelho da prosperidade como acontece acerca do legalismo, por um único motivo: os primeiros cristãos, em sua maioria, não eram ricos. Jesus fez uma bela advertência a seus doze discípulos. "Eu vos envio como ovelhas para o meio de lobos", disse ele e depois passou a prever açoites, tribunais, perseguições e traições. O certo é que dez dentre os doze morreram como mártires. Paulo precisou fazer campanhas para levantar fundos a fim de ajudar os cristãos pobres de Jerusalém. Devido a sua biografia de naufrágios, prisões, açoites e um incurável "espinho na carne", o conceito de um evangelho da prosperidade nunca passou pela cabeça de Paulo.

Eu acredito que Deus quer o melhor para seu povo, e isso inclui saúde e conforto. Temos promessas incondicionais de que um dia Deus restaurará este planeta a seu estado planejado. Todavia, a Bíblia também apresenta a terra como um território ocupado pelo mal, e os cristãos não estão isentos das aflições que atormentam o planeta. Minhas viagens por vários países me convencem de que os cristãos têm as mesmas probabilidades dos não-cristãos de serem pobres e em muitas partes eles estão sujeitos à opressão. Embora não tenha provas estatísticas, suspeito de que os cristãos adoecem numa proporção igual à do resto da população. Tenho certeza de que o percentual de cristãos que morre é o mesmo dos não-cristãos: 100%.

Uma igreja que promete uma vida sem problemas pode facilmente encher um auditório, sobretudo numa época de desafios na saúde e na economia. Se prometermos demais, ou se falsearmos o que a Bíblia de fato diz, muitas pessoas acabarão indo embora, decepcionadas e talvez amarguradas para sempre.

Vocês irão muitas vezes enfrentar a delicada tarefa de ajudar gente encalhada no estágio infantil da espiritualidade a crescer. Sem dúvida, um conjunto de regras claras, que ofereça uma forma de segurança e uma crença numa vida isenta de problemas, é atraente. Mas essa dupla promessa, como um doce veneno, encerra um grave perigo.

Estou hospedado numa casa do ministério Mãos de Compaixão que se dedica à recuperação de dependentes químicos. Embora o ministério ostente compaixão no seu próprio nome, os diretores têm tolerância zero para certos tipos de comportamento: violência, furto e posse de drogas ou álcool na casa da instituição. Não se pode usar uma forma de raciocínio adulto com um dependente químico: "Vamos considerar seu problema. Que tal se você beber meio litro de álcool por dia em vez de um litro — isso ajudaria? Ah, então você também é cleptomaníaco? Será que você poderia moderar seu comportamento e só roubar nos fins de semana?".

O estágio adulto da vida cristã não significa que se abandonem todas as regras para cada um viver como lhe aprouver. Pelo contrário, quando os cristãos persistiam num comportamento imoral, o apóstolo Paulo reagia como o pai ou a mãe que se ofende e censura a criança. Para alguém que furtasse ele simplesmente dirigia esta censura: "Não furte mais!". Quando um homem cometeu um incesto, ele insistiu para que a igreja de Corinto o expulsasse.

O Novo Testamento apresenta um equilíbrio complicado. De um lado, ele explode o legalismo e sua insistência infantil num conjunto de regras. De outro lado, ele condena a imoralidade e nos convoca à santidade. A própria vida de Paulo demonstra como um adulto pode administrar esse equilíbrio. Embora afirmando com veemência sua liberdade, ele não a alardeia, mas a usa com responsabilidade. Por exemplo, embora Paulo não tivesse escrúpulos pessoais em relação a comer carnes de pagãos e observar suas festividades, ele modificava seu comportamento por causa de cristãos imaturos que poderiam se ofender. "Nós, que somos fortes, devemos suportar as fraquezas dos fracos, e não agradar a nós mesmos", aconselhou ele.

Todavia, quase se pode ouvir o apóstolo Paulo suspirar aliviado quando, depois de escrever a igrejas briguentas como a de Corinto, se dirige a outras como a de Éfeso e a de Filipos. Ele já não precisa repreender como um professor durão. Em vez disso, pode expor as riquezas da misericórdia de Deus e a profundidade do amor de Cristo. Descritas essas coisas, ele pode depois apelar para motivos mais elevados, mais adultos, como andar "de modo digno da vocação a que fostes chamados".

Ouvi Arun Gandhi, neto de Mahatma Gandhi, relatar um incidente de sua adolescência, que aconteceu não muito longe daqui. Como vocês provavelmente sabem, o pai de Arun, Manilal, foi um herói na luta contra o *apartheid*, um ativista que passou ao todo catorze anos na cadeia. Um dia, logo depois que Arun conseguiu sua carteira de motorista, ele conduziu o pai para Joanesburgo, combinando encontrar-se com ele a determinada hora. Arun foi a uma sessão dupla de cinema, o que fez que ele se atrasasse para o encontro marcado com o pai. Em vez de dizer a verdade para explicar o atraso, ele inventou uma história que o pai sabia ser mentirosa.

Quando eles deixaram a cidade e chegaram à estrada no campo, o pai pediu que Arun parasse o carro. "Estou profundamente perturbado", disse ele. "O que poderia levar meu filho a mentir para mim? Preciso refletir sobre isso". E assim o pai percorreu a pé o resto do caminho até a casa, e Arun foi dirigindo o carro atrás dele para alumiar a estrada. Durante *seis horas* Arun dirigiu atrás de seu pai, nunca ultrapassando a velocidade de seis quilômetros por hora!

Quando ouvi Arun contar essa história, eu disse: "Caramba, que experiência de culpa seu pai lhe impôs". Ele reagiu de imediato. "Nada disso! Você não conhece meu pai. Meu pai foi um grande homem. Mais do que tudo eu queria agradar a meu pai, crescer para ser como ele. Meu pai foi totalmente sincero quando se perguntou como ele havia errado. E, quanto a mim, aprendi uma lição muito importante. Desde aquele dia nunca mais contei uma mentira". Em outras palavras, daquele dia em diante Arun procurou viver como um filho *digno* de seu pai.

Ser adulto não significa viver de modo irresponsável. Muito pelo contrário: significa viver com responsabilidade, plenamente consciente de nossa liberdade e, mesmo assim, tendo também consciência de que não vivemos só para nós mesmos. Vivemos para agradar a Deus, que nos concedeu essa liberdade. Jesus reduziu a essência de agradar a Deus a dois mandamentos: amar a Deus e amar ao próximo como a si mesmo.

A última vez que visitei a Igreja Rhema eu lhes falei sobre Joanna Flanders-Thomas, mulher notável que primeiro trabalhou contra o *apartheid* e depois voltou sua atenção para um problema local, a prisão mais violenta da África do Sul, onde Nelson Mandela passou oito anos de sua reclusão. Joanna começou a visitar prisioneiros diariamente, levando-lhes uma simples mensagem evangélica de perdão e reconciliação. Ela organizou um pequeno ministério com o grande nome de Centro de Esperança e Transformação. Durante o ano anterior a suas visitas, a prisão registrou 279 atos de violência; no ano seguinte houve dois; e no subsequente, oito. Os resultados obtidos por Joanna atraíram a atenção dos produtores da BBC, que enviaram uma equipe de filmagem de Londres para fazer dois documentários sobre o trabalho dela, cada um de uma hora de duração.

Eu lhes disse que conheci Joanna e seu marido num restaurante à beira-mar na Cidade do Cabo. "Eu vi os documentários da BBC, mas ainda não entendi", disse eu. "Esses sujeitos são monstros — estupradores, assassinos.

E, pelo que pude ver, você simplesmente promovia estudos da Bíblia, jogos de confiança,[1] reuniões de oração. O que foi que realmente transformou a Prisão Pollsmoor?" Joanna olhou para o alto e disse, quase sem pensar: "Bem, é claro, Philip, que Deus já estava presente na prisão. Eu só precisei torná-lo visível".

O comentário improvisado de Joanna tornou-se para mim uma declaração do lema de como deve ser a vida de um seguidor adulto de Jesus. Conhecemos as qualidades de Deus: justiça, retidão, compaixão, misericórdia, graça, amor. Por alguma razão, Deus escolheu transmitir essas qualidades na terra por meio de seres humanos como nós. Isso pode ser uma tarefa assustadora, eu lhes asseguro; mas eu a vi realizada por pessoas comuns aqui na África do Sul.

Permitam-me que lhes conte sobre minha visita seguinte a Joanna, logo depois de deixar vocês em 2006. Ela me levou para dentro da Prisão Pollsmoor — eu soube depois que isso é surpreendentemente difícil para um estrangeiro que não tenha cometido um crime. Juntamente com os atores ingleses que me acompanhavam, realizamos um culto para os detentos. Trezentos homens estavam presentes, e Joanna saudou nominalmente a maioria deles. Naquele dia, pelo menos, eles foram tratados com respeito, como seres humanos, e não como números. Cantamos, os atores representaram, eu falei, e os prisioneiros tiveram um momento de oração para todos os que fossem julgados naquela semana. Depois Joanna nos convidou a ver uma das "celas cristãs", uma parte da prisão reservada para aqueles que aceitam um rigoroso programa de formação espiritual.

Descemos por corredores subterrâneos de concreto semelhantes a masmorras. Uma indicação "Exclusiva para bandidos" marcava algumas celas, o jeito adotado pela prisão para isolar membros de gangues do resto da população. Havia homens que assobiavam para as mulheres, batendo sua caneca contra as grades. Eu mal podia acreditar no abarrotamento da prisão: oito mil prisioneiros forçados a ocupar o espaço projetado para quatro mil.

[1] Nome genérico para certos jogos ou atividades físicas que exigem a total cooperação mútua entre os participantes. (N. do E.)

Quando os guardas abriram a porta maciça da "cela cristã", o fedor quase me derrubou. Num espaço mais ou menos do tamanho de meu escritório viviam cinquenta homens, que usavam beliches triplos e retalhos de espuma sobre o chão para dormir. Um único vaso sanitário para todos explicava o cheiro. Havia roupas molhadas penduradas nos beliches, e o ambiente fechado parecia uma sauna, apesar do frio lá fora.

Alguns dos detentos apresentaram perguntas sobre a atividade de escrever, uma das poucas permitidas na cela. Disseram-nos que ficam fechados em suas celas o tempo todo, exceto uma hora por dia, quando podem dirigir-se ao pátio de exercícios. Respondemos às perguntas deles, os atores fizeram uma breve representação na sala abarrotada, e depois Joanna perguntou se algum dos internos gostaria de contar sua história.

Adam foi o primeiro a falar. "Estou aqui cumprindo uma pena máxima e mais 38 anos", disse ele. "Eu fiz um contrato para matar minha mulher, e os assassinos me dedaram. Sei que errei, e por meio do programa de justiça reparadora de Joanna estou tentando me reconciliar com os parentes dela. Provavelmente nunca vou sair daqui. Mas, sabe, eu de fato agradeço por estar aqui, porque foi aqui que encontrei a Deus, graças a Joanna e a Julian. Quero passar o resto da vida servindo a Deus, do jeito que puder".

John falou em seguida. "Estou na gangue X26. Participei de um estupro da gangue de garotas de catorze anos de idade. Tenho três penas máximas a cumprir consecutivamente. Como o meu irmão aqui, é possível que eu também nunca saia daqui. Como ele, quero me dedicar ao Senhor e tentar redimir o tempo que vou passar aqui. Quero viver para Deus".

Enquanto eles falavam, olhei para as paredes atrás deles. Pornografia e lemas de gangues decoravam a maior parte das celas. Aqui, numa letra caprichada, alguém havia gravado letras de hinos de louvor contemporâneos. Reconheci um do cantor americano Andrae Crouch: "Em breve, muito em breve, vamos ver o Rei. Lá não haverá mais choro [...]. Lá não haverá mais morte". Ocorreu-me que, para quem está trancado numa cela de concreto com outras 49 pessoas por todas as horas do dia, exceto uma, e isso para o resto da vida, essas palavras contêm muito significado.

Ali ao lado, havia outro hino de louvor: “No chão, a vossos pés, ó Senhor, / Está o lugar mais alto”. E outro: “Com certeza a presença do Senhor está neste lugar... Posso sentir seu enorme poder e graça”. Lembrei-me sobressaltado do que Joanna me dissera três anos antes: “Bem, é claro, Philip, que Deus já estava presente na prisão. Eu só precisei torná-lo visível”. Suas palavras haviam se tornado uma espécie de profecia, e eu agora via o cumprimento dela. Realmente ela e Julian haviam tornado Deus visível na Prisão Pollsmoor, e agora ex-integrantes de gangues vivem e oram juntos nesse lugar mais improvável. Só mesmo adultos maduros conseguem aceitar um ministério num lugar como Pollsmoor e conseguem viver de uma forma que agrade a Deus num lugar assim.

Peço permissão para apresentar agora o estágio dos Pais tomando emprestada uma lição objetiva do dr. Paul Brand, um de meus mentores, cuja vida demonstrou a verdade que ele estava ilustrando. No meio de uma fala na majestosa capela da Faculdade de Wheaton no estado de Illinois, ele pôs a mão no bolso, de onde tirou um pequeno cacho de uvas. “Com licença, eu acho que mereço um lanchinho”, disse ele, e alguns na plateia sufocaram o riso. Ele pegou uma suculenta uva vermelha, pôs na boca e chupou com um sorriso de satisfação. De repente, o rosto se lhe enrugou numa careta, e ele cuspiu ruidosamente as sementes sobre a pelúcia do carpete, assustando os estudantes. Depois que a risada se desfez, ele prosseguiu apresentando com seriedade seu ponto central.

O dr. Brand leu um texto sobre o fruto do Espírito conforme descrito em Gálatas 5: amor, alegria, paz, paciência, amabilidade, bondade, fidelidade, mansidão, domínio próprio. “Essas qualidades são boas para qualquer um em todos os sentidos”, explicou ele. “São as qualidades de Deus, que quer crescer dentro de nós. Todavia, como alguém que cultivou árvores frutíferas, eu sei que, do ponto de vista do fruto, o objetivo final é a reprodução. O fruto é atraente e belo para que uma ave ou talvez uma pessoa encontre essa uva, ou maçã, ou amora, apanhe-o e simplesmente faça o que eu fiz: depositar sua semente no solo. Se estivéssemos reunidos lá fora, e não nesta linda capela, eu poderia voltar daqui a dez anos e encontrar um pé de uva viçoso como consequência da ilustração de meu sermão esta manhã".

Eu caminhei num pomar com o dr. Brand e ouvi sua explicação com mais detalhes. "Pensamos no fruto do nosso ponto de vista, pressupondo que sua atratividade visa ao nosso prazer. Veja esta maçã! É colorida, deliciosa, fragrante. Do ponto de vista da maçã, porém, nosso prazer é principalmente um jeito de produzir mais maçãs. Tudo o que diz respeito ao fruto está voltado para a reprodução. Quando cai ao chão, criando uma ligeira depressão no solo, ele contém nutrientes suficientes para o germe da semente".

O estágio final da fé nos orienta para o mundo que nos cerca. Como disse Paulo aos Gálatas: "Irmãos, vocês foram chamados para a liberdade. Mas não usem a liberdade para dar ocasião à vontade da carne; ao contrário, sirvam uns aos outros mediante o amor. Toda a Lei se resume num só mandamento: 'Ame o seu próximo como a si mesmo'".

Eu escolhi a palavra "Pais" para este estágio porque o fato de ser Pai/Mãe obriga o indivíduo a olhar além de suas necessidades visando às necessidades de outro. Cada jovem pai/mãe se pergunta como uma minúscula criatura sem habilidades linguísticas e muito limitada em sua mobilidade consegue virar nossa vida de cabeça para baixo. Uma criança altera os padrões de sono da família, frustra planos e horários, interrompe carreiras. Alguém fica de pé no meio da noite limpando sujeira e cuidando de uma criança doente. Mais tarde, alguém passa horas repetindo coisas mais que sabidas: o alfabeto, a tabuada, os elementos básicos da geografia. No entanto, quando os filhos se tornam adolescentes, vez por outra eles agem como se tivessem vergonha dos pais. Quantas vezes vocês que são pais ouvem algo assim: "Mãe, pai, eu quero lhes agradecer pelos muitos sacrifícios altruístas que vocês fizeram por mim. Eu me sinto muito grato"?

Assim, por que alguém se torna pai/mãe? Temos em nós um desejo de perpetuar nossos genes, dizem os cientistas, exatamente como os animais da savana africana. Certo, e eu acredito que algo mais está em ação. Também temos em nós desejos de amar, de comunicar e até de perpetuar-nos em outra pessoa. Como Deus, nosso criador, queremos compartilhar da vida tendo pleno conhecimento dos sacrifícios exigidos.

Nesta viagem pela África do Sul, fiz questão de visitar programas nascidos da fé que estão espalhando sementes de vida pelo seu país. Observei instrutores num centro comunitário pacientemente ensinando habilidades de informática a crianças que não têm eletricidade em casa, muito menos computadores. Visitei uma igreja batista que administra uma casa para aidéticos e também um programa de prevenção para sete mil crianças, alimentando a esperança de livrá-las da doença. Vi os funcionários da organização Mãos de Compaixão empregando a delicada combinação de rigor e ternura indispensável para ajudar dependentes químicos a se libertarem.

Como vocês sabem, o resto do mundo olha angustiado para a África com sua história de pobreza, desgovernos, corrupção e doenças. A mudança relativamente pacífica de governo aqui na África do Sul representa um dos poucos pontos positivos. Com muito menos alarde, há outros sinais de esperança brotando nesta parte do mundo. Vi postos avançados do reino de Deus nas minhas visitas aqui. Como a própria nação, a constituição da Igreja Rhema mudou nas duas últimas décadas. Anima-me o fato de que vocês e outros nesta nação estejam derrubando os muros da igreja e estendendo a mão aos necessitados que os cercam; que vocês estejam procurando transformar não apenas os indivíduos, mas a própria sociedade.

O amor nunca é fácil, quer assuma a forma de criar filhos, quer a de construir casas para os sem-teto, quer a de orientar dependentes químicos, quer a de adotar órfãos de pais aidéticos. Jesus não veio ao mundo e morreu para que vivêssemos uma vida feliz e comodista e assim exibir ao resto do mundo nosso contentamento. Não, ele veio como um exemplo para que sigamos seus passos. "Eu lhes digo a verdade", disse Jesus na versão original da ilustração do dr. Brand. "Em verdade, em verdade vos digo: se o grão de trigo, caindo na terra, não morrer, fica ele só; mas, se morrer, produz muito fruto".

Alguns são pessimistas em relação ao futuro da África do Sul. Eu não sou. Alimento a esperança por causa do crescimento em graça que vi em minhas três visitas a esta igreja e por causa das instalações do reino de Deus que estão brotando em todas as partes deste país. Seus grandes líderes Nelson Mandela e Desmond Tutu seriam os primeiros a admitir que a mudança que a África do Sul exige não pode ser imposta pela legislação do governo. Ela requer o esforço conjunto de todos vocês que aceitam o chamado de Jesus a encontrar nossa vida desfazendo-nos dela, no processo de espalhar sementes. É assim que o reino de Deus avança: semente por semente.

Memphis, novembro de 2008

7 A PARTIR DAS CINZAS

Outubro de 2008 foi um mês assustador nos Estados Unidos. A nação enfrentava uma eleição presidencial, e a economia estava em queda livre. Muitos proprietários descobriram que o valor de seus imóveis era menor que o de suas hipotecas, e no fim daquele ano mais de dois milhões de famílias perderiam suas casas em cobrança judicial. Duas das três grandes fábricas de automóveis oscilavam à beira da falência.

À medida que o dia se aproximava, políticas fiscais conservadoras eram reveladas. No seu último mês na presidência, George Bush imaginou um plano de salvação de um trilhão de dólares para os bancos e as indústrias dos Estados Unidos. A eleição de Barack Obama parecia quase certa, e as camadas conservadoras da sociedade se angustiavam pensando nas implicações de questões como o aborto e direitos dos homossexuais.

Nesse clima de medo a eleição presidencial foi a mais acalorada de que se tem memória nas últimas décadas. Eu recebia *e-mails* incendiários sobre Obama, ressaltando que ele era filho da África, "o escuro continente onde a adoração de espíritos demoníacos, derramamento de sangue e violência têm sido a regra"; filho do islã, "religião baseada na submissão absoluta ao deus da força e na violência contra todos os infiéis"; e "também um comprovado mentiroso/enganador, cuja língua é inflamada pelas chamas do inferno".

Meses antes naquele mesmo ano eu aceitara proferir uma palestra no dia 2 de novembro em minha igreja perto de Denver, Colorado, sem me dar conta de que isso aconteceria apenas dois dias antes da eleição. No prazo de um mês o mercado de ações do mundo inteiro havia encolhido em sete *trilhões* de dólares, pulverizando planos de aposentadoria acumulados ao longo de muitos anos. Os empregos estavam desaparecendo nos Estados Unidos à razão de meio milhão por mês. Estaríamos a caminho de uma nova Grande Depressão? O medo pairava como uma névoa sobre a congregação: alguns de seus membros tinham recentemente perdido o emprego ou a casa, e todos enfrentavam a incerteza de uma crise realmente global.

Enquanto me preparava para o fim de semana, pensei em três amigos: juntos eles apontavam para várias abordagens cristãs da atividade política. Shane Clairborne usa trancinhas, mora no centro decadente da Filadélfia e pouco antes da guerra do Iraque pôs a vida em risco levando para esse país uma missão da organização Testemunho da Paz (os participantes acamparam ao ar livre em localidades que poderiam ser bombardeadas pelos Estados Unidos, esperando impedir a ação militar.) Tony Campolo não tem cabelos, usa ternos, orientou o presidente Bill Clinton e provoca controvérsias em toda parte. Chuck Colson trabalhou na administração de Nixon e defende posições conservadoras e ao mesmo tempo supervisiona um extraordinário ministério em prol de detentos.

Campolo e Colson atuam dentro do sistema político, embora partam de posições contrárias. Clairborne percorre um caminho independente. Esses três homens amam seu país e seguem Jesus, e cada um deles chama a atenção para um protótipo bíblico. João Batista denunciou a imoralidade de um governador e pagou por seu posicionamento profético com a própria vida. O apóstolo Paulo acionou o sistema jurídico romano e testificou respeitosamente perante reis e governadores. Daniel serviu a dois governos pagãos diferentes ocupando altos cargos, e no entanto cometeu atos de desobediência civil para continuar adorando seu Deus.

O texto que escolhi para aquele domingo foi a breve parábola de Jesus sobre "Os construtores sábios e os construtores tolos". Eu não podia ignorar o turbilhão econômico que nos cercava, mas também sabia que qualquer sermão sobre a política tinha o potencial de provocar um incêndio de proporções incontroláveis. Os cristãos sempre discordarão sobre as questões e até sobre uma abordagem fundamental da política; a parábola de Jesus toma uma linha de ação completamente diferente.

A histórica eleição aconteceu dois dias mais tarde, e eu fui um dos últimos cidadãos a saber dos resultados. Naquela noite tomei um avião para Memphis, Tennessee, onde faria uma palestra semelhante em nome de um grupo denominado Centro Igreja e Saúde. O avião saiu às 19 horas, na hora em que as urnas eleitorais da Costa Leste eram fechadas. Quando desembarcamos, duas horas e meia depois, eu não fazia ideia de qual dos candidatos estava na frente.

Assim que desci do avião para o asfalto da pista perguntei à primeira pessoa que vi, um afro-americano que cuidava da bagagem, se ele sabia o que estava acontecendo com a eleição. “Parece que vai bem”, disse ele com um amplo sorriso. “Obama já encaçapou 174 votos eleitorais. Tem Ohio, a Pensilvânia e a Flórida, e ainda não contaram os votos da Califórnia!” De um controlador da bagagem, que dominava as complicações do colégio eleitoral, recebi um forte indício do grande significado dessa eleição para um povo que foi oprimido e também libertado pela democracia. E no dia seguinte recebi um lembrete moderador do histórico confuso da igreja nessa questão de raça.

Meus anfitriões de Memphis me ofereceram uma escolha: visitar a grande mansão Graceland de Elvis Presley ou o Museu Nacional dos Direitos Civis. Em parte devido à histórica eleição, escolhi o museu, habilmente construído em volta do motel onde Martin Luther King Jr. foi assassinado. Durante várias horas eu tornei a visitar as cenas que conhecera como adolescente quando atingia a maioridade no Sul. Detive-me junto ao balcão de fórmica de uma lanchonete resgatado de Greensboro, na Carolina do Norte, e assisti a vídeos dos universitários que haviam ocupado os assentos de vinil enquanto brutamontes apagavam cigarros na cabeça deles, esguichavam mostarda e molho de tomate na sua cara, e os policiais só ficavam olhando, rindo. Numa tela ao lado vi a arrepiante cena de crianças negras voando sem peso pela névoa de Birmingham, no Alabama, impelidas por potentíssimas mangueiras de bombeiros, enquanto pastores alemães arremetiam contra elas.

O museu exibia um ônibus de Montgomery, Alabama, semelhante àquele em que Rosa Parks se recusou a trocar de assento, deixando a seção demarcada "Exclusiva para Brancos" para ir sentar-se atrás na parte demarcada "Negros". Outra sala mostrava um ônibus maior, totalmente carbonizado: era na verdade o ônibus da Greyhound queimado no Alabama por uma multidão disposta a expulsar os integrantes do movimento Passageiros da Liberdade, que lutavam pela integração racial no transporte coletivo. Enquanto o ônibus ia queimando, a multidão impedia que a portas fossem abertas, esperando assim incinerar os jovens dentro dele. Com a ajuda de patrulheiros rodoviários, os Passageiros da Liberdade escaparam, embora fossem duramente espancados com canos de ferro e tacos de beisebol, e, para piorar as coisas, o hospital local se recusou a cuidar deles.

Olhando para trás, parece incrível imaginar essa ferocidade dirigida contra gente em busca dos ingredientes básicos da dignidade humana: o direito de votar, de sentar-se num ônibus, de frequentar restaurantes, de utilizar hotéis, de estudar na faculdade (duzentos policiais federais escoltaram James Meredith para a sua primeira aula na Universidade do Mississippi, e mesmo assim houve dezenas de feridos e dois mortos nos distúrbios decorrentes desse fato). Envergonhado, lembrei-me de ter aplaudido, juntamente com meus colegas de classe numa escola onde só havia brancos, quando os xerifes prenderam os "agitadores forasteiros" do movimento dos direitos civis.

Nas dependências do museu, as palavras assombrosamente proféticas do final do discurso "Eu estive no alto da montanha" de King aparecem forjadas em aço, palavras que ficaram presas na minha garganta num dia ensolarado, apenas poucas horas após Barack Obama ter sido eleito: "Talvez eu não chegue lá com vocês, mas quero que saibam que nós, como um povo, chegaremos à Terra Prometida". Um dia depois de proferir esse discurso, King morreu numa poça de sangue exatamente no local onde eu me encontrava, na sacada do Motel Lorraine.

E que papel a igreja desempenhou nesse drama político central da década de 1960? O movimento dos direitos civis tinha raízes religiosas e era conduzido por ministros como King que desafiavam um sistema injusto de fora para dentro. Na tradição dos profetas bíblicos, eles apelavam para uma lei superior às leis escritas por legisladores. Alguns cristãos brancos juntaram-se aos líderes nas linhas de frente em Selma, no Alabama, e em Jackson, no Mississippi, enquanto outros trabalhavam dentro do sistema para derrubar leis injustas — mas nem todos fizeram isso.

A igreja que eu frequentava enquanto crescia em Atlanta, na Geórgia, orgulhava-se da pureza de sua teologia evangélica, e, no entanto, na questão dos direitos civis a maioria de seus membros atacava com violência o lado errado. Como muitas outras igrejas de brancos no Sul, a minha se opunha obstinadamente ao movimento dos direitos civis. Espanta-me que escravos trazidos da África tenham com tanta facilidade adotado a religião de seus donos e que igrejas afro-americanas prosperem hoje em dia; o evangelho dos brancos deve com certeza ter soado às vezes como má-nova em vez de boa-nova.

Os batistas do Sul precisaram de 150 anos para pedir desculpas por seu apoio à escravidão, e foi só em novembro de 2008 — duas semanas após a eleição de Obama — que a Universidade Bob Jones admitiu seu erro na exclusão de estudantes negros até 1971 e na proibição do namoro inter-racial até dois mil. "Falhamos e não representamos o Senhor com precisão, nem cumprimos o mandamento de amar o próximo como a nós mesmos", disse seu presidente, Stephen Jones. Esses pedidos de desculpa se aplicam a mim e a outros evangélicos que se opuseram ao movimento dos direitos civis.

Não pude deixar de perguntar-me, durante a observação dos objetos expostos em Memphis, em que medida a política normal do cristão é formada pela cultura que o rodeia mais que pelo evangelho de Jesus. Como Stephen Jones admitiu mais adiante em seu pedido de desculpas: "Durante quase dois séculos o cristianismo americano, incluindo a Universidade Bob Jones na sua fase inicial, caracterizou-se pelo *éthos* segregacionista da cultura americana. Em consequência disso, durante um período demasiado longo, permitimos que políticas institucionais sobre raça fossem formadas mais diretamente por aquele *éthos* do que por princípios e preceitos das Escrituras. Nós nos conformamos à cultura em vez de lhe oferecer um contraponto cristão".

Uma pergunta pairava no ar quando deixei o museu: Daqui a 150 anos, de que a igreja pedirá desculpas?

A visita ao museu me deixou num estado de espírito sombrio. Aos olhos do mundo que observa de fora, a própria reputação de Deus repousa sobre os ombros da igreja, e em várias ocasiões nós a manchamos. Os críticos de bom grado culpam a Deus por alguns dos graves erros cometidos por seus seguidores. Barack Obama concorreu à presidência com uma plataforma de mudanças; a igreja não deveria tomar a dianteira em relação às mudanças que mais interessam? No entanto, no Sul que eu conheci, a injustiça social começou a mudar não devido a uma igreja profética, mas à enérgica intervenção do governo federal.

Exatamente quando eu estava perdendo a esperança em relação à cegueira moral da igreja que espelha em vez de plasmar a cultura, cegueira da qual eu participava, tive um encontro com o dr. Scott Morris em seu escritório forrado de livros. Descobri que nós dois tínhamos muitas coisas em comum, pois ele crescera na minha cidade natal, Atlanta, na mesma fase tumultuada da História. Fanático pelo beisebol, ele guardava lembranças do time do antigo Atlanta Crackers da segunda divisão, expostas numa estante. Rimos juntos sobre a lenda do maior *home run* da História: uma bola rebatida para fora do campo dos Crackers foi parar num vagão de carvão e fez a viagem de ida e volta até Nashville, um *home run* de 830 quilômetros.

Na adolescência Morris frequentara uma academia elitista na zona norte de Atlanta e tivera poucos contatos com negros, excluídos os serviçais que limpavam as salas e cortavam a grama dos jardins. Como eu, ele foi profundamente afetado pelo movimento dos direitos civis, liderado por Martin Luther King Jr. Depois de diplomar-se em teologia na Universidade de Yale, ele voltou para Atlanta e estudou medicina na Universidade Emory, especializando-se em clínica geral.

Já ministro ordenado e médico formado, Morris viajava pelo país em busca de um modelo de assistência à pessoa como um todo, corpo e alma. Ele esbarrava continuamente em restrições governamentais que baldavam seu objetivo de levar uma assistência holística a gente pobre que não podia pagar por ela. Morris decidiu buscar uma visão alternativa, dando início a seu próprio programa sem fins lucrativos, que chamou de Centro Igreja e Saúde. Escolheu

Memphis devido a sua grande população de trabalhadores pobres, exatamente as pessoas em prol das quais King estava protestando quando foi morto.

Em 1987, Morris abriu uma clínica que oferecia serviços médicos a gente que tinha emprego, mas nenhum seguro. No primeiro dia ele examinou doze pacientes, e a notícia começou a se espalhar. Hoje, o Centro Igreja e Saúde tem um complexo médico expandido que atende cinquenta mil pacientes, todos trabalhadores sem seguro ou sem-teto, que pagam uma taxa variável baseada em sua renda, numa média de vinte dólares por consulta. Morris orgulhosamente me conduziu pelas dependências da instituição que abriga várias clínicas e programas.

Memphis, um centro médico com hospitais renomados, situa-se no coração do Cinturão Bíblico do Sul, e Morris habilmente explora todos os recursos disponíveis. Ele recebe dos hospitais doações de suprimentos médicos e os serviços voluntários de uns seiscentos profissionais. Ele usa as igrejas para atingir as pessoas que depositam mais fé em sua igreja do que em outras instituições. Equipes de conselheiros leigos, principalmente mulheres de pequenas igrejas afro-americanas, aprendem noções básicas sobre dieta, pressão alta, diabetes e cuidados maternos; depois, essas equipes repassam seus conhecimentos a suas congregações.

Durante todo o tempo, Morris tem mantido o cargo de pastor associado da Igreja Metodista de St. John, uma igreja localizada no centro de Memphis, em frente a sua clínica. Mediante a criativa combinação da fé e da prática da medicina, o dr. Scott Morris conseguiu afetar uma comunidade inteira: um exemplo de justiça popular conduzida pela igreja. A clínica, a maior desse tipo no país, não aceita subsídios do governo e depende principalmente de doações de caridade.

Quanto mais eu aprendia sobre o Centro Igreja e Saúde, mais me sentia satisfeito de poder dirigir minha palavra a seus funcionários e a seus seguidores. A partir das cinzas em Memphis, local de um dos dias mais sombrios do movimento dos direitos civis, um grupo de cristãos está, sem alarde, demonstrando outra forma de resolver um problema grave, nesse caso perseguindo uma visão alternativa fora do sistema político. A igreja de Memphis está tomando a dianteira na solução local da crise do sistema público que tanto atormenta o governo de Washington.

Discursei para os colaboradores do Centro Igreja e Saúde na noite subsequente à eleição. Tendo-me encontrado com várias pessoas antes, percebi o mesmo espírito de ansiedade que estava presente na minha própria igreja no Colorado. Memphis, como o resto do país, ainda estava se adaptando à notícia de uma mudança radical em Washington, especialmente no bojo da pior crise econômica em quase um século. O que o futuro nos reservaria?

Ouvi uma entrevista pela rádio do dr. Joseph Lowery, um líder dos direitos civis que faria uma das orações na cerimônia de posse de Obama. "Como o senhor se sente vendo os sonhos de seu movimento finalmente concretizados?", perguntou alguém. "Bem, eu me lembro de quando os times de beisebol escolheram seus primeiros técnicos negros", respondeu ele com perspicácia. "Parece-me que eles sempre tiveram de treinar times que estavam no fim da linha, quase quebrados. Isso é o que eu sinto a respeito desta eleição — estou orgulhoso por termos um presidente negro, é claro, mas, cara, veja a confusão que ele vai enfrentar".

Voltei-me mais uma vez para a parábola de Jesus que, a partir de fatos imediatos, constrói visões eternas.

Palestra: Sobre esta rocha

Memphis, novembro de 2008

O mundo ontem observava ansioso durante a contagem dos votos, da qual resultou um abalo sísmico no panorama político dos Estados Unidos, bem como nosso primeiro presidente afro-americano. Se posso julgar pelas aparências, alguns de vocês me parecem felizes e repletos de esperança. Outros estão tristes, até mesmo assustados em relação aos novos rumos que o país pode tomar. Estamos vivendo uma convulsão econômica inédita desde a Grande Depressão da década de 1930, e neste ponto ninguém sabe quando ela terminará ou como será o futuro.

Enquanto eu ponderava que palavras poderiam ser apropriadas, veio-me à mente uma das parábolas mais breves de Jesus. Ela diz o seguinte: "Portanto, quem ouve estas minhas palavras e as pratica é como um homem prudente que construiu a sua casa sobre a rocha. Caiu a chuva, transbordaram os rios, sopraram os ventos e deram contra aquela casa, e ela não caiu, porque tinha seus alicerces na rocha. Mas quem ouve estas minhas palavras e não as pratica é como um insensato que construiu a sua casa sobre a areia. Caiu a chuva, transbordaram os rios, sopraram os ventos e deram contra aquela casa, e ela caiu. E foi grande a sua queda".

Eu ouvi uma aplicação pitoresca dessa parábola feita por Millard Fuller, um advogado do Alabama que fundou a organização *Habitat* para a Humanidade. Em 1992 um poderoso furacão chamado Andrew se abateu sobre Miami, na Flórida, destruindo ou danificando seriamente 117 mil casas. O que foi muito estranho é que, numa das áreas devastadas, 27 casas se mantiveram orgulhosamente intactas em meio a um monte de móveis quebrados, peças de banheiros e outros detritos de imóveis — todas as 27, não por casualidade, construídas pela *Habitat* para a Humanidade. "Como o senhor pode explicar esse fenômeno?", perguntou um repórter da CNN a Fuller, que voara para a Flórida para avaliar os danos. "As casas da *Habitat* são as únicas que continuam de pé".

Millard Fuller nunca viu um microfone de que ele não gostasse. "Em primeiro lugar", disse ele no seu melhor sotaque do Alabama, "como uma organização cristã, construímos casas sobre a rocha!". O repórter olhou para ele sem entender, como se Fuller falasse em outra língua. "Em segundo lugar, colocamos *amor* na argamassa. E, finalmente, você precisa entender que as casas foram construídas por amadores. Os carpinteiros profissionais usam um prego a cada vinte centímetros. Nossos voluntários usam um prego a cada dois centímetros — nem mesmo o furação Andrew pode derrubar uma casa construída desse jeito!"

Minha pergunta esta noite é muito simples: Sobre que base estamos construindo nossas casas?

Dinheiro? Num mês em que o mercado global de ações perdeu sete trilhões de dólares de seu valor, o dinheiro parece uma fundação que é mais areia que rocha. Os historiadores verão o ano de 2008 como um *tsunami* financeiro que deixou em sua esteira falências, empregos perdidos e milhões de casas que tiveram suas hipotecas executadas. Alguns de nós confiamos nosso futuro ao sistema financeiro, guardando o suficiente para a aposentadoria, e acabamos vendo esse dinheiro pulverizar-se como a areia da praia varrida numa tempestade. Praticamente da noite para o dia nossas casas passaram a valer menos do que pagamos por elas, e 20 ou 30 anos de poupança desapareceram.

Se isso trouxer algum consolo, peço licença para garantir que a situação poderia ser ainda pior. Na semana passada a taxa de inflação do Zimbábue atingiu um recorde de 231 milhões por cento. Alguém que tivesse uma poupança de um milhão de dólares zimbabuanos na segunda-feira, apenas alguns dólares lhe sobrariam na terça. Eu recebi um relato de alguém do Zimbábue que conta ter ficado numa fila de gente apavorada durante dois dias a fim de sacar dinheiro vivo em um caixa eletrônico. Quando finalmente chegou sua vez, ele retirou a quantia máxima permitida, dois mil dólares zimbabuanos, que naquele momento valiam um mero milionésimo de um centavo.

Alguns de nós construímos nossas casas não sobre o dinheiro, mas sobre a política. O ano inteiro, ouvimos republicanos e democratas apresentando suas visões conflitantes para o nosso futuro. Minha cidade de Denver hospedou este ano a Convenção Nacional Democrática que nomeou Barack Obama como seu candidato, e lá tivemos uma dose constante de grandiosas promessas. Eu observei de perto quando os delegados com seus chapéus risíveis e engenhocas barulhentas agitavam bandeiras, soltavam balões e aplaudiam com veemência cada orador. Eles pareciam acreditar de verdade nas efusivas promessas dos políticos de restaurar o prestígio dos Estados Unidos, consertar a economia sem impostos adicionais, deter o aquecimento global e prover assistência médica de graça para todos. Nenhum sacrifício, tudo benefício.

Peço desculpas, mas, tendo eu a experiência direta de várias dessas convenções políticas dos dois partidos, não acredito que a política nos leve ao paraíso que sonhamos. Daqui a quatro anos, outra convenção partidária ressaltará todas as falhas desta nova administração. Apesar de tudo, como Martin Luther King Jr. nos lembrou, a política tem seus limites. As leis podem impedir brancos de linchar negros, mas lei nenhuma pode exigir que raças se perdoem ou se amem mutuamente. A política pode decretar a justiça pela lei, mas não a compaixão.

Lendo os evangelhos, fico perplexo diante da aparente indiferença de Jesus à política. Shane Clairborne escreveu um livro com um título cativante, *Jesus for Presidente* [Jesus para presidente], mas eu não consigo imaginar Jesus concorrendo a qualquer cargo público. Ele encarava o poder político com certo desprezo, referindo-se a Herodes como "àquela raposa" e pondo Pôncio Pilatos em seu devido lugar com o reparo: "Não terias nenhuma autoridade sobre mim, se esta não te fosse dada de cima".

Jesus não depositou sua confiança nem no dinheiro ("Pois, que adiantará ao homem ganhar o mundo inteiro e perder a sua alma?"), nem na política ("O meu Reino não é deste mundo"). Pelo contrário, a parábola da construção da casa sobre a rocha deixa claro o ponto em que nós, seus seguidores, devemos depositar nossa fé. Sábia é aquela pessoa que "ouve estas minhas palavras e as pratica". Visto que Mateus apresenta essa parábola como coroamento do Sermão do Monte, "estas minhas palavras" remetem diretamente àquele sermão seminal de Jesus.

As palavras do Sermão do Monte tornaram-se tão familiares que perderam sua força revolucionária. A partir de uma eleição muito diferente daquela que acabamos de realizar, uma eleição que aconteceu do outro lado do mundo em 2004, eu chego a uma imagem surpreendente de como as palavras de Jesus devem ter soado aos ouvidos de sua plateia original.

Vocês já ouviram falar da Revolução Laranja que aconteceu na Ucrânia em 2004? Permitam-me contar uma história pouco conhecida sobre os improváveis heróis que ajudaram a desencadear uma revolução. Como outras partes da União Soviética, a Ucrânia caminhou para a democracia após o colapso do império soviético, embora na Ucrânia a democracia avançasse num ritmo de era glacial. Se vocês acham que nossas eleições são sujas, pensem que quando o reformador ucraniano Victor Yushchenko ousou desafiar o partido no poder ele quase morreu devido a um misterioso envenenamento por dioxina. Contra todos os conselhos, Yushchenko, com o organismo enfraquecido e o rosto definitivamente desfigurado pelo veneno, continuou na disputa eleitoral. No dia da eleição, os resultados da votação o colocavam dez pontos percentuais na frente; todavia, por meio de uma fraude evidente, o governo conseguiu reverter os resultados.

O canal da TV estatal anunciou: "Senhoras e senhores, informamos que o candidato da oposição Victor Yushchenko foi inquestionavelmente derrotado". Todavia, as autoridades governamentais não haviam levado em conta uma característica da televisão ucraniana: a tradução que ela oferece para deficientes auditivos. Na telinha que aparece no canto direito inferior da tela grande uma corajosa mulher, filha de pais surdos-mudos, transmitiu uma mensagem divergente na língua de sinais. "Eu estou me dirigindo a todos os cidadãos surdos da Ucrânia. Não acreditem no que eles (as autoridades) dizem. Estão mentindo, e eu estou envergonhada de traduzir essas mentiras. Yushchenko é nosso presidente!"

Cidadãos surdos, inspirados por sua tradutora Natalya Dmitruk, fizeram a Revolução Laranja. Usando seus celulares, eles enviaram torpedos a seus amigos sobre a fraude eleitoral, e logo outros jornalistas, inspirados pelo gesto desafiador de Dmitruk, criaram coragem e, semelhantemente a ela, se recusaram a transmitir a posição do governo. Dentro de algumas semanas cerca de um milhão de pessoas vestidas na cor laranja inundaram a capital, Kiev, exigindo novas eleições. O governo finalmente cedeu à pressão, aceitando novas eleições, e dessa vez Yushchenko emergiu como o indiscutível vencedor.

Quando ouvi essa história da Revolução Laranja, a imagem da telinha da verdade no canto da telona tornou-se para mim uma imagem ideal da igreja.

Vejam, nós na igreja não controlamos a telona. (Quando o fazemos, geralmente criamos confusão.) Procurem uma banca de jornais e revistas ou liguem a televisão, e vocês verão uma mensagem consistente. O que importa é a beleza que se exibe, quanto dinheiro ou poder se tem. Capas de revistas apresentam supermodelos esculturais e belos garotões, apesar de pouca gente ter esse visual. Os pais conhecem o impacto devastador que a mensagem da telona exerce sobre um filho adolescente sem atrativos.

De modo semelhante, embora o mundo inclua muitos pobres, eles quase nunca chegam às capas de revistas ou aos noticiários. Em vez disso, enfocamos os supermilionários, nomes como Bill Gates ou Oprah Winfrey. Um fato revelador simboliza nossa cultura da celebridade: o jogador de basquete Kevin Gernett, que (devemos admitir) se sobressai na atividade de fazer uma bola redonda passar por um aro redondo, este ano ganhará mais dinheiro do que todo o Senado norte-americano. Que tipo de sociedade valoriza as proezas atléticas de uma só pessoa mais do que as contribuições de seus 100 legisladores máximos?

Nossa sociedade não é de fato única. A longo da História as nações sempre glorificaram os vencedores, não os perdedores. Então, como a tradutora da língua de sinais no canto inferior direito da tela, eis que aparece uma pessoa chamada Jesus, que com efeito diz: *Não acreditem na telona — eles mentem. Os pobres é que são abençoados, não os ricos. Os que choram são abençoados também, assim como os que têm fome e sede, e os perseguidos. Os que passam a vida pensando que estão no topo do mundo terminarão no fundo do buraco. E os que a passam achando que estão no fundo do buraco acabarão no topo. No fim das contas, que aproveita ao homem ganhar o mundo inteiro e perder a sua alma?*

Praticar "estas minhas palavras", disse Jesus, lhes garantirá uma vida sobre uma fundamentação sólida como a rocha. Hoje vivemos numa sociedade distorcida que nos entope de mensagens de que o valor da pessoa depende da aparência, ou da renda, ou do acesso ao poder. Jesus nos conclama a ver o mundo através dos olhos de Deus, a perceber que Deus pode se preocupar tanto com o que está acontecendo agora em Darfur ou no Haiti quanto com o que está acontecendo na Wall Street; que Deus pode estar tão interessado na depauperada zona de Memphis 38138 quanto está interessado em Beverly Hills 90210. A receita para uma boa saúde, individual ou social, exige que se dê atenção à mensagem oposta que aparece na telinha.

Viajando pelo mundo afora, noto que o reino de Deus, uma casa construída sobre a rocha, pode prosperar nos lugares mais improváveis, muitas vezes entre gente com pouco acesso ao dinheiro ou ao poder político. Na China eu soube de um pastor que ficou preso durante cinco anos. Quando ele soube que sua mulher estava ficando cega, assinou um papel renunciando a sua fé para poder ficar ao lado dela. Mas logo ele se sentiu tão culpado que relatou a falsidade de sua confissão às autoridades, que imediatamente o prenderam para cumprir uma pena adicional de trinta anos. "Vocês oram pedindo uma mudança de governo?", perguntei a cristãos chineses. "Não", responderam eles, "pressupomos que sempre haverá perseguições. Oramos pedindo a força para suportá-las". Na Europa Oriental entrevistei um jovem da Moldávia que me falou sobre os tempos de perseguição quando ele realizava encontros de oração num malcheiroso banheiro externo, o único lugar de que os vizinhos não suspeitavam. Disse ele: "Agora que temos liberdade, porém, a igreja perdeu sua paixão. Alguns dos cristãos andam votando pela volta do Partido Comunista ao poder, para ajudar a purificar a igreja".

Ouço histórias como essas e depois volto aos Estados Unidos onde o noticiário parece girar em torno de *rappers* sobraçando metralhadoras e confusas celebridades como Britney Spears e Paris Hilton. Eu desafio vocês a assistirem a uma emissora de televisão como a MTV por horas a fio e depois refletirem sobre o fato de que estamos espalhando essa mensagem da telona pelo mundo inteiro. Os Estados Unidos, talvez a nação mais abençoada da História, devem enfrentar o triste fato de que esse privilégio não resolve tudo. Temos sistema político estável e (pelo menos até agora) mais dinheiro do que qualquer outra nação do planeta. E, no entanto, tendo 6% da população mundial, abrigamos 25% dos presos do mundo inteiro, mais do que a China e a Rússia juntas. E consumimos metade de todas as drogas receitadas no mundo.

A mensagem da telona — Consuma! Sacie-se! Desfrute — evidentemente fracassou. Sem falar no prejuízo causado ao planeta, considerem o prejuízo causado a nós mesmos. Todas as grandes preocupações dos Estados Unidos se originam no excesso: fumo (enfisema, câncer pulmonar); obesidade (diabetes, problemas cardíacos); estresse (doenças cardíacas e hipertensão); álcool (dano fetal, criminalidade violenta, acidentes automobilísticos); abuso de drogas; doenças sexualmente transmissíveis. Fumamos demais, comemos demais, bebemos demais, trabalhamos demais e dormimos com parceiros demais.

Estamos literalmente nos destruindo. À luz desses fatos, não deveríamos refletir um pouco sobre a mensagem da telinha?

Permitam-me ser mais específico, tocando num ponto que é de interesse imediato para todos nós. A indesejada guinada econômica está afetando todos os que estão nesta sala, alguns de forma dramática. De que modo exatamente podemos pôr em prática as palavras de Jesus num momento assim? Como neste caso "confiar na rocha"? Eu enfrentei essa questão no início desta semana quando o editor de religiões da revista *Time* me telefonou. "Sei que você escreveu recentemente um livro sobre oração", disse ele. "Diga-me, como se deveria orar durante uma crise econômica como esta?" Durante nossa conversa descobrimos uma abordagem da oração de três estágios.

O primeiro estágio é um simples, instintivo grito de "Socorro!". Para alguém que enfrenta o desemprego ou uma crise de saúde, ou vê as poupanças para a aposentadoria se desvanecendo, a oração oferece um jeito de expressar medo e ansiedade. Eu aprendi a resistir à tendência de editar minhas orações para que soem sofisticadas e maduras. Creio que Deus quer que nos apresentemos exatamente como somos, por mais infantis que possamos nos sentir. Um Deus que tem consciência da queda de cada pardal com certeza conhece o impacto que tempos de assustadoras crises financeiras exercem sobre frágeis seres humanos. "Portanto, não se preocupem com o amanhã", disse Jesus.

Os pássaros ainda se alimentam, as flores ainda desabrocham. O amanhã se preocupará com o amanhã; enquanto isso, confiem em seu Pai celestial.

De acordo com a Bíblia, a oração oferece o melhor lugar possível para onde levar nosso medo. "Lancem sobre ele toda a sua ansiedade, porque ele tem cuidado de vocês", escreveu o apóstolo Pedro. Como padrão de orações em tempos de crise, eu me volto para a noite de oração de Jesus no Getsêmani. Ele também sentiu medo e ansiedade: prostrou-se por terra três vezes, o suor brotava de seu corpo como gotas de sangue, e ele se sentiu "profundamente triste, numa tristeza mortal". Em meio a essa angústia, porém, sua oração mudou de "Afasta de mim este cálice" para "Contudo, não seja como eu quero, mas sim como tu queres". E as cenas do julgamento nos mostram Jesus como o personagem mais calmo entre todos, no exato momento em que seus discípulos sucumbem à pressão. O tempo que Jesus passou orando o aliviou da ansiedade, reafirmou sua confiança num Pai amoroso e lhe deu coragem para enfrentar a provação que o aguardava.

Se eu orar com a disposição de ouvir e de falar, posso entrar num segundo estágio: o da meditação e reflexão. Está bem, só minhas poupanças praticamente desapareceram. Que posso aprender dessa aparente catástrofe? Na semana passada, quando o mercado mundial de ações faliu, a parábola de Jesus na forma de uma canção da aula de catecismo não me saía da cabeça:

> O homem tolo construiu sua casa sobre a areia
> E a chuva caiu pesada...
> Ah, como caiu pesada,
> E as águas foram subindo...
> E a casa do homem tolo se *espatifou*!

Uma crise ajuda a expor os fundamentos sobre os quais construímos a vida. Se eu depositar minha confiança básica na seguridade financeira, ou na capacidade do governo de resolver meus problemas, com certeza verei o porão inundado e as paredes desmoronando. Qual foi o grau de profundidade com que a perda de meu plano de aposentadoria — ou a perda na eleição de meu político local preferido — me afetou? A força de minha reação emocional me dá um indício forte acerca do domínio sobre mim.

De fato, a crise financeira propiciou a todo o país uma oportunidade de refletir sobre sua base moral. Vasculhando as ruínas financeiras, os analistas recuperaram palavras fora de moda: ganância, moderação, integridade, parcimônia e confiança. Quando executivos embolsam enormes bonificações às custas de funcionários e acionistas; quando bancos empacotam e revendem empréstimos especulativos com poucas probabilidades de retorno; quando tomadores de empréstimo abandonam contratos de boa-fé, o sistema se desintegra. O que estrutura o funcionamento de uma economia é um tênue fio de confiança. (Se vocês duvidarem disso, visitem por favor um país onde é preciso pagar subornos para obter qualquer coisa e conferir o troco depois de cada compra.)

Dois séculos atrás, John Wesley advertiu os metodistas dos perigos do sucesso e seus efeitos sobre a fé religiosa: "Eu temo que em todas as partes onde as riquezas aumentaram a essência da religião diminua na mesma proporção. Portanto, não vejo como seja possível, observando a natureza das coisas, que algum renascimento religioso continue por muito tempo. Pois a religião deve necessariamente produzir iniciativa e frugalidade, e essas duas atitudes só podem produzir riquezas. Mas, à medida que as riquezas aumentem, também aumentará o orgulho, a ira e o amor ao mundo em todas as suas ramificações".

De modo contrário, os problemas financeiros podem nos afastar das tentações da "telona", reconduzindo-nos à dependência de Deus e da comunidade. Começamos a prestar atenção às necessidades humanas concretas em vez de acreditar nas ilusões de uma cultura da celebridade. Como uma espécie de prova, as áreas do mundo onde o cristianismo está prosperando — a África subsaariana, a América Latina, a China rural, as Filipinas — caracterizam-se pela pobreza, não pela riqueza.

O terceiro estágio da oração em tempos de crise, talvez o mais difícil, foi inspirado por uma carta de um amigo do Zimbábue. Preciso da ajuda de Deus para desviar os olhos de meus problemas pessoais a fim de olhar com compaixão para quem está realmente desesperado.

Jesus nos ensinou a orar "Seja feita a tua vontade, assim na terra como no céu", e sabemos que o céu não incluirá pessoas sem-teto, pessoas destituídas, pessoas famintas. Quando o mercado de ações caiu para profundezas desconhecidas, eu não pude deixar de pensar nos hospitais missionários, nos abrigos para os sem-teto, nas agências assistenciais estrangeiras e em outras organizações sem fins lucrativos que dependem muito da bondade de seus generosos doadores.

Por ocasião da queda do Império Romano, os cristãos se destacaram porque ficaram atrás a fim de cuidar das vítimas da peste em vez de participar da fuga das aldeias aflitas e porque exércitos de amas de leite recolhiam os bebês abandonados pelos romanos ao longo do caminho na sua forma mais cruel de controle de natalidade. Que testemunho enorme não seria se, no meio da crise financeira, cristãos modernos resolvessem *aumentar* suas doações a fim de que se construíssem casas para os sem-teto, se combatesse a AIDS na África, se providenciasse assistência para os pobres de Memphis e de outras cidades, e assim se anunciassem os valores do reino a uma cultura decadente!

Uma reação assim desafia toda lógica e senso comum — a menos que levemos a sério a moral da simples história de Jesus acerca de construir casas sobre fundamentos seguros, a menos que acreditemos na mensagem da telinha.

Um tempo de grave crise apresenta uma boa oportunidade para que os cristãos transmitam uma mensagem inovadora, expondo as mentiras e superficialidades da "telona". Talvez vocês se lembrem de que, por um breve período após os atentados de 11 de setembro de 2001, todos os eventos esportivos, programas cômicos e comerciais sumiram da televisão. Essa enorme indústria que nos entretém e nos tenta a desfrutar bens materiais teve de encarar sua própria irrelevância diante de uma tragédia nacional.

As pessoas voltaram-se espontaneamente para a igreja em busca de conforto e respostas. Naquelas poucas semanas a frequência à igreja subiu 25%, até que as indústrias voltaram a funcionar e exigir nossa atenção.

Mais importante ainda é que um período de crise proporciona à igreja a oportunidade de apresentar uma visão alternativa. Usando uma imagem proveniente da cozinha, Jesus comparou seu reino ao sal, um conservante tão eficaz que uma pequena quantidade desse ingrediente pode impedir a deterioração de um grande naco de carne. Jesus nunca estimulou seus seguidores a assumirem a louvável tarefa de limpar o Império Romano. Nem ele nem o apóstolo Paulo sequer mencionaram práticas como as lutas mortais dos gladiadores, ou as orgias romanas, ou o abandono de crianças. Pelo contrário, ambos exortaram seus seguidores a mostrar um estilo diferente de vida, um estilo contrário à cultura que os cercava. Visitem Roma hoje em dia, e vocês ainda poderão ver o Coliseu onde outrora cristãos eram servidos a feras selvagens — um anfiteatro que acabou sendo expurgado de suas atividades esportivas para ser encimado por uma cruz. Contra todas as probabilidades, aquela minúscula sociedade alternativa prevaleceu.

Nós, dos Estados Unidos, do século XXI, não precisamos nos preocupar de modo obsessivo com o que nos ofende no âmbito da cultura mais ampla. Em vez disso, como os opositores vestidos de cor laranja reunidos na praça de Kiev, podemos nos recusar a crer nas mentiras divulgadas na "telona". Podemos insistir em que o valor de alguém não é determinado por sua aparência, ou sua renda, ou sua etnia, ou mesmo sua posição social, mas é antes uma dádiva sagrada e inviolável de Deus. E essa compaixão e justiça — nossa preocupação com estes "meus menores irmãos", nas palavras de Jesus — não são valores arbitrários determinados por políticos e sociólogos, mas mandamentos santos provenientes daquele que nos criou.

Em minhas viagens eu vejo exemplos inspiradores de uma igreja que simplesmente pratica isso. Uma mulher das Filipinas começou convidando crianças de rua para sua casa e agora provê alimento e abrigo para mais de trinta delas. Um casal da capital da Guatemala construiu escolas e casas para mais de onze mil pessoas que se sustentam vasculhando o maior depósito de lixo da América Central. Voluntários da África oferecem diariamente pratos de sopa e bandejas de pão a detentos, e esse é o único alimento disponível naqueles países sem dinheiro.

Devo acrescentar que eu também me sinto animado diante daquilo que vi hoje aqui em Memphis. O dr. Scott Morris, com seus diplomas de teologia de Yale e de medicina de Emory, poderia escolher empregos com benefícios adicionais e recompensas generosas. Em vez disso, ele ouviu a mensagem da telinha e, sem depender do governo, desenvolveu um programa que cuida das necessidades médicas dos "meus menores irmãos" de Memphis.

Hoje o dr. Morris me mostrou as instalações que vocês têm aqui. Como um pai orgulhoso, ele me fez ver seu orgulho e alegria, o Centro Esperança e Cura. Lá eu vi clientes ricos usando a academia de ginástica mais moderna, e as taxas que eles pagam subsidiam os programas para os pobres. Advogados e mulheres de negócios malhavam nos aparelhos de exercício ao lado de clientes encaminhados para cá por médicos, para tratamento de diabetes. Idade, classe e raça misturam-se livremente naquele centro, algo inaudito na Memphis da minha juventude.

A maioria de vocês presentes nesta sala apostou nessa sociedade alternativa, fazendo trabalho voluntário como conselheiros leigos, acondicionando envelopes, cuidando de pacientes, ou fazendo cheques de doações. Juntos, vocês criaram algo praticamente sem precedente, e visitantes de outras cidades e outros países vêm a Memphis para maravilhar-se e aprender. Memphis tem Gracelan, um monumento à nossa cultura da celebridade; tem o Museu dos Direitos Civis, um monumento a um vergonhoso capítulo da história de nossa região; e tem o Centro Igreja e Saúde, um monumento vivo à visão alternativa do evangelho. Que Deus abençoe todos vocês que contribuíram.

Ontem tivemos uma eleição, e o vencedor dela baseou seu apelo numa única palavra: *mudança*. Sem dúvida, precisamos de mudanças. No entanto, acredito que, independentemente de quem se eleja, para que uma sociedade sadia funcione, precisamos de uma ajuda que a política por si só não pode oferecer. Como o filósofo alemão contemporâneo Jürgen Habermas disse: "A democracia exige de seus cidadãos qualidades que ela não pode oferecer". Os políticos podem invocar uma visão exaltada de uma sociedade próspera, sadia e livre, mas nenhum governo pode suprir as qualidades de honestidade, compaixão e responsabilidade pessoal que devem sustentar essa visão.

Precisamos de uma visão nova na qual nos vejamos não como proprietários, mas como serviçais de um planeta; não como senhores uns dos outros, mas como servos de um Deus de amor e também de justiça. Precisamos apagar a mensagem sedutora da "telona" e começar a prestar atenção à da telinha no canto inferior à direita. Precisamos construir nossa casa sobre a rocha: ouvir as palavras de Jesus e praticá-las. Se agirmos assim, aconteça o que acontecer com o mercado de ações, aconteça o que acontecer com o Irã ou a Coreia do Norte ou a China ou qualquer outra ameaça, quando as chuvas caírem e o nível das águas subir, nossa casa resistirá.

ORIENTE MÉDIO, JANEIRO DE 2009

8 Dunas de areia e arranha-céus

No início de 2009 fiz um ciclo de palestras pelo Oriente Médio, principalmente nos Emirados Árabes Unidos e em outros países ao longo do golfo Pérsico. Apenas duas gerações atrás, os habitantes dessa região eram beduínos cruzando o deserto em caravanas de camelos, e ainda hoje é possível avistar camelos selvagens vagueando sobre as onduladas dunas de areia — enquanto se trafega em alta velocidade por super-rodovias de seis faixas de rolamento. Hoje o mundo chegou ao Oriente Médio, desencadeando um alucinante ritmo de mudanças alimentado pela sede moderna de petróleo.

O Ocidente precisa do petróleo do Golfo com a mesma urgência com que aquela região precisa dos mercados e da tecnologia das nações ocidentais, e, num caso clássico de mútua dependência, as duas regiões têm um relacionamento de amor e ódio. Todos os dias alguma nova escaramuça irrompe no "choque de civilizações" entre o islã e o Ocidente cristão, com o Oriente Médio localizado diretamente na linha de fogo. Um livro recente, *The Geopolitics of Emotion* [A geopolítica da emoção], descreve o choque como uma colisão da humilhação com o medo: as humilhações da história recente inflamam o extremismo islâmico, que, por sua vez, intensifica a ansiedade do Ocidente e o medo do outro.

Viajei para o Oriente Médio com certa apreensão, consciente de que a mídia retrata aquela parte do mundo principalmente com estereótipos. Para minha surpresa, vi relativamente poucos árabes nativos nos países do Golfo. Apenas entre 10% e 20% da população são cidadãos nativos: a vasta maioria é de migrantes de países como a Índia e as Filipinas em busca de trabalho, que se juntam aos privilegiados comerciantes e turistas da Europa e dos Estados Unidos. Essa mistura incomum apresenta algumas cenas inusitadas. Uma mulher trajando uma túnica preta que a cobre da cabeça aos pés fala ao *I-Phone* através do véu, caminhando pela praia entre os biquínis de quem está tomando banho de sol. Um árabe de turbante caminha lenta e orgulhosamente por um moderno *shopping center* acolitado por quatro esposas, cada uma delas seguindo-o alguns passos atrás.

A religião do islã domina a vida dessa região onde os imãs, não os políticos, ditam as regras. Uma flecha em cada quarto de hotel aponta a direção de Meca, e os jornais indicam com precisão os cinco horários do dia (eles variam com a lua) em que o chamado para a oração soará nas onipresentes mesquitas. A liberdade tem limites: certa ocasião, enquanto eu verificava um fato no *site* do Museu Britânico, recebi a seguinte mensagem: "Bloqueado de acordo com as Categorias de Conteúdo Proibido da Política de Gerenciamento do Acesso à Internet dos E.A.U".

Para um recém-chegado, o tratamento dispensado às mulheres nos países islâmicos tradicionais se destaca de forma gritante. Alguns maridos nunca permitem que suas esposas ponham os pés fora de casa. Os restaurantes do Golfo separam áreas com biombos para que as mulheres possam levantar ou remover o véu e comer. Até mesquitas têm entradas e salas de oração separadas para mulheres. O país muçulmano mais conservador, a Arábia Saudita, ainda não permite que mulheres dirijam, e uma mulher apanhada num táxi desacompanhada do marido corre o risco de ser espancada com um cassetete pela polícia dos costumes morais.

Ao mesmo tempo, a injeção maciça de dinheiro do petróleo tem transformado os países do Golfo em alguns dos lugares mais modernos do planeta. O perfil de Dubai parece Las Vegas depois de tomar esteroides; é como se os governantes houvessem dado a um grupo de arquitetos de ponta um bilhão de dólares a cada um e lhes houvesse concedido total liberdade para desenhar arranha-céus. Um hotel com a surpreendente forma de um barco a vela — já houve anúncios dele mostrando Roger Federer jogando tênis no seu heliporto coberto de grama artificial e Tiger Woods golpeando bolas de golfe para o oceano — oferece seus luxuosos apartamentos por uma diária de cinco mil dólares, com serviço completo, incluindo um mordomo particular. Mais adiante surge o prédio mais alto do mundo, o Burj Dubai, quase pronto, duas vezes mais alto que o Empire State de Nova York. Os habitantes locais fazem chistes sobre a ave nacional dos Emirados, a grua da construção civil, e exaltam o operador de grua Babu Sassi, que dorme numa cabine a 800 metros do chão em cima do Burj Dubai, porque levaria muito tempo para descer até o chão todas as noites.

Cada país da região tem suas características. "Os motoristas do Kuwait são malucos", nos disseram, e de fato o pedestre kuwaitiano arrisca a vida para atravessar a rua. O Qatar tem a sede da progressista rede de televisão Al Jazeera, presente em todos os lares árabes. O Barhein oferece cinemas, bebidas alcoólicas e prostitutas aos reprimidos cidadãos da Arábia Saudita, que provocam um congestionamento sobre a rodovia elevada para passarem lá o fim de semana. (Os homens muçulmanos contornam a lei contra a prostituição mediante "casamentos de fim de semana", concordando em se casarem com uma prostituta por um tempo determinado e quando o prazo expira se divorciam.)

Superficialmente, porém, os países do Golfo se parecem cada vez mais com o Ocidente, apresentando franquias de comida americana em abundância: KFC, Cinnabon, Chili's, Applebee's, Pizza Hut, Ben & Jerry's. Um choque de civilizações está em curso não apenas entre os países árabes e o Ocidente, mas também no seio dos próprios países árabes à medida que a tradição e a modernidade entram em colisão.

Mencione-se a palavra "cristão" ao muçulmano comum do Golfo, e pode surgir a imagem de David Beckham ou Madonna. Para a maioria dos árabes com quem conversei, cristão significa não muçulmano, e eles formam suas imagens do cristianismo a partir de filmes e da televisão. Em geral, os muçulmanos se sentem surpresos e satisfeitos quando conhecem cristãos que levam a própria fé a sério. Mesmo numa rápida visita, descobri que, apesar de uma história de conflitos religiosos, as conversas sobre a fé ocorrem mais facilmente em territórios árabes do que no Ocidente.

Os muçulmanos respeitam Jesus como um profeta estimado, embora não no mesmo nível de Maomé. Os árabes ainda dão a seus filhos o nome de *Isa*, a palavra deles para Jesus, e um respeitado xeique do Barhein tinha esse nome, o que originou inesperados monumentos como a "Ponte Rei Jesus" e a "Biblioteca Rei Jesus". Quando o filme de Mel Gibson *Paixão de Cristo* foi lançado, o Qatar não acompanhou os países árabes e permitiu a projeção dessa película. Logo o filme estava passando centenas de vezes ao dia naquela região para atender clientes provindos de outros países árabes, sem dúvida tendo sua curiosidade aguçada por boatos de antissemitismo. Os falantes do árabe podiam entender muito do aramaico usado no filme, e para muitos ele foi a primeira introdução aos fatos da vida de Jesus.

Jesus pode impor respeito, mas a conversão ao cristianismo é ilegal e chega a ser perigosa. Perguntei a nossos anfitriões quantos cristãos árabes moravam na região do Golfo, e eles mostraram as listas de cada país, sabendo em alguns casos o nome de cada convertido. Apesar de tudo, os primeiros missionários de apenas um pouco mais de um século atrás deixaram uma boa impressão, e países estritamente muçulmanos ainda permitem a presença de algumas agências fundamentadas no cristianismo. Por exemplo, no Barhein a clínica médica fundada pelo missionário americano Samuel Zwemer, em 1903, tem o endereço de "Caixa Postal 1". Outro cristão cuidou da mãe de um xeque no poder, e o grato governante lhe concedeu o direito de criar uma rede de escolas em seu território.

Participei de um culto no Hospital Oásis, fundado por missionários em 1960, onde médicos e parteiras fizeram o parto de sete membros da família real, alguns deles envolvendo complicações médicas. Graças em boa parte a esse hospital, a taxa de mortalidade infantil caiu drasticamente de 50% para menos de 1%. Quando os funcionários dessa instituição solicitaram dois milhões de dólares para um projeto de expansão, o soberano de Abu Dhabi rejeitou a proposta deles. "Modesta demais", disse ele, e apresentou uma contraproposta com um projeto de expansão de cem milhões de dólares financiado pelo governo. "Se não fosse pelo Hospital Oásis, eu não estaria aqui", explicou ele.

Profissionais da saúde de 34 países moram na comunidade oásis e trabalham no hospital. Cada paciente dispõe de um quarto com um DVD do filme *Jesus* e é presenteado com um exemplar do evangelho de Lucas em árabe, encadernado em elegante couro castanho-avermelhado, com o título em ouro.

A maioria dos governos árabes permite igrejas para servir à comunidade internacional, desde que elas não tentem fazer proselitismo entre os habitantes locais. Geralmente os governantes destinam um espaço para o culto cristão, e todas as denominações devem compartilhar das mesmas instalações — às vezes juntamente com mórmons, siques e outras variedades de religião. No Kuwait realizamos nosso encontro num prédio compartilhado por 75 congregações separadas: nos fins de semana cinco congregações filipinas diferentes e sete cultos em línguas indianas se alternam com presbiterianos coreanos, anglicanos, batistas do Sul, pentecostais e várias dezenas de outros grupos. Eu não pude deixar de perceber a ironia: o difícil objetivo da unidade cristã foi finalmente atingido — graças à insistência de um governo islâmico. Um grupo nacional, porém, está ostensivamente ausente em todas as congregações: o dos kuwaitianos.

Proibidas de trabalhar com os habitantes locais, as igrejas da área muitas vezes voltam sua atenção para os trabalhadores expatriados. Um típico país do Golfo pode abrigar várias centenas de milhares de filipinos, nepaleses, paquistaneses e indianos para fazer o trabalho pesado, enquanto os barenitas, ou qatarianos, ou kuwaitianos recebem subsídios mensais do governo e desfrutam das vantagens. Os estrangeiros muitas vezes enfrentam situações assustadoras, e um trabalhador da construção civil do Nepal me explicou o funcionamento do sistema. Um simples habitante do interior hipoteca tudo o que tiver de valor para pagar uma vultosa taxa de três mil dólares a um agente que lhe promete um emprego num luxuoso campo de trabalho no Golfo. Ele deixa a família e emigra, e o que encontra são situações muito diferentes do esperado. Ele dorme num dormitório que é um forno junto com mais uma dúzia de outros homens, divide o mesmo banheiro e trabalha muitas horas por dia para ganhar o equivalente de cem a duzentos dólares por mês, o que mal cobre o aluguel, a comida e os juros de sua dívida. Se ele se queixar ou causar algum problema, o anfitrião revoga sua licença de trabalho e o manda de volta para o Nepal.

As igrejas visitam trabalhadores estrangeiros em seus campos e distribuem cartões de telefone, música e alimentos provenientes de seus países de origem, juntamente talvez com uma bola de futebol e Bíblias na língua deles. Uma igreja funciona como abrigo para empregadas domésticas filipinas, que sabidamente sofrem maus-tratos por parte de seus empregadores árabes. Outra igreja visita expatriados detidos na cadeia, que praticamente não têm direitos. Dessas maneiras, os cristãos que moram na região do Golfo descobrem oportunidades para seu ministério, embora rigorosamente entre gente que provém de outros países. Em consequência do gesto bem-vindo de estender as mãos, os grupos para quem dirigi minhas palestras apresentam uma exótica mistura de nacionalidades e históricos pessoais.

Adquiri um grande respeito por trabalhadores cristãos que decidiram atuar nessa parte do mundo. Num dos países do Golfo, ficamos numa hospedaria frequentada por cristãos que a usam como local de retiro. Tomei o café da manhã com um jovem casal simpático proveniente de um país muçulmano marcado pela violência do Talibã. Naquela cultura, homens e mulheres simplesmente não aparecem em público juntos, de modo que não podem sair para "namorar", e de qualquer modo não teriam para onde ir. Eles ouvem os gritos de alguma esposa sendo espancada na casa ao lado e nada podem fazer, a não ser cuidar dos ferimentos dela no dia seguinte (o espancamento da esposa lá não é crime). Enquanto isso, eles tentam ensinar a educação fundamental a um país onde os que sabem ler são minoria, e nessa minoria poucas são as mulheres. Esse tipo de desafio diário, tanto social quanto espiritual, é um teste para a fé mais robusta.

O evento mais intrigante de nossa visita ao Golfo reuniu convertidos locais ou, como eles mesmos se chamam, "crentes com formação muçulmana".

O encontro de nosso pequeno grupo se deu numa sala de reunião, de modo bastante secreto. A maioria falava um inglês satisfatório, mas havia um intérprete que interferia quando necessário.

Uma senhora de meia-idade contou-nos que, lendo o Alcorão, achou o profeta Jesus misteriosamente atraente, mais até do que Maomé. Quanto mais lia sobre Jesus, mais queria conhecê-lo. Ela ouvia palavras estranhas durante a noite em seu sono: Messias, filho de Deus, cordeiro, ovelha. *Por que Deus está falando de ovelhas?*, perguntava-se ela. Depois ela ouviu as palavras: "A verdade os libertará", sem saber que elas provinham da Bíblia cristã. Uma noite, teve uma visão de Jesus acenando-lhe para que o seguisse. Depois de várias visões desse gênero ao longo de catorze anos, ela se declarou abertamente seguidora de Jesus. Ela nos falou vagamente de perseguição por parte da família, mas foi sufocada pela emoção e não pôde dar detalhes. Nem era necessário, uma vez que as cicatrizes do rosto falavam por si mesmas.

Um senhor com uma farta cabeleira escura e sobrancelhas grossas percorreu um caminho diferente até chegar à fé. "Como muçulmano eu tinha muitos questionamentos", disse ele. "Quem está certo, os xiitas, os sunitas, os sufistas? Um amigo me convidou a estudar com ele, e todos os dias estudávamos o Alcorão juntos por duas horas. Depois eu descobri que ele era cristão, um convertido do islã. Fiquei furioso. Queria matá-lo. Em vez disso, eu simplesmente deixei de me encontrar ou de conversar com ele. Mais tarde participei de uma peregrinação para a Arábia Saudita, e lá fiz algumas perguntas aos imãs que nos acompanhavam no ônibus enquanto visitávamos lugares religiosos. Eles não mostraram nenhum interesse em minhas perguntas e me censuraram por falta de fé. Quanto mais eu lia o Alcorão, mais falhas eu via. Eu queria um relacionamento sincero com Deus, não apenas uma repetição de orações que alguém escreveu. Fiz a Oração do Senhor: foi minha primeira oração sincera e o começo de meu relacionamento com Deus".

Depois de uma série de sonhos, a esposa desse homem também abraçou a fé. Ela havia passado um ano inteiro aborrecida com a conversão do marido. Num sonho, ela se viu aproximando-se do marido para pegar uma chave; em outro, ela se viu numa praia, com a pele descascando devido a queimaduras do sol, "como uma serpente trocando de pele". Finalmente, o próprio Jesus lhe apareceu num sonho, e ela decidiu seguir o mesmo caminho arriscado de seu marido.

A filha deles, uma bela jovem com formação universitária, evitou durante meses falar com seus pais sobre religião, temendo as consequências sociais da mudança de religião. Aos poucos, porém, ela viu mudanças positivas nos pais e começou a ver o islã como autoritário e negativo. "Por que é ilegal converter-se ao cristianismo em países islâmicos?", perguntava-se ela. "Por que o imã me desaprova quando falo com ele sobre perguntas e dúvidas?" No fim ela também se tornou cristã.

A maioria dos convertidos falou de sonhos e visões, e todos descreveram a rejeição da família, horrorizada com sua "apostasia" do islã. Os cristãos que se convertem do islamismo têm abordagens diferentes. Alguns rompem de forma explícita com o passado e se identificam publicamente com a nova fé. Outros procuram um estado intermediário como "seguidores muçulmanos de Jesus" e continuam frequentando a mesquita, observando o culto da sexta-feira, lendo o Alcorão e fazendo as orações muçulmanas, sempre estudando a Bíblia e seguindo a Jesus. Os *crentes com formação muçulmana* que entrevistei preferem o rompimento explícito, embora admitam que há enormes barreiras a superar para qualquer muçulmano que pense em se converter ao cristianismo.

Mais tarde eu soube que um muçulmano convertido havia deixado o país depois de ser espancado pela família, encarcerado e privado de seus filhos. E vários ex-muçulmanos mencionaram o caso de Fatima Al-Mutayri, uma poetisa de 26 anos que foi assassinada por seu irmão na Arábia Saudita alguns meses antes de minha visita. Depois de descobrir na internet algumas das meditações dela acerca da fé cristã, ele lhe cortou a língua e a queimou viva.

❖ ◆ ❖ ◆ ❖

Hoje, durante uma visita ao Oriente Médio, onde cristãos locais são obrigados a se reunir secretamente e correm risco de prisão, facilmente a gente esquece que o próprio Jesus viveu aqui, o berço da fé cristã. Até 1948, a data do nascimento do Estado moderno de Israel, 40% dos palestinos do Oriente Médio eram cristãos, e com orgulho identificavam sua linhagem retrocedendo aos primeiros tempos dos apóstolos. Agora apenas 2% se identificam como cristãos, e os outros fugiram da região. Mais recentemente, a guerra do Iraque dispersou uma das mais estáveis comunidades cristãs em terras árabes, expulsando do país metade deles, ou seja, setecentos mil cristãos.

Atualmente nenhuma parte do mundo oferece mais resistência à fé cristã e sua influência. Eu tive uma amostra dessa resistência num dos países do Golfo que visitamos onde cristãos locais haviam alugado uma sala no centro da cidade e promovido amplamente o encontro noturno. Primeiro, exigiram cinco mil dólares pela utilização do equipamento de áudio. Depois, na véspera do encontro, chegou um fax cancelando a autorização de usar a sala "devido à natureza do encontro". A comissão local se esforçou para encontrar um local alternativo e avisar centenas de pessoas sobre o novo endereço. Algumas semanas mais tarde, o governo revogou os vistos de muitos dos cristãos importantes naquele país.

Após nossa turnê pelos países do Golfo, paramos no Cairo, onde as tensões latentes do Oriente Médio se tornaram explícitas. Um dos membros da igreja que eu estava visitando, um graduado da Faculdade Wheaton, foi sequestrado pela polícia secreta, submetido a severos interrogatórios, até que seu caso chamou a atenção da Anistia Internacional e do *New York Times*. E, exatamente uma semana depois que eu havia jantado com amigos numa famosa casa de chá do Cairo, uma bomba explodiu no local, matando um turista e ferindo muitos outros.

Todavia, no Cairo também visitei uma singular comunidade de fé. Ao contrário dos países do Golfo, o Egito tem uma população histórica de cristãos, cerca de 10% da população total, que identificam suas origens remontando ao apóstolo Marcos. Eles têm direitos legais, mas enfrentam muitos bloqueios em suas atividades, bem como a proibição de fazer proselitismo. Um domingo visitei um lugar chamado Mokkattam, na periferia do Cairo.

Uma favela esparramada de trinta mil pessoas se formou em torno da profissão da seleção de lixo. O Cairo não tem uma indústria organizada do lixo, e assim há indivíduos que andam pelas ruas e coletam lixo em sacos plásticos, que depois levam para a favela. Lá os residentes espalham o lixo nas lajes que cobrem as casas e separam os materiais recicláveis: plástico, têxtil, vidro, metal. Uma nuvem de fedor paira sobre a favela, especialmente nos meses de verão. Uma vez que eles usam o lixo orgânico para alimentar porcos, que são desdenhados pelos muçulmanos, essa comunidade conta com uma população excepcionalmente grande de cristãos.[1]

Liderada por um sacerdote da Igreja Ortodoxa Copta, a comunidade construiu casas, escolas, um campo esportivo e uma clínica ao pé de uma montanha numa pedreira abandonada. Cerca de trinta anos atrás um dos favelados descobriu por acaso uma grande caverna, e com o tempo os cristãos coptas retiraram 140 mil toneladas de pedra do interior dela para formar um auditório de três mil lugares. Eles trabalhavam principalmente durante os períodos de jejum dos muçulmanos, quando os guardas que poderiam molestá-los iam para casa a fim de se alimentarem.

A igreja logo cresceu e aquele auditório ficou pequeno; atualmente ela se reúne num anfiteatro de treze mil lugares igualmente escavado na rocha. Essa é de longe a maior igreja do Oriente Médio. Um escultor polonês esculpiu cenas bíblicas no penhasco de arenito que emoldura o templo. A organização beneficente Visão Mundial contribuiu para o projeto (antes de ser expulsa do

[1] Logo após nossa visita toda a comunidade foi abalada por um efeito colateral do surto da gripe H1N1 (incorretamente denominada "gripe suína"). O parlamento do Egito, dominado por muçulmanos, tomou uma decisão precipitada de sacrificar 350 mil porcos, embora não houvesse casos confirmados da gripe no país. Visto que os muçulmanos não consomem carne suína e detestam porcos, essa decisão só afetou a comunidade da minoria cristã. Os catadores de lixo já não tinham os porcos para usar o lixo orgânico separado dos materiais recicláveis, e em consequência disso o lixo foi se acumulando e apodrecendo nas ruas do Cairo, atraindo ratos e espalhando doenças. Muitas das famílias pobres que selecionavam lixo, consumiam carne suína e vendiam porcos para ganhar algum dinheiro viram seus meios de subsistência destruídos.

Egito), e a área em volta é coberta de viçosas plantações, um oásis de beleza no deserto. Quando visitamos o local, no meio da semana, centenas de pessoas passeavam pela área, desfrutando a sombra, olhando as esculturas, formando filas para conversar com os sacerdotes. Logo além da borda de um penhasco podíamos ver milhares de lajes cobertas de lixo, com abutres voando em círculos lá no alto.

Minha última parada no Oriente Médio foi na Jordânia. Do alto do monte Nebo contemplei Israel, exatamente no lugar de onde, segundo a tradição, Moisés contemplou a Terra Prometida muitos anos antes. Vi o local do batismo de Jesus logo no início de seu ministério. Aquele dia, junto ao rio Jordão, criou raízes uma semente que nunca mais parou de crescer, apesar dos muitos contratempos e da grande oposição. Em lugares muito dispersos e no solo original, a fé dos seguidores de Jesus continua a se espalhar. Como uma planta entre as rochas, ela cresce nos lugares mais improváveis — uma igreja clandestina no Afeganistão, uma igreja familiar no Golfo, um lixão no Cairo.

Fazendo uma retrospectiva de nossa viagem, sob alguns aspectos parece estranho que a fé cristã encontre tanta resistência exatamente na região que a viu nascer. Sob outros aspectos, talvez nossos encontros se assemelhassem ao cenário de aproximadamente dois milênios atrás quando um novo movimento enfrentou hostilidades de autoridades judaicas e romanas. Em cada ocasião, antes de proferir minha palestra, eu pensava no contraste entre os cristãos de meu país, que vivem em liberdade e conforto, e aqueles que vivem no que deve parecer um estado de sítio. Eu me lembrava dos *crentes com formação muçulmana* que havia entrevistado antes e da nuvem de medo que paira sobre eles. As igrejas dos Estados Unidos debatem questões como um novo *site* na internet ou se devem ou não pavimentar o estacionamento; em algumas partes do Oriente Médio, eles procuram casas seguras para se reunirem e se preocupam com informantes.

Organizações de direitos humanos afirmam que mais cristãos foram martirizados no século XX que em todo o restante da História em conjunto. Hoje em lugares como o Paquistão, a Índia, o Iêmen e a Indonésia, bem como em alguns dos países do Golfo, os cristãos correm risco de prisão e tortura simplesmente devido ao que creem. Eu tinha uma sensação de timidez, até mesmo de vergonha, ao falar para pessoas que vivem nesse tipo de clima.

Além das reuniões mais numerosas nas cidades do Oriente Médio, em cada lugar eu também me encontrava com um grupo de pastores e líderes cristãos locais, compartilhando uma refeição e ouvindo suas histórias antes de fazer minha palestra. Eles representavam muitas denominações e vinham de lugares como Índia, África do Sul, Filipinas, Coreia do Sul e Egito, bem como do Reino Unido e dos Estados Unidos.

No Barhein nos reunimos no jardim dos fundos de uma casa, trinta pessoas da Arábia Saudita, todas expatriadas, se juntaram a nós. A maioria delas morava em conjuntos residenciais construídos por companhias petrolíferas, e todas tinham histórias arrepiantes para contar sobre a vida nesse país muçulmano extremamente conservador. Nosso anfitrião pediu que os fornecedores de comida e bebida se retirassem para o interior da casa durante minha palestra, temendo ser denunciado às autoridades sauditas. Que palavras de encorajamento eu poderia trazer a cristãos que se sentem sitiados e desanimados? Como eu poderia lembrá-los de que Deus é bom mesmo em circunstâncias como essas?

Palestra: Ribeiro no deserto

Oriente Médio, janeiro de 2009

Se alguém presente aqui neste lugar nos tempos de Júlio César houvesse previsto o declínio do poderoso Império Romano e o triunfo de uma religião que surgia de repente fundada por um rústico Galileu, esse alguém teria sido julgado como um lunático. Da mesma forma também teria sido visto quem, presente aqui no Oriente Médio, cinco séculos mais tarde, houvesse previsto a queda do cristianismo, que dominava naquela época em lugares como o Iraque, a Síria e a Turquia. Contudo, estamos aqui no século XXI numa reunião até certo ponto secreta, realizada no fundo de um quintal num Estado islâmico, confiando que nenhum dos empregados domésticos fique à escuta atrás das portas. Como visitante, não posso deixar de me perguntar por que esta parte do mundo, o berço e outrora o centro da fé cristã, tornou-se a região que mais resiste ao cristianismo.

Percebo uma pista na obra do sociólogo francês Jacques Ellul que, observando o mundo moderno a seu redor, notou uma tendência paradoxal: quando a fé cristã permeia a sociedade, esta tende a produzir valores que contrariam o evangelho. Eu muitas vezes testo essa teoria durante minhas viagens perguntando aos estrangeiros: "Quando eu pronuncio as palavras *Estados Unidos*, que lhes vêm à mente em primeiro lugar?". Recebo, invariavelmente, uma destas três respostas: riqueza, poder, decadência.

- *Riqueza*. Representando apenas 5% da população mundial, os Estados Unidos geram quase ¼ da produção econômica do mundo e ainda dominam as finanças mundiais.
- *Poder militar*. Os Estados Unidos, como a mídia sempre nos lembra, são "a única superpotência mundial". O orçamento militar dos Estados Unidos supera o das 23 nações que vêm em seguida tomadas em conjunto, incluindo-se a China, Rússia, Irã e Coreia do Norte.
- *Decadência*. A maioria das pessoas de outros países formam seu conceito sobre os Estados Unidos a partir dos filmes de Hollywood, que aos olhos delas parecem obcecados com sexo e crime.

Certo ou errado, essas qualidades vêm à mente quando as pessoas pensam nos Estados Unidos, pelo menos no meu levantamento não científico. Cada uma delas contraria os ensinamentos e o exemplo de Jesus, cuja vida foi marcada pela pobreza, o sacrifício pessoal e a pureza. Não se deve estranhar que os seguidores do islã se sintam confusos diante do cristianismo, uma fé poderosa que de certo modo produz o contrário de seus ideais na sociedade em geral.

Soldados americanos servindo aqui conhecem o seguinte padrão: enquanto lutaram em duas guerras na região do Golfo, eles tiveram de prescindir de álcool e da *Playboy* em sinal de respeito pelo rigoroso código islâmico das nações que foram palcos dessas guerras. Um muçulmano referiu-se numa conversa comigo à síndrome de *Baywatch*, aludindo ao sensual programa televisivo que alguns anos atrás substituiu *Dallas* como a produção televisiva mais popular dos Estados Unidos vendida no exterior. "Somos atraídos por aquilo que mais tememos", disse ele. "Imagine o que representa a decadente cultura americana para um jovem muçulmano que, fora de sua família, nunca viu o joelho de uma mulher, ou nem mesmo seu rosto".

De nossa parte, os americanos reagem sentindo confusão e receio quando multidões de muçulmanos pedem aos berros a "morte do Grande Satã" e queimam efígies de nossos líderes. A maioria dos americanos não sabe como interpretar essas cenas. Especialmente o rótulo "Grande Satã" causa ressentimento, pois pensamos nos Estados Unidos como uma nação cristã, muito mais devota do que, por exemplo, a Europa. Pelo menos nós ainda frequentamos a igreja. Como é possível que alguém nos considere diabólicos?

Todos vocês entendem a diferença entre um cristão comprometido que aceita Jesus como modelo de vida e um "cristão cultural" que casualmente mora numa nação com uma herança cristã. A maioria de seus vizinhos muçulmanos não entende isso. (De modo semelhante, muitos americanos pintam o Oriente Médio com grandes pinceladas, julgando todos os muçulmanos como radicais e terroristas.) Um motivo para mais confusão, creio eu, diz respeito à abordagem totalitária da religião típica do islã e a abordagem liberal mais comum nas sociedades cristãs.

Vários anos atrás um muçulmano me disse: "Eu li o Alcorão inteiro e não consigo encontrar nele nenhuma orientação sobre como os muçulmanos deveriam viver como *minoria* numa sociedade. Eu li o Novo Testamento inteiro e não consigo encontrar nele nenhuma orientação sobre como os cristãos deveriam viver como *maioria*". Ele pôs o dedo numa diferença básica entre as duas crenças. As sociedades muçulmanas tendem a unificar religião, cultura, direito e política. Enquanto os tribunais dos Estados Unidos discutem a legalidade de orações não sectárias em jogos de futebol e de monumentos públicos aos Dez Mandamentos, aqui até mesmo as companhias aéreas anunciam a chamada à oração cinco vezes ao dia. E em países onde há uma variedade de religiões, como na Nigéria, à medida que a população muçulmana vai crescendo, ela procura impor a todos os cidadãos a lei religiosa da *sharia*.

A abordagem de cima para baixo tem certa eficiência cruel. Em dado momento da História o islã conquistou três quartos de todo o território cristão, incluindo o Oriente Médio e boa parte da Europa. É óbvio que nós, cristãos, temos tido nossas experiências de coerção moral — a Inquisição na Espanha, a Genebra de Calvino, a Inglaterra de Cromwell, os puritanos da Nova Inglaterra — que, retrospectivamente, até certo ponto lamentamos. Com o passar do tempo, porém, o Ocidente cristão tomou o rumo da separação entre igreja e Estado e do respeito pela liberdade religiosa.

Grande parte da desconfiança que os muçulmanos sentem em relação ao Ocidente origina-se da forte ênfase na liberdade, que é sempre uma aventura perigosa. Ouvi alguns de vocês dizerem que prefeririam criar seus filhos numa sociedade islâmica vigiada de perto a criá-los nos Estados Unidos, onde a liberdade muitas vezes conduz à decadência. Um cristão egípcio me disse que ele não pode fazer o *check-in* num hotel acompanhado por uma mulher se eles não provarem que ela é a esposa dele — uma política que tanto ele quanto sua mulher apreciam. Nós também poderíamos aprender alguma coisa da ênfase islâmica na família. Cidadãos do Oriente Médio que migram para o Ocidente ficam chocados quando descobrem que mandamos as criancinhas na idade pré-escolar para as creches e confiamos nossos pais idosos a asilos.

Embora o fato de morar nesta parte do mundo ofereça muitas vantagens, todos vocês enfrentam o desafio diário de praticar sua fé cristã como uma pequena minoria numa cultura que às vezes pode parecer hostil. Como podem vocês manter-se fiéis a suas crenças e mostrar um retrato diferente do cristianismo a seus vizinhos muçulmanos? Felizmente, vocês têm um bom modelo a seguir: os primeiros cristãos que vieram desta região.

Andei lendo recentemente um estudo histórico de Rodney Stark, *The Rise of Christianity* [O surgimento do cristianismo]. Sociólogo da religião, Stark investigou o sucesso inicial do movimento cristão que, começando com poucos milhares de seguidores, cresceu até envolver, em três séculos, metade da população do Império Romano. Em meio a um ambiente hostil, os cristãos simplesmente agiam de acordo com suas crenças. Posicionando-se contra a cultura da maioria, eles tratavam escravos como seres humanos, muitas vezes alforriando-os, e elevavam as mulheres a posições de liderança. Quando uma epidemia castigou várias cidades, os cristãos mantiveram-se a postos para cuidar dos enfermos. Eles se recusavam a participar de práticas muito comuns como o aborto e o infanticídio. Respondiam à perseguição como mártires, não como terroristas. E, quando os organismos sociais de Roma se desintegraram, a igreja se fez presente. Até mesmo um de seus críticos pagãos teve de reconhecer que os primeiros cristãos amavam o próximo "como se ele fosse parte de nossa própria família".

A longo prazo, a obra compassiva que muitos de vocês estão realizando entre trabalhadores de outros países pode exercer na sociedade do Oriente Médio um impacto maior do que o de todos os bilhões de dólares injetados na produção de petróleo e em projetos de construção civil. Eu testemunhei os resultados a longo prazo de um punhado de missionários que com muito sacrifício trouxeram educação e assistência médica para grupos de excluídos desta região. As pessoas percebem por instinto a diferença entre o que é motivado pelo lucro e o que é motivado pelo amor.

Alguns nos Estados Unidos avaliam o êxito de nosso país usando critérios como produto interno bruto, o poder militar, o domínio global. O reino de Deus baseia-se em coisas como a assistência aos desamparados e o amor pelos inimigos. No juízo final descrito por Mateus 25, Deus julgará as nações observando como elas tratam os pobres, os enfermos, os famintos, os estrangeiros, os prisioneiros. Como seria diferente a visão que o mundo tem de meu país se ele associasse os Estados Unidos à "síndrome de Jesus", mais do que a armas, riqueza e à "síndrome de *Baywatch*"!

❖ ◆ ❖ ◆ ❖

Certa ocasião, participei de um retiro patrocinado pelo falecido psiquiatra e autor M. Scott Peck (*The Road Less Traveled* [A trilha menos percorrida]) que reuniu dez judeus, dez cristãos e dez muçulmanos. Peck defendia a ideia de que, para resolver os problemas humanos, deveríamos trabalhar primeiro para criar um espírito de comunidade, e só depois tentar resolver diferenças sobre pontos controversos — precisamente o contrário da abordagem normal da diplomacia. Lamento dizer que aquele fim de semana essencialmente acentuou o conflito entre os judeus e os muçulmanos enquanto os cristãos se mantiveram à parte em silêncio.

Um dos participantes era a dra. Hanan Ashrawi, eminente legisladora e estudiosa palestina. Ela se apresentou dizendo: "Eu sou quadruplamente marginalizada. Sou uma feminista numa sociedade dominada por homens. Sou uma cristã de uma sociedade preponderantemente muçulmana. Sou palestina, de um povo que não tem um país. E aqui nos Estados Unidos sou de uma minoria racial e cultural".

Logo depois daquele retiro descobri por acaso os escritos de René Girard, filósofo e antropólogo francês que terminou sua brilhante carreira na Universidade de Stanford. Girard se sentiu fascinado pelo fato de que nos tempos modernos uma pessoa "marginalizada" assume uma autoridade moral. Em nosso grupo, por exemplo, a apresentação da dra. Ashrawi granjeou-lhe respeito. Girard notou que um desfile de movimentos libertários — a abolição da escravidão, o voto das mulheres, o movimento dos direitos civis, direitos de animais, direitos de *gays*, direitos de mulheres, direitos de minorias, direitos humanos — ganhara força no século XX.

Essa tendência impressionou Girard porque ele não encontrou nada comparável a isso em suas leituras de textos da Antiguidade. Os vencedores, não os marginalizados, escreveram a História, e os mitos da Babilônia, Grécia e de outras partes celebraram grandes heróis, não deploráveis vítimas. Prosseguindo em sua pesquisa, Girard descobriu a origem do fenômeno na figura histórica de Jesus. Girard percebeu que a história de Jesus vai contra todas as histórias heroicas do tempo dele. De fato, Jesus escolheu a pobreza e a desgraça, passou a infância como refugiado, fez parte de um povo minoritário sob um regime rigoroso e morreu como prisioneiro. Desde o princípio Jesus alinhou-se com as vítimas: os pobres, os oprimidos, os enfermos, os "marginalizados". Sua crucificação, concluiu Girard, introduziu uma nova "trama" na história: a vítima se torna herói fazendo o papel de vítima. Para consternação de seus colegas seculares, Girard se converteu ao cristianismo.

Jesus morreu como vítima inocente, e esse fato introduziu o que um dos discípulos de Gerard chamou de "a mais completa revolução histórica do mundo, ou seja, o aparecimento de uma empatia pelas vítimas". Hoje a vítima ocupa a eminência moral em toda parte do Ocidente. Considere-se como a mídia retrata o drama dos órfãos africanos da AIDS, ou os refugiados tibetanos, ou os desarraigados palestinos. Gerard argumenta que a vida e morte de Jesus introduziram um novo riacho na História, um riacho que solapa a injustiça. Pode levar séculos para esse riacho remover uma pesada margem de opressão, como aconteceu com a escravidão, mas o riacho de libertação continua fluindo.

Às vezes os próprios seguidores de Jesus juntam-se ao riacho, às vezes eles ficam na margem, observando. Todavia, com o passar do tempo, o evangelho produz seu efeito libertário. Pode-se observar claramente o contraste em sociedades que viveram a experiência do cristianismo. Mulheres, minorias, os deficientes, ativistas dos direitos humanos — todos eles extraem sua força moral do poder do evangelho liberado junto à cruz, quando Deus tomou o partido da vítima. É uma grande ironia: o movimento "politicamente correto" que defende esses direitos muitas vezes se posiciona como inimigo do cristianismo, quando de fato o evangelho constituiu a base que possibilitou esse movimento. E aqueles que condenam a igreja por seus episódios de violência, escravidão, discriminação sexual e racismo só o fazem baseados em princípios do evangelho. O evangelho continua fermentando uma cultura mesmo quando a igreja assume uma posição errada num caso controverso.

Eu vejo o riacho fluindo aqui no Oriente Médio quando muitos de vocês estendem as mãos para ajudar vítimas da injustiça. Alguns países desta região exibem uma ordem autoritária baseada em gênero, raça e religião, uma ordem tão rígida em si mesma quanto o sistema de castas da Índia. Com seus próprios exemplos, vocês estão mostrando a seus vizinhos outra forma de tratar as mulheres, os estrangeiros, os servos e as outras raças. Nesse processo vocês estão mostrando uma nova face do cristianismo a uma região que tende a nos julgar com base em estereótipos.

Vocês talvez se sintam aqui como uma minoria sitiada, e com bons motivos. No entanto, muitíssimas vezes na história da humanidade uma minoria de cristãos que simplesmente expressa o espírito de Jesus pode exercer uma influência poderosa e subversiva. Isso já aconteceu nesta parte do mundo e pode acontecer de novo.

A fé, como a História, flui em ciclos. Aprendi um conceito básico de Gordon Cosby, o pastor que fundou a Igreja do Salvador em Washington, D.C., que observou um padrão ao estudar a história de movimentos monásticos. Primeiro, um idealista atrai pessoas com um forte senso de devoção. Os monges formam então uma comunidade, o que exige disciplina — decorrem disso as regras estritas de fundadores como Bento e Inácio. Grupos disciplinados tendem a prosperar, e no fim esse mesmo sucesso insidiosamente debilita o comprometimento do grupo e conduz ao comodismo. O movimento começa a se desintegrar. Depois aparece alguém para ressuscitar o espírito de idealismo, e o ciclo todo se repete.

Cosby denominou esse padrão de "ciclo monástico", e os movimentos liderados por esses idealistas como Inácio de Loyola, Francisco de Assis e Bento de Núrsia demonstram a sequência. Os beneditinos do início trabalhavam duro para limpar florestas e cultivar a terra, investindo seus lucros em obras de drenagem, em gado e plantações. Alguns séculos mais tarde, eles já estavam contratando empregados para fazer o trabalho enquanto se deleitavam com os frutos de suas obras, tal como o licor Bénédictine. Houve épocas em que metade da renda destinava-se a manter os luxuosos estilos de vida dos abades. De tempos em tempos, surgia um reformador que evocava a ordem da Regra original de Bento, e um renascimento começava, mas ele também entrava na espiral descendente, e a decadência se repetia.

Talvez devêssemos chamar essa tendência de ciclo humano em vez de ciclo monástico. Começando pela breve estada de Adão e Eva no paraíso, os seres humanos têm mostrado uma impressionante incapacidade de lidar com a prosperidade e o sucesso. Nos tempos do Antigo Testamento, sempre que a economia florescia e a paz reinava, os israelitas cuidavam menos das questões espirituais e preferiam voltar seus olhos para alianças e poder militar em busca de segurança. Na reveladora frase dos profetas, eles se esqueciam de Deus. Nós nos voltamos para Deus por necessidade e nos esquecemos dele quando as coisas vão bem.

Eu me preocupo com a perspectiva de meu próprio país à luz desse ciclo. Vários anos atrás passei um dia muito revelador, para não dizer bizarro, em Orlando, na Flórida. Meu editor estava produzindo uma série de vídeos baseada num de meus livros, e seu orçamento não lhe permitia enviar uma equipe de filmagem para vários cenários do mundo. Em vez disso, eles foram para Orlando, que dispõe de uma versão artificial de todos os cenários. De manhã cedo eles alugaram a área dos Estúdios da Universal e filmaram uma cena de um falso metrô numa falsa rua da cidade em frente à falsa Biblioteca Pública de Nova York. No mesmo dia filmamos outra cena na Experiência da Terra Santa, um parque temático que é a reconstrução da antiga Jerusalém. Desci os degraus de um falso templo e parei em frente a uma falsa cruz e uma falsa tumba enquanto falava. ("Não perca a crucificação hoje às 12 horas e três minutos", anunciou a certa altura o sistema de alto-falantes.) Nesse meio-tempo, filmamos um segmento junto ao Museu de Ripley "Acredite Se Quiser".

Fizemos mais uma parada, numa escola de animação de alta tecnologia para o treinamento de futuros projetistas de animação e *video games*. Os alunos pagam anuidades que se comparam às de Harvard e Princeton para estudar nessa escola. Fiquei observando enquanto mentes jovens e brilhantes faziam sua mágica na tela para produzir *video games* no estilo de *Grand Theft Auto* e *Sims*, os jogos da realidade virtual que atualmente geram mais renda do que todos os eventos esportivos e todos os filmes de Hollywood. Eu não tenho nada contra *video games*. É provável que eles me tivessem atraído se existissem trinta anos atrás (eu, no fim das contas, joguei *Galaxy* e *Pacman* naquele tempo). Em contrapartida, não pude deixar de questionar a sociedade que leva suas melhores e mais brilhantes cabeças a produzir versões sempre mais novas da realidade virtual — as mesmas mentes que poderiam trabalhar em laboratórios tentando descobrir a cura de problemas reais da vida, como a AIDS e a malária.

Enquanto esperava que a equipe de filmagem se posicionasse, fiquei observando os turistas percorrendo em fila os Estúdios da Universal e o Museu de Ripley e a Experiência da Terra Santa. O que mais se via eram americanos acima do peso, de bermudas, camisetas desleixadas e sandálias de dedo passando de uma exposição para outra, olhando pasmados para as falsas exposições. Sem dúvida a falta de sono e o excesso de café contribuíam para minha atitude, mas eu não pude deixar de pensar outra vez no ciclo monástico. É assim que uma sociedade abençoada, próspera e livre gasta sua energia e seus recursos?

O Oriente Médio, a meu ver, está seguindo à risca o mesmo roteiro. O reino no deserto de Dubai tem uma pista de esqui numa área coberta que se compara às encostas onde eu esquio no Colorado. Usinas de dessalinização bombeiam água para os campos de golfe que estranhamente florescem na areia. Seus *shopping centers* recriam cenários de Veneza, do Taj Mahal e da Muralha da China. A prosperidade é grande por aqui, e ao mesmo tempo os trabalhadores que constroem essas maravilhas vivem na indigência.

É muito estranho, mas essa mesma disparidade me dá esperança, pois foi exatamente num cenário assim que o reino de Deus no início criou raízes.

Embora haja leis proibindo vocês de compartilhar sua fé com gente daqui, vocês podem dedicar suas energias a esses trabalhadores que ajudam a criar a riqueza, mas não desfrutam dela. Os árabes locais talvez formem suas imagens dos cristãos a partir de filmes e programas de televisão do Ocidente; contudo, eles também procuram hospitais e clínicas da missão quando precisam de médicos. Alguns dos mais rígidos governos islâmicos preferem não enxergar vocês visitando presos, porque eles já viram a assistência compassiva de vocês em benefício dos estrangeiros que estão trancafiados. Como os cristãos primitivos que enfrentaram uma Roma hostil, vocês são chamados a simplesmente agir motivados por aquilo em que vocês creem. Algumas sementes podem cair em terra seca, mas outras hão de frutificar.

Cada geração de cristãos se pergunta como sustentar a natureza revolucionária do evangelho. Pode nossa fé de fato transformar uma sociedade atuando de baixo para cima? Vocês têm, aqui neste lugar, uma oportunidade de demonstrar exatamente isso.

Termino com uma história verdadeira do Afeganistão que aconteceu no início da década de 1970, antes da ocupação russa, do regime do Talibã ou da intervenção da OTAN. Naquele tempo o governo permitia que uma pequena igreja servisse a cidadãos internacionais que lá trabalhavam, embora nenhum afegão pudesse frequentá-la. (Mais tarde um governo mais rígido revogou a permissão e destruiu a igreja, e as máquinas cavaram um grande buraco no local porque havia boatos sobre uma "igreja subterrânea".)

Um amigo meu chamado Len organizou um grupo musical de jovens para fazer uma turnê pelo Oriente Médio. Com certo temor, ele também aceitou um convite para estender a viagem até o Afeganistão para dar um concerto no centro de Cabul. Len fez seus adolescentes escrever exatamente o que eles iriam dizer, tudo sujeito a sua aprovação. "Esse é um governo estritamente muçulmano", advertiu ele. "Se vocês disserem a coisa errada, poderão acabar na cadeia e ao mesmo tempo pôr em risco todos os cristãos que moram no país. Decorem essas palavras e não ousem se afastar delas durante a apresentação". Os adolescentes ouviram de olhos esbugalhados, e ele foi descrevendo as ameaçadoras consequências do menor passo em falso.

Numa espécie de ensaio, o grupo fez uma apresentação abreviada numa escola patrocinada pela ONU e depois num restaurante, cantando canções populares e hinos sobre o amor de Deus. Na noite do concerto oficial em Cabul, quase mil afegãos lotavam a sala e se apinhavam do lado de fora para ouvir. Tudo correu bem até que um rapaz do grupo depôs sua guitarra e começou a improvisar: "Eu gostaria de contar a vocês sobre o meu melhor amigo, um homem chamado Jesus, e sobre a diferença que ele fez em minha vida". Dos bastidores, Len gesticulava nervoso pedindo-lhe que parasse, fazendo o gesto de passar os dedos pela garganta. Ignorando-o, o rapaz foi em frente e fez um relato detalhado de como Deus havia transformado sua vida.

"Eu estava praticamente fora de mim", disse-me Len. "Eu conhecia as consequências e me sentei com a cabeça entre as mãos aguardando que a espada caísse. Em vez disso, a coisa mais surpreendente aconteceu. O ministro da Cultura do Afeganistão se levantou e subiu ao palco para responder".

"Nós já vimos muitos jovens americanos visitando este país", disse ele. "A maioria deles vem em busca de drogas e a maioria se parece com *hippies*. Não temos visto nem ouvido jovens como vocês. O amor de Deus é uma mensagem de que meu país precisa. Foi com muita emoção que ouvi vocês! Vocês são um protótipo para a juventude do Afeganistão seguir no futuro. Eu gostaria de convidá-los a expandir sua turnê para que visitem todos os colégios e as faculdades e também transmitam essa mesma mensagem pelo rádio. Vou tomar as providências para que isso aconteça."

Len ficou boquiaberto. Naquela noite ele reuniu o grupo. "Vocês ouviram o que o homem disse? Estamos trocando nossas passagens, naturalmente, para prolongar nossa estada aqui. E ele quer que vocês transmitam a mesma mensagem — vocês não devem mudar nenhuma palavra!"

Durante vários dias depois disso o grupo musical fez outras apresentações. Depois de cada evento, jovens afegãos se juntavam com perguntas. "Contem mais sobre esse Jesus — nós temos notícias dele por meio do Alcorão". "Vocês falam de um relacionamento pessoal com Deus; podem descrevê-lo?" "De que modo sua fé transforma vocês?" Alguns pediam para orar com os adolescentes. Nada semelhante a isso jamais havia acontecido no Afeganistão.

No último dia, depois de uma turnê triunfante, os adolescentes conheceram o dr. J. Christy Wilson, figura reverenciada no Afeganistão. Filho de missionários no Irã, ele se diplomou na Universidade de Princeton e fez seu doutorado na área de Estudos Orientais na Universidade de Edimburgo, na Escócia. Depois, passou 22 anos no Afeganistão, como diretor de uma escola de ensino médio do governo e ensinando inglês ao príncipe herdeiro e a diplomatas afegãos. Ele também dirigiu a Igreja da Comunidade Cristã e fundou a Escola para Cegos de Cabul.

Wilson levou os adolescentes a visitar um ponto turístico diferente: o único cemitério no Afeganistão onde podiam ser sepultados "infiéis". Dirigiu-se para o primeiro túmulo, uma lápide antiga, marcada pelo tempo. "Este homem trabalhou aqui por trinta anos, traduziu a Bíblia para a língua afegã", disse ele. "Nem um único convertido. E neste túmulo ao lado dele jaz o homem que o substituiu, juntamente com seus filhos que aqui morreram. Ele labutou durante 25 anos e batizou o primeiro cristão afegão". Enquanto o grupo caminhava por entre os túmulos, ele relatava as histórias dos primeiros missionários e seus destinos.

No fim da fileira de túmulos, ele parou, virou-se e olhou os jovens nos olhos. "Durante trinta anos, um homem removeu pedras. Foi tudo o que ele fez, remover pedras. Depois veio seu substituto, que nada mais fez que cavar a terra. Depois veio outro, que plantou sementes, e outro, que regou o terreno. E agora vocês, rapazes — *vocês rapazes* —, estão fazendo a colheita".

"Foi um dos grandes momentos de minha vida", recorda Len. "Contemplei o rosto deles enquanto de repente ficava claro para esses exuberantes adolescentes americanos que o surpreendente despertar espiritual que haviam testemunhado era apenas o último passo num longo e fiel serviço que tinha um passado de muitas décadas. Nunca me esquecerei dessa cena".

Aqueles dentre vocês que trabalham e oram nesta parte hostil do mundo talvez às vezes achem que não estão fazendo nada mais que remover pedras ou cavar a terra. Talvez seja isso. Só Deus controla a colheita. Não temos ideia do que Deus reserva para o Oriente Médio. A maioria dos ocidentais que vem para cá representa outras coisas que não são de Jesus. Alguns trazem equipamento militar. Alguns vêm explorar os recursos locais e investir seus dólares. Mas vocês têm uma vocação diferente: tornar conhecido o espírito de Jesus e confluir para o ribeiro de liberação que surgiu há dois mil anos. Essa imagem não vem, naturalmente, apenas de René Girard, mas do profeta bíblico que disse: "Corra a retidão como um rio, a justiça como um ribeiro perene". Que esse ribeiro possa ganhar força viva neste lugar.

Chicago, agosto de 2003

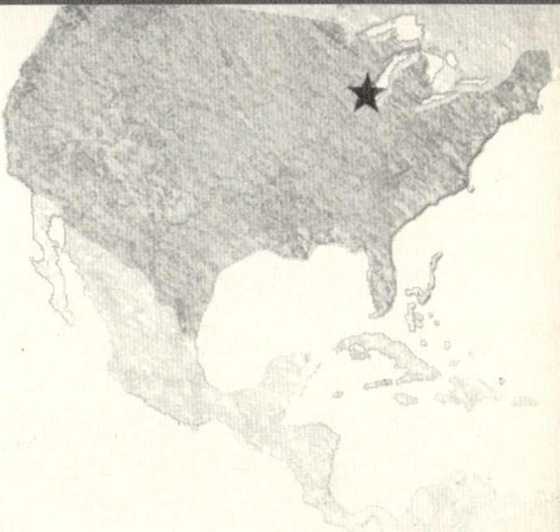

9 A comédia e a tragédia

Folheando o jornal, chamou-me a atenção este anúncio: "Turnê da Comédia da Dependência". A própria manchete era um oximoro. Quatro comediantes profissionais se apresentariam juntos em Denver para contar histórias de sua rotina de dependentes químicos. Observei a data, uma semana depois do dia marcado para minha pequena cirurgia abdominal. Separei a folha para uma decisão posterior.

Na tarde da apresentação a neve começou a cair, obstruindo as ruas e tornando traiçoeira a ação de dirigir. Depois de passar o dia no centro, ponderamos se deveríamos voltar para nossa casa no sopé das montanhas. Mas, só para conferir se sobrava algum ingresso, passei pelo teatro. Sim, senhor, havia ingressos disponíveis. Com algum receio ("Lembre-se da cirurgia", disse-me Janet, "você não vai poder rir".), estacionei, e fomos entrando.

Ao contrário do que acontece numa peça ou concerto, a plateia provinha de todos os grupos sociais. Moradores de rua sentavam-se ao lado de executivos vestidos com elegância; adolescentes misturavam-se com cidadãos idosos; heterossexuais, com *gays*. Mais de mil pessoas apareceram naquela noite de neve, e todas pareciam conhecer-se — pelo primeiro nome. Ocorreu-me que para a maioria da plateia o evento representava uma reunião dos grupos de recuperação da cidade toda. Mostrando certa falta de sensibilidade, o teatro não fechara o bar do saguão, mas ele, pelo visto, atraía poucos fregueses.

Janet e eu nos sentamos no fundo do salão e começamos a ler as citações projetadas sobre a cortina do palco. Mark Twain: "Parar de fumar é fácil. Já fiz isso centenas de vezes". Tallulah Bankhead: "Maconha não vicia. Eu devo saber disso: faz anos que fumo maconha". Robbin Williams: "A cocaína é o jeito de Deus nos dizer que estamos ganhando dinheiro demais".

O principal comediante, Mark Lundholm, ator da Broadway que sempre aparece na programa *Showtime* da televisão, subiu ao palco com uns quinze minutos de atraso e tentou começar seu relato. O microfone estralejou, zumbiu, depois parou de funcionar. Mark deu de ombros e desapareceu atrás da cortina. Virei-me para Janet: "Achava que isso só acontecia na igreja. Talvez fosse simplesmente melhor ter ido para casa".

Passou-se mais algum tempo enquanto os funcionários do teatro recuperavam o sistema de som. Depois disso, quatro comediantes se alternaram contando suas histórias. Dirigiam-se ao microfone, falavam em segmentos de dez a vinte minutos, sem nenhum suporte de apetrechos teatrais ou de imagens de um *powerpoint*. Tocantes, engraçadas, tristes, felizes, arrojadas, profanas, sagradas — as histórias nos mantinham aprumados em nossos assentos e provocavam lágrimas em meio a profundas gargalhadas. Era um domingo à noite, e eu me apanhei desejando que o culto da igreja de que eu havia participado pela manhã tivesse apenas uma fração daquela *realidade* que estava ouvindo.

A única mulher dentre os quatro atores contou-nos sobre sua criação como filha de um sobrevivente de Auschwitz. O pai dela fora submetido a 150 tratamentos de choques elétricos devido a seu subsequente estado mental, e ela passara muitas horas sentada em saguões de hospitais esperando para levá-lo para casa. "Tive quarenta parceiros sexuais diferentes entre os dezessete e os dezenove anos", disse ela. "Era uma tremenda tempestade: o caos em casa, minha baixa autoestima e o interesse de homens mais velhos por meu corpo. Vocês conhecem aqueles quebra-cabeças de mil peças? Parecia que eu estava tentando encaixar os pedaços de minha vida para formar uma espécie de desenho que fizesse sentido, só que as peças não combinavam e, além disso, eu não tinha nenhuma fotografia na caixa para me orientar".

Depois dela, um senhor de meia-idade falou de seus vícios. "Eu também frequentava aqueles grupos de dependentes sexuais — bem, mais ou menos isso. Na maioria das vezes, ficava sentado em meu carro esperando que alguma gatinha tivesse uma recaída. Passei toda uma década de minha vida procurando mais: mais sexo, mais bebida, mais drogas. Para ir a qualquer lugar saindo de Nova York eu tinha de contornar todo o estado de Nova Jersey porque havia uma ordem de prisão contra mim por dirigir embriagado. Passei por pileques, prisões, um divórcio, tudo o que se possa imaginar, antes de aprender a dura lição de que mais nunca é suficiente. Agora eu sigo o princípio que diz: "A primeira ideia é errada". Quase todas as minhas primeiras ideias são erradas. Que mulher! *Não, cara, você é casado.* Preciso de um drinque. *Não caia nessa. Você sabe aonde isso vai dar.* Aquele babaca simplesmente me deu uma fechada! *Talvez ele esteja tão confuso quanto eu.* Anos de terapia e centenas de reuniões com grupos de apoio de pessoas como eu me fizeram dar ouvidos a novas vozes. Eu não posso calar as primeiras ideias, mas posso corrigi-las. Ao longo do caminho, eu aprendi algumas segundas ideias.

O momento mais emocionante ocorreu depois que um rapaz engraçado contara histórias pitorescas de suas aventuras de bêbado. No momento exato em que tinha o domínio completo sobre a plateia, ele fez uma pausa e mudou de tom. "Então eu acordei uma noite e me vi estatelado no canteiro central de uma rodovia: fora atirado para fora do carro, que estava a meu lado destruído com as rodas para cima. Eu não me lembrava de nada da noite, da bebedeira, do acidente, mas sabia que precisava sair do local antes que a polícia chegasse. Caminhei até minha casa, mais ou menos a três quilômetros de distância, e minha mãe veio ao meu encontro na porta. Ela viu o sangue e as escoriações, sentiu o bafo de álcool e mesmo assim apertou-me em seus braços. Aquela foi a última vez que bebi. E, senhoras e senhores, quero apresentar-lhes minha mãe. Ela nunca me viu no palco antes desta noite. Ela veio lá de Los Angeles e está sentada na segunda fileira". Todos nós aplaudimos freneticamente, e ele tentou continuar seu relato, mas não conseguiu. Então assoou o nariz e deixou o palco às pressas.

Na infância eu acreditava que o maior pecado que alguém poderia cometer era beber. Eu conhecia alguns cristãos que fumavam — eles acendiam seus cigarros junto à porta de igrejas metodistas e presbiterianas nas manhãs de domingo — mas não conhecia ninguém que bebesse. Meu travesso irmão decidiu provar vinho (num copo de uma lanchonete McDonald's, com gelo) quando era aluno de uma faculdade bíblica, e depois se sentiu tão culpado que confessou tudo ao supervisor. Enquanto ponderavam qual seria o castigo apropriado, as autoridades da faculdade descobriram que o livro de regras de 66 páginas não mencionava bebidas alcoólicas. O pecado era tão óbvio que, como o assassinato ou o sexo com animais, ninguém havia pensado em estabelecer uma regra específica contra isso.

O fundamentalismo da minha infância dava pouca atenção a pecados institucionais como o racismo e a injustiça e ignorava os pecados pessoais de orgulho e legalismo que Jesus condenara com veemência. O álcool, porém, certamente pavimentava o caminho para o inferno. Esses sentimentos tinham uma longa história, pois, muito antes de as questões do aborto e dos direitos dos homossexuais ganharem as manchetes, o "Nobre Experimento" da Lei Seca estimulou cristãos conservadores a ingressar na política. Duas emendas da Constituição dos Estados Unidos enfocam o álcool: a 18ª proibiu sua venda e, catorze anos mais tarde, a 21ª revogou a proibição.

Para mim, foi um choque quando soube que algumas denominações não viam problema algum no álcool e até serviam vinho, não suco de uva, na Santa Ceia. Também aprendi que há na Bíblia umas 231 menções ao álcool, muitas vezes positivas. Na Idade Média, quando a água era em geral poluída, bebia-se muita cerveja, e alguns historiadores dizem que o culto dominical das 11 horas dos protestantes remonta a essa prática: Martinho Lutero, que gostava de dormir até tarde depois da cervejada do sábado à noite, programava os cultos do domingo para a última hora da manhã.

Hoje os médicos exaltam os benefícios da ingestão moderada de vinho, e os sociólogos observam que famílias abstêmias têm mais probabilidade de produzir alcoólatras do que famílias que bebem com moderação. Essa palavra — *moderação* — é a chave. Na época colonial, os americanos consumiam, *per capita*, o triplo do álcool que consomem hoje. Em algumas áreas da Londres do século XIX, uma de cada cinco casas era um bar, e crianças às vezes com cinco anos idade iam procurar o pai com a missão de trazê-lo para casa antes de ele consumir na bebida todo o ganho do dia. O pai ajeitava um banquinho e mandava servir uma rodada de bebida para seus filhos e suas filhas. (William Booth fundou o Exército de Salvação reagindo diretamente a essas condições.)

Eu não precisei assistir à "Turnê da Comédia da Dependência" para tomar consciência das consequências trágicas do vício. Tenho parentes que arruinaram a própria vida com seus insaciáveis apetites e amigos cujos filhos adolescentes usam tornozeleiras por ordem judicial e apresentam testes diários de urina. Em missões de resgate eu servi refeições a ex-executivos e médicos que hoje ficam nas esquinas pedindo esmola. Eu participei de reuniões dos Alcoólicos Anônimos (A.A.) com amigos e ouvi histórias dolorosas de casamentos destruídos e carreiras desperdiçadas, e acidentes provocados por motoristas embriagados.

Certa ocasião, depois que eu havia usado um exemplo dos Alcoólicos Anônimos numa palestra, uma mulher se aproximou de mim e apertou-me a mão. "Você conhece Bill Wilson?", perguntou ela. Puxei pela memória por um instante e disse-lhe que não me lembrava de ninguém com aquele nome. Ela acenou afirmativamente com a cabeça e foi embora. Mais tarde, dei-me conta de que ela estava empregando um código para membros dos A.A. Era algo assim como um cristão que perguntasse: "Você conhece Jesus?" Bill Wilson foi um dos dois fundadores dos A.A., o homem que Aldous Huxley chamou de "o maior arquiteto social do século XX".

A história da fundação dos A.A. já quase adquiriu o *status* de mito. Em 1934 Bill Wilson, um sociável empresário de Nova York, encontrou-se com um velho amigo chamado Ebby, que lhe disse que havia descoberto a cura do alcoolismo por meio da religião. Só naquele ano Bill já havia sido internado quatro vezes numa ala hospitalar para a cura da dependência da bebida. Clinicamente deprimido, ele dormia no andar térreo de sua casa para evitar a tentação de atirar-se pela janela do andar superior. Seu médico ameaçava interná-lo num hospício. Bill ficou ouvindo seu amigo, que de fato passara um tempo num manicômio. Ebby agora estava sóbrio — rejeitou o drinque que Bill lhe ofereceu — e aparentemente em paz. Ele não forçou Bill a aderir a sua fé, mas de algum modo um alcoólatra conversando francamente com outro alcoólatra derrubou as barreiras que Bill geralmente opunha a quem tentasse ajudá-lo. Ebby tinha uma fórmula simples: "Tome consciência de que você está derrotado, admita isso e predisponha-se a entregar sua vida aos cuidados de Deus".

Wilson partiu para mais um pileque que durou três dias, mas ele foi participar de uma reunião numa missão de resgate local patrocinada pelos reformadores do Grupo Cristão de Oxford. Depois, enquanto se recuperava num hospital, ele teve uma autêntica experiência de conversão. *Então esse é o Deus dos pregadores!*, pensou ele com seus botões. "Uma grande paz tomou conta de mim e eu pensei: *Por mais erradas que as coisas possam parecer, elas estão certas. As coisas estão certas com Deus e com seu mundo*".

Durante cinco meses Bill não bebeu. Depois, quando não conseguiu fechar um negócio em Akron, Ohio, ele entrou novamente em depressão e chamou um pastor para que o ajudasse a localizar outro membro do Grupo de Oxford. A mulher que atendeu seu telefonema o pôs em contato com o dr. Bob Smith, um proctologista que jamais havia descoberto a cura para seu próprio alcoolismo. Os dois se tornaram grandes amigos. Durante alguns meses, o dr. Bob se manteve sóbrio e juntos esses dois homens idealizaram os princípios básicos dos doze passos do programa de recuperação. Atualmente mais de dois milhões de pessoas do mundo inteiro frequentam reuniões dos Alcoólicos Anônimos e muitas mais participam de programas derivados que oferecem apoio e tratam de dependentes de comida, drogas, fumo, sexo, trabalho, dor e até chocolate — são ao todo cerca de 250 variações do programa.

Logo no início do processo, os fundadores enfrentaram uma encruzilhada. O Grupo de Oxford tinha um claro comprometimento cristão e se esforçava para praticar os "Quatro Absolutos": absoluta honestidade, absoluta pureza, absoluto altruísmo e absoluto amor. Para Bill Wilson esses absolutos sugeriam perfeccionismo e alimentavam a tendência ao tudo-ou-nada do alcoólatra. A fórmula de seu amigo Ebby enfatizava exatamente o contrário, uma aceitação do desamparo e da entrega. Bill queria oferecer algo mais prático e viável, um plano que apresentasse o ideal do progresso em vez da perfeição. "Essas ideias tinham de ser ministradas com colheres, e não com baldes", disse ele. Demasiadas vezes ele vira um alcoólatra convencido de sua cura total que logo em seguida caía de novo do cavalo. Demasiadas vezes ele também havia provado esse tombo.

No fim, o grupo que veio a ser conhecido como Alcoólicos Anônimos separou-se do Grupo de Oxford. Visto que no início ele mesmo se afastou da religião, Bill acreditava que outros não queriam tornar-se "bons demais depressa demais". Os Quatro Absolutos eram absolutos demais, e nem todos os alcoólicos concordariam com um credo cristão. Seu grupo começou com uma dependência da graça, reconhecendo que seus membros nunca atingiriam a perfeição. Os absolutos, dizia Wilson, ou desestimulavam os alcoólicos ou provocavam neles um sentimento perigoso de "infração espiritual". Com o tempo, o grupo perfeccionista murchou e desapareceu; baseados na graça, os A.A. nunca pararam de se expandir.

A mesma questão continua dividindo os cristãos que aderem aos Alcoólicos Anônimos. A espiritualidade genérica do grupo irrita alguns dos membros: o uso da expressão "Poder Superior" em vez de Deus, a omissão de Jesus ou da conversão, as referências à espiritualidade, e não à religião. Certa vez, tomei um táxi que era dirigido por uma ruiva com um *piercing* na língua e uma flor tatuada no pescoço. Em poucos minutos ela me revelou sua dependência do *crack*, os anos desperdiçados e sua recuperação por meio do programa *Teen Challenge* [Desafio para Adolescentes]. "O *crack* não é para as pessoas se sentirem bem", disse ela. "É para não sentirem nada. O *crack* é apenas para aquelas pessoas com feridas tão profundas que só ele consegue amortecer. Quando se volta ao normal, a gente sente uma vergonha terrível e odeia a si mesma. Então a gente fuma a droga outra vez". Perguntei-lhe sobre os A.A. "Ah, isso é perda de tempo. Aqueles doze passos, sem arrependimento, são perda de tempo. Primeiro a gente precisa se arrepender perante Deus".

Muitos viciados se insurgiriam contra ela. No entanto, a maior parte concordaria que um componente espiritual é essencial. Os viciados precisam desesperadamente que Deus esteja do lado deles na luta. Antes que os psiquiatras começassem a levar a sério o aspecto espiritual do alcoolismo, eles pouco conseguiram no tratamento dele. Atualmente, os programas de tratamento mais eficazes usam uma abordagem de três frentes, cuidando dos aspectos físico, psicológico e espiritual da dependência.

Bill Wilson reduziu os princípios cristãos a seus pontos básicos — desamparo, honestidade, arrependimento, reparação, dependência, oração, comunidade — e os liberou com um mínimo de doutrina e um máximo de amor. Jesus comparou o reino de Deus a uma minúscula semente de mostarda que no fim se transforma numa planta na qual as aves do céu procuram abrigo; como acontece com o movimento que se transformou nos A.A., o evangelho pode penetrar no solo da cultura, depois germinar de maneiras benéficas para o mundo fora dos muros da igreja.

Wilson sempre insistiu, porém, que negligenciar o Passo Onze ("buscado mediante a oração para desenvolver um contato consciente com Deus, como nós o entendemos, orando apenas pelo conhecimento de sua vontade em relação a nós e pela força para realizá-la") era o pior erro que um alcoólico poderia cometer. Seu grupo de Nova York teve apenas metade do índice de sucesso dos primeiros grupos de Ohio antes que ele começasse a enfatizar o aspecto espiritual. Numa carta ele explicou detalhadamente sua crença:

> Durante os últimos doze meses muitos dos membros do grupo sentiram que a amizade, a atitude de colaboração em relação aos outros, a cordialidade em reuniões sociais seriam suficientes para superar a obsessão alcoólica. Fazendo um levantamento no fim do ano, percebemos que essa escola de pensamento tem poucos sobreviventes, pois o tratamento da paixão pela bebida os persuadiu de que precisamos encontrar algum tipo de base espiritual para viver, caso

> contrário morremos. Uns poucos, que trabalharam arduamente com outros alcoólicos no plano filosófico, mais do que no plano espiritual, agora dizem a si mesmos: "Acreditávamos que a fé sem as obras era morta, mas agora provamos de modo conclusivo que as obras sem a fé também são mortas".

Durante anos eu me encontrei com um amigo em Chicago que me convidava para reuniões dos Alcoólicos Anônimos. Participei de cada passo dele na longa jornada da recuperação e refleti sobre todos os aspectos de sua dependência. Numa de suas festas anuais ele me deu sua medalha de dez anos de abstinência, que ainda é uma de minhas mais preciosas posses. Quase todos os dias George participava de uma reunião dos A.A. num prédio chamado a Semente de Mostarda, que promove cinquenta reuniões por semana.

George espontaneamente admitiu que para ele a associação dos A.A. em grande parte tomou o lugar da igreja, o que às vezes o preocupava. Ele chamava esse fato de "a questão cristológica" dos Alcoólicos Anônimos. A associação "não dispõe de uma teologia de que se possa falar. Lá raramente se ouve falar de Cristo. Os grupos dos A.A. se servem da sociologia da igreja e de algumas palavras e conceitos, mas não têm nenhuma doutrina fundamental. Sinto falta disso, mas principalmente eu tento sobreviver, e os A.A. me ajudam na luta muito mais do que qualquer igreja local". A igreja — as torres podem ser vistas do prédio da Semente de Mostarda — parecia enfadonha e vazia.

Quando George realmente frequentava a igreja, muitas vezes ele preferia a minha. Trata-se de uma igreja no centro da cidade, que nas manhãs de domingo serve um café da manhã grátis para cidadãos da terceira idade. Às vezes, bêbados que passam por lá para o café da manhã sobem para o santuário e lá se deitam num banco e roncam alto durante o culto. Nem todos os tipos esquisitos dormem durante o culto. Havia um homem que gostava de atirar coisas: numa ocasião, ele pegou uma bola oval de futebol americano e fez um lançamento para o pastor no exato momento em que este orava sobre trezentos copinhos da ceia do Senhor. De alguma forma essa igreja achou um lugar para esses tipos desequilibrados, um abrigo da graça estendida até seus limites extremos.

No entanto, eu tinha de admitir que visitar a Semente de Mostarda com George me proporcionava um modelo diferente do que pudesse ser uma igreja. Lá, seus membros se cumprimentam com abraços e sorrisos. Sentam-se em círculo e confessam seus pecados e contam suas histórias — a Turnê da Comédia da Dependência sem a comédia. Muitos, criados em famílias da negação do tipo "cala a boca", acham que a oportunidade de falar é inspiradora e comovente, parecendo-se muito com os antigos encontros de testemunhos de algumas igrejas. Eles também se comprometem a ajudar uns aos outros em qualquer problema e a qualquer hora. Se alguém se sentir tentado a beber às 4 horas da manhã, tudo o que essa pessoa precisa fazer é ligar para um membro do grupo dos A.A., e quem for chamado virá imediatamente. A associação dos A.A. insiste para que todos os membros, independentemente de seu *status* ou histórico, receba o mesmo nível de tratamento, daí o uso apenas do nome sem o sobrenome.

Todas as semanas os membros do grupo Semente de Mostarda recitam juntos os doze passos. Eu ficava ouvindo e tinha a impressão de que os passos se reduziam a dois grandes passos. Um passo é a honestidade radical: Esses alcoólicos e viciados em drogas conseguiam farejar um engano a um quilômetro de distância e aprendiam a ser brutalmente honestos em relação a suas falhas e fracassos. O segundo passo radical é a dependência. Eles sabem que não podem superar um dia sem a ajuda de seus amigos e sem a ajuda de Deus. Cada semana, depois de confessar suas faltas, eles oram pedindo ajuda. Ocorreu-me, enquanto ouvia os alcoólicos e viciados em drogas, que minha própria igreja poderia usar um curso de reciclagem baseado exatamente sobre esses dois passos. As pessoas conseguem ser falsas na igreja. *Como vai?* "Ah, tudo bem, tudo bem" — quando na verdade o casamento está desmoronando, um adolescente fugiu de casa. *Precisa de alguma ajuda?* "Não, não, está tudo bem. Graças a Deus".

Perguntei a George por que a maioria de seus amigos da associação A.A. evita a igreja. Ele me falou de pessoas que provaram a rejeição e veem a igreja como um lugar que enfatiza as falhas delas. "Quando convido meus amigos, eles não se sentem bem na igreja. Sentem-se deslocados. Na opinião deles, as pessoas que vão para a igreja são muito *unidas*. Elas se vestem bem, têm família e emprego. A vida delas funciona. Nossa vida é uma confusão. Preferimos ficar sentados de *jeans* e camiseta, fumando um cigarro ou tomando café e sendo completamente sinceros uns com os outros".

George fez depois uma observação perspicaz. Ele disse que na igreja, se alguém chega tarde, as pessoas se voltam para o atrasado. Algumas fazem cara feia, outras esboçam um sorriso de satisfação — *Está vendo, aquela pessoa não é responsável como eu.* Na associação dos A.A., porém, se alguém chega tarde, a reunião é interrompida e todos se levantam para saudar o atrasado, sabendo que o atraso pode ser um sinal de que o dependente quase sucumbiu. Nas palavras de George: "Quando eu chego tarde, isso prova que minha necessidade desesperada do grupo superou minha necessidade desesperada do álcool".

Ultimamente George encontrou seu caminho de volta para a igreja, uma igreja episcopal muito diferente daquela de seu passado, uma igreja menonita. As palavras do *Livro de oração comum* completaram o que estava faltando na associação A.A., sua "questão cristológica". Algum tempo depois ele também encontrou um grupo que procurava juntar as duas partes.

Um dia, dez anos depois de mudar-me de Chicago, recebi um convite para fazer uma palestra numa convenção de um dos grupos dos A.A. abertamente cristão. George me descreveu o contexto: "Um alerta: trata-se de um bando de gente desorganizada, simples, e a 'convenção' acontecerá no porão de uma igreja. Não é o tipo de compromisso que você vai querer mencionar no seu currículo. Mas nós ficaremos felizes se puder comparecer".

Aceitei o convite e enquanto pensava no que dizer, escolhi o título: "Por que eu gostaria de ser um alcoólico". Optei por esse título não para ser espirituoso, mas, sim, para transmitir a verdade que os alcoólicos e outros dependentes me ensinaram: coisas sobre a vida que eu talvez não houvesse aprendido de nenhuma outra forma.

Muito tempo depois, quando decidi transformar aquela palestra num capítulo deste livro, o editor me perguntou se eu não deveria mudar o título. Em vez de "Why I Wish I *Was* an Alchoolic", o título em inglês seria então "Why I Wish I *Were* an Alchoolic". Consultei os livros de gramática, e o modo subjuntivo *were* se aplica dependendo do nível da probabilidade ou da improbabilidade da situação. Concluí que seria melhor identificar-me com os alcoólicos empregando o modo indicativo *was*, o que me coloca do lado deles. Com George aprendi que somos vulneráveis a vícios de uma ou de outra espécie, pois o vício é simplesmente uma forma de idolatria, algo que suplanta a Deus como centro de nossa vida.

Palestra: Por que eu gostaria de ser um alcoólico

Chicago, agosto de 2003

Permitam-me começar lendo um parágrafo do romance *Moby Dick*, de Harman Melville:

> Ele fora um artesão de renomada competência, e sempre muito ocupado. Tinha uma casa com jardim; abraçava uma esposa amorosa e jovem como uma filha, e três crianças alegres e sadias. Todos os domingos, frequentava uma igreja agradável, situada num bosque. Mas uma noite, sob o manto da escuridão e ocultado ainda mais por um disfarce extremamente ardiloso, um ladrão muito afoito esgueirou-se para dentro de sua casa e roubou tudo de todos. E esta é a parte mais sinistra da história: o próprio ferreiro na sua ignorância de fato introduziu o ladrão no seio de seu lar. Era o Feiticeiro da Garrafa. Removida aquela rolha fatal, para fora saltou o demônio, que lhe atrofiou a família.

Todos vocês sabem alguma coisa sobre o feitiço que Melville descreveu uns 150 anos atrás, e alguns de vocês também sabem da destruição que pode se insinuar sob o manto da escuridão e atrofiar um coração e também um lar.

Vocês não precisam de palestras sobre os perigos do vício e o desastre que ele causa, de modo que adotarei uma abordagem completamente diferente.

Não pensem que meu título trata com leviandade a luta de vocês. Pelo contrário, quero elogiar vocês que se reuniram aqui num esforço de redimir essa luta. Eu assumo pessoalmente as questões sobre as quais escrevo. Ao escrever sobre a dor, eu sofro emocionalmente quando não fisicamente; ao escrever sobre a dúvida, passo a questionar o que antes me parecia certo. Um escritor assume vicariamente a posição do leitor ou da plateia, e foi por isso que escolhi o título "Por que eu gostaria de ser um alcoólico". Enquanto eu me preparava para esta noite, ocorreu-me que os dependentes em recuperação devem afirmar diariamente verdades espirituais que o resto de nós ou ignora ou encara como motivos de escândalo.

Lembro-me de um amigo que me disse: "Eu orava todos os dias para que Deus me tirasse a sede pela bebida, e todos os dias ao acordar a primeira coisa em que eu pensava era o uísque Jack Daniel's. Então um dia descobri que minha vontade de beber era exatamente a razão de eu orar todos os dias. Minha fraqueza me leva a Deus". Essa simples afirmação contém uma teologia profunda, e com a permissão de vocês quero mostrar um pouco dessa teologia que está por trás do movimento da recuperação.

A palavra *pecado* poucas vezes aparece na sociedade refinada hoje em dia, e até mesmo seus grupos de recuperação talvez evitem esse termo com suas ondulantes conotações. Contudo, os alcoólicos e outros dependentes me ensinaram sobre a natureza do pecado. Quando se reuniram em grupos esta manhã, vocês se apresentaram dizendo: "Oi, eu sou John e sou alcoólico" e "Oi, eu sou Maria e sou viciada em cocaína". Se alguém houvesse dito: "Eu sou John e era alcoólico, mas agora estou curado", o grupo teria pulado em cima dessa pessoa. Os grupos de recuperação dos doze passos insistem no uso do perigoso tempo presente. Os alcoólicos não são "curados"; eles simplesmente param de beber. Os viciados estão se recuperando, não estão recuperados. Um alcoólico sempre permanece a um drinque de distância de recair no caminho da destruição, a uma cilada de distância de cair do cavalo.

Vocês têm um simpatizante no apóstolo Paulo, que escreveu a Timóteo: "Esta afirmação é fiel e digna de toda aceitação: Cristo Jesus veio ao mundo para salvar os pecadores, dos quais eu sou o pior". Observem o tempo presente, empregado por alguém que conhecia a gramática do grego. Paulo, o melhor missionário do mundo e autor de boa parte do Novo Testamento, sabia que ele também estava à beira de um precipício moral. Ele combateu seu conjunto pessoal de tentações — orgulho jactancioso, impaciência com discípulos lentos, sentimento de superioridade moral — que tendemos a enxergar com mais tolerância. No fim das contas, Paulo foi brilhante, exigente, muito disciplinado, e essas mesmas qualidades o ajudaram a mudar o mundo. Ao contrário do ferreiro de *Moby-Dick*, ele não destruiu sua vida e não traiu a família.

Como Paulo deixa claro em sua carta aos Romanos, porém, os pecados mais "respeitáveis" podem causar mais dano que aqueles desdenhados pela sociedade. (Lembrem-se, a superioridade moral o levou a colaborar no apedrejamento de Estêvão, uma lembrança que talvez tenha pesado em sua consciência enquanto ele escrevia a Timóteo.) Os grupos de recuperação contrariam nossa classificação artificial de pecados e, nas palavras do 5º passo, nos obrigam a "admitir perante Deus, perante nós mesmos e perante outros seres humanos a natureza precisa de nossos erros".

Seis dos doze passos que vocês recitaram esta manhã mencionam Deus ou um Poder Superior, porque Bill W. e o dr. Bob tiveram a sensibilidade de ver que todos os pecados constituem um ato contra Deus. "Contra ti, só contra ti, pequei", orou Davi depois de cometer assassinato e adultério. Na sua raiz, o pecado destrói a ordem moral do universo estabelecida por Deus.

Agostinho observou que o mal não tem o poder de criar, sendo apenas capaz de torcer e distorcer o bem criado por Deus. A inteligência e os elevados princípios de Paulo, em si mesmos coisas boas, poderiam, contudo, ser distorcidos para servir ao mal. O suco da uva, as drogas, o sexo, a comida, o trabalho — todas coisas boas — podem igualmente ser usadas de forma distorcida, o que os terapeutas sagazmente denominam "abuso de substância". Uma vez corrompidas, essas coisas que sob outros aspectos são boas podem escravizar e destruir.

Conheço um solteirão inveterado viciado em pornografia. Devido à diabetes, ele perdeu toda a visão de um dos olhos e 90% do outro. Mora numa casa bagunçada e suja e quase nunca se arrisca a sair. Com os poucos dentes que lhe restam, ele come qualquer coisa que a organização social Meals on Wheels [Refeições sobre Rodas] entrega em sua casa diariamente. No inverno, para economizar na conta do combustível do aquecimento, ele se agasalha numa japona acolchoada e enfia um gorro de meia na cabeça. Apesar da pobreza, ele gasta boa parte de sua aposentadoria em pornografia pesada. Todas as noites ele arrasta uma cadeira para bem perto do monitor da TV, tateando insere um DVD e com a ajuda de uma lupa examina atentamente os corpos nus na tela. Eu tenho plena certeza de que não era isso que Deus tinha em mente quando nos outorgou o dom delicado da sexualidade humana.

Precisamos de algo que ultrapassa nossa sabedoria para administrar os dons que Deus nos deu. Precisamos de um Poder Superior para reordenar nossos desejos. Os *pixels* digitalizados na tela de atores pagos, a fuga temporária de um apagão alcoólico, o êxtase momentâneo de uma festa da cocaína — tudo isso destrói a ordem de um mundo bom que Deus nos deu para administrar.

Agostinho prosseguiu dizendo que o mal ultrapassa a soleira de nossa porta como um estranho, depois entra como um hóspede e por fim se instala como dono da casa. Vocês que estão nesta sala conhecem essa espiral descendente, e cada um de vocês poderia contar uma história do prejuízo a que ela conduz. Esse conhecimento sombrio confere a vocês uma vantagem especial, creio eu, porque muitos membros sinceros da igreja vivem num estado de negação. Ao contrário de vocês, eles se consideram imunes ao poder destrutivo do pecado. Ao contrário de Paulo, eles pensam no pecado no pretérito do indicativo.

Recebi uma carta de um alcoólico que havia aprendido a verdade nua e crua:

> Eu sei que posso sair e começar a beber hoje e partir para uma vida maluca só de farras. Posso fazer sexo quantas vezes quiser com todas as mulheres que desejar e viver num estado de bebedeira contínua por um bom tempo. MAS há um problema. Conheço por experiência própria toda a desolação e culpa que acompanha essas coisas. E não quero nada disso. Já provei culpa e desolação tão extremas que simplesmente não queria mais viver — e é por isso, meu amigo, que prefiro não tirar vantagem da generosidade de Deus em sua disposição de me perdoar mais uma vez, caso eu enverede por aquele caminho. [...] Mais ainda, na minha vida presente, de vez em quando eu acho que consigo fazer a vontade de Deus. E, quando isso acontece, então as recompensas são tão tremendas e satisfatórias que eu de certo modo fico viciado nessa intimidade com Deus. Há uma frase comumente repetida na associação dos A.A.: "A religião é para gente que acredita no inferno. A espiritualidade é para gente que já esteve lá".

Um indivíduo não decide um belo dia: "Acho que vou me tornar um viciado". Não, o que acontece é que alguém sente alguma dor, ou rejeição, ou solidão e procura alguma coisa que o alivie disso. No começo a "substância" parece funcionar porque ela entorpece os sentimentos negativos e proporciona um pico de euforia. Mas depois, nas palavras de Dan Wakefield, a dependência continua expandindo o próprio vazio que ela deveria preencher: traz menos alívio e apenas um pouco de prazer.

No fim a dependência começa a prejudicar de fato: prejudica os pulmões, o fígado, o cérebro e também os relacionamentos. Um adolescente descobre os arquivos de pornografia infantil no computador de seu pai. Uma esposa tropeça num *e-mail* da amante de seu marido. Uma mãe sai do nevoeiro da bebedeira e vê a marca vermelha de sua própria mão no rosto da filha. Uma viatura da polícia para na entrada da garagem para examinar um carro depois de um acidente seguido de fuga. A espiral descendente acaba... no fundo do poço. O pecado cobrou seu tributo.

Logo depois de admitir para Timóteo que ele é o pior dos pecadores, Paulo acrescenta as seguintes palavras: "Mas por isso mesmo alcancei misericórdia, para que em mim, o pior dos pecadores, Cristo Jesus demonstrasse toda a grandeza da sua paciência, usando-me para aqueles que nele haveriam de crer para a vida eterna". Ele não consegue deixar de inserir uma rápida oração de agradecimento: "Ao Rei eterno, o Deus único, imortal e invisível, sejam honra e glória para todo o sempre. Amém!".

Os viciados não apenas me ensinam sobre a natureza e as consequências do pecado, eles também comprovam nossa permanente necessidade da graça. Eu recebi outra carta de um alcoólico que escreveu por extenso o número 901.800.000.000.000: ele havia calculado o número total de pecados se todos os habitantes da terra vivessem durante setenta anos e pecassem apenas uma vez por dia durante a vida. (Eu cheguei a um número diferente, mas mesmo assim impressionantemente grande.) Ele fez isso não como um exercício mórbido, mas, sim, como uma celebração matemática da maravilhosa graça de Deus. Seguindo os doze passos, todos os dias ele pedia a Deus para afastar seus erros, imperfeições e defeitos de caráter, e depois exultava no perdão divino.

Algumas igrejas conduzem seus membros através de orações de arrependimento, e muitas celebram a comunhão ou a eucaristia ou a missa como um sacramento de confissão e perdão. Mas, de acordo com minha experiência, poucas igrejas conseguem o tipo de contrição praticado por vocês nos grupos de viciados. Em vez disso, muitos cristãos saem da igreja com um sentimento de orgulho satisfeito: *Olhem para nós. Nós nos levantamos cedo e fomos para a igreja em vez de ficar cortando a grama do jardim ou vendo esportes na televisão.* Ao contrário disso, os viciados deixam seu grupo dos doze passos conscientes de seus erros e também animados por uma poderosíssima sensação da graça de Deus. As frases afixadas na parede expressam isso muito bem: *Um dia por vez. Progresso espiritual, não perfeição. Vim, vim à tona, vim à tona e creio. Vá com calma e vá com Deus. Não trague; entregue. Só com a graça de Deus eu chego lá.*

Neste encontro eu ouvi histórias comoventes de vergonha e fracasso, relatos do que levou vocês a buscarem ajuda. Eles me fizeram lembrar da igreja da minha infância quando ouvia "testemunhos" de homens e mulheres que encontraram Deus depois de uma vida de degradação. Mas percebo uma diferença importante aqui. Os testemunhos da igreja descreviam graficamente o passado, mas tendiam a terminar com a conversão. Vocês prosseguem descrevendo a luta contínua, uma necessidade permanente da graça de Deus. Como meu amigo que pensa no Jack Daniel's no instante em que acorda, vocês não conseguem fugir da consciência dessa necessidade da graça. Vocês não dispõem do luxo da negação.

"Se eu subir aos céus, lá estás", escreve o salmista, que logo acrescenta: "se eu fizer a minha cama na sepultura, também lá estás". Vocês aprenderam que nós não podemos cair fora do alcance da graça de Deus. Por mais baixo que seja o fundo de nosso poço, a graça de Deus vai ainda mais fundo. A beleza da graça é que ela não nos deixa lá.

Ouvi um comediante profissional descrever o princípio que diz: "A primeira ideia é errada". No processo da recuperação ele começou a desconfiar de suas primeiras ideias. "Preciso de um drinque". *Não caia nessa. Você sabe aonde isso vai dar.* Por coincidência eu estava estudando a epístola aos Romanos naquela ocasião, e em Romanos 7 Paulo faz uma eloquente descrição desse mesmo princípio. Observem que mais uma vez ele emprega o tempo presente. "Não entendo o que faço. Pois não faço o que desejo, mas o que odeio". A linguagem dele misteriosamente se parece com o que ouvi hoje enquanto vocês descreviam suas lutas contra o vício. "Miserável homem que eu sou!", conclui Paulo.

Em seguida, como se alguém mudasse o canal, o tom abruptamente muda. Paulo corrige a fórmula da "primeira ideia errada" com uma dose de realidade da graça: "Portanto, agora já não há condenação para os que estão em Cristo Jesus". Não conheço nenhum corretivo melhor para o raciocínio errado e nenhum lembrete melhor da graça de Deus do que a leitura cotejada de Romanos 7 e 8. Deus quer alterar nossas primeiras ideias para que elas reflitam nossa verdadeira condição de filhos queridos perdoados por Deus.

Há pouco tempo estive junto ao leito de um parente meu que havia sofrido um acidente vascular cerebral progressivo. Certo dia, enquanto jogava golfe, ele começou a sentir a visão embaçada. Alguns dias depois sua fala ficou confusa. Depois ele perdeu o movimento da perna e do braço do lado direito. No dia seguinte, ele já não conseguia andar. Quando cheguei ao hospital e me sentei a seu lado, ele estava imóvel com o olhar vazio fitando o nada. Pouco a pouco seu cérebro desligara partes do corpo, como um piloto desligando os sistemas de uma aeronave. Um exame de ressonância magnética acusou três pontos mortos no cérebro e uma grande área em risco abrangendo quase um terço da superfície total. Um neurocirurgião decidiu fazer uma intervenção complicada durante a qual parte do crânio foi removida e uma artéria próxima do couro cabeludo foi redirecionada para uma região mais profunda do cérebro. A ressonância magnética pós-operatória mostrou que a área em risco estava agora inundada de sangue, e o funcionamento normal começava a voltar. Eu pude ver uma clara diferença em sua capacidade motora no espaço de poucas horas após a cirurgia. Ao longo das semanas seguintes ele foi gradativamente recuperando a fala, bem como as funções do braço e da perna do lado direito.

A observação desse meu parente me proporcionou uma vívida metáfora para o pecado e a graça. Essa embolorada palavra — *pecado* — simplesmente identifica aquelas ações que nos trazem danos físicos e espirituais. Abusando dos dons de Deus, nós introduzimos alguma coisa estranha em nossa alma. Quando se permite que o pecado se torne um vício, ele causa sérios prejuízos, desligando o potencial para o qual fomos criados. O arrependimento remove o bloqueio e restaura a alimentação das áreas em risco, liberando o fluxo vital e purificador da graça de Deus.

Os viciados me ajudaram a entender alguns dos mistérios mais profundos da vida cristã. Depois de ler *As institutas da religião cristã,* de João Calvino, e *A escravidão da vontade,* de Martinho Lutero, eu tinha na cabeça mais perguntas que respostas. Somos de fato livres? Como podemos ser responsabilizados por algum tipo de pecado original que nos foi legado por Adão ou até mesmo por uma família desajustada? Deus conhece o meu futuro por meio da predestinação e de alguma presciência?

Depois comecei a me encontrar com um amigo aqui de Chicago que se debatia com as mesmas questões de uma forma mais pessoal. "Para mim o passo mais difícil rumo à recuperação foi o primeiro passo: admitir que eu era impotente, que não podia gerir minha própria vida", disse ele. "A associação dos A.A. insiste em que meu alcoolismo é uma doença, e eu concordo. Posso rastrear o histórico genético em minha família bem como meus próprios desequilíbrios químicos. A maior parte do tempo enquanto estava bebendo eu sentia que não tinha nenhuma escolha, nenhuma liberdade. Eu não podia continuar sem o vício; tinha de ceder. Naquela época eu culpava a depressão, o fracasso profissional, a rejeição sexual, qualquer coisa. No entanto, devo também admitir que cada vez que eu tomava um drinque havia uma fração de segundo em que fazia uma escolha livre, com pleno conhecimento das consequências. Agora faço minha escolha optando por não beber".

Eu o interrompi: "Mas você disse que o alcoolismo era uma doença".

"Eu sei, eu sei. Parece uma contradição. Mesmo assim, para fazer qualquer progresso, tive de assumir plena e total responsabilidade por *todo* o meu comportamento, até mesmo pelo que acontecesse durante os blecautes em que não havia percepção consciente. Meus amigos A.A. me fizeram parar de culpar quem quer que fosse, exceto a mim mesmo. De fato, embora muitos cristãos evitem a doutrina do pecado original, ela faz perfeitamente sentido para a média das pessoas dos A.A. Nós não precisamos escolher a bebida, mas não conseguimos evitar isso. Nunca sairemos desse ciclo se não admitirmos que somos impotentes e precisamos de ajuda externa. E, mesmo quando pedimos a ajuda de Deus, mesmo então precisamos trabalhar como loucos para ficarmos sóbrios.

Nos relatos do evangelho, Jesus mostra grande compaixão para com gente que está no fundo do poço. Ele mais do que ninguém entendia os pecados institucionais como o racismo e a injustiça, bem como os desafios enfrentados pelos deficientes. De forma persistente, porém, Jesus enfatiza a liberdade, devolvendo a responsabilidade ao indivíduo. "Você quer ser curado?", pergunta ele, e só quando a pessoa responde "Sim" a cura acontece. Deus não nos oferece apenas o *insight* para que vejamos nosso verdadeiro estado de perdoados, mas também o poder de concretizar esse estado.

Meu amigo prosseguiu dizendo que ele ouviu este comentário na associação dos A.A., e ele mesmo o adotou: "Eu sei que há outro bêbado dentro de mim. O problema é que receio que não reste dentro de mim outro capaz de ficar sóbrio". Essa imagem, um bêbado e um sóbrio lutando lá dentro, evoca imagens da vida cristã que ouvi na infância. Ilustrações usadas nas aulas dominicais de religião retratavam um lutador hirsuto e mal-encarado com jeito de turco engalfinhando-se com outro lutador distinto e louro com jeito de escandinavo dentro do coração humano. Às vezes o "cristão carnal" vencia, e o turco pregava o escandinavo na lona, e às vezes o "cristão espiritual" acabava por cima. Isso, dizia o professor, representava as batalhas espirituais que acontecem no interior de cada cristão.

Apesar de sua crueza, a ilustração reflete algo da realidade. O ser humano é complexo, e raramente o comportamento se reduz a uma única causa ou explicação. Como dizia o líder dos direitos civis W. E. B. Du Bois referindo-se a sua raça, numa formulação que se aplica a todos nós: "Somos mais do que parecemos ser". Eu acho que estou controlando a situação, e depois surgem emoções que me apanham desprevenido. A terapia pode me ajudar a identificar aspectos ocultos de minha personalidade, mas outros aspectos permanecerão para sempre inacessíveis. Eu posso, sem me dar conta disso, representar questões não resolvidas de minha infância, ou agir por causa de um desequilíbrio químico.

Um conhecido meu, que é consultor de negócios, descreve o que ele chama de o modelo pessoa-como-firma da personalidade. "Eu opero em grande parte como o presidente de uma firma. Minha 'firma' (eu mesmo) engloba muitos e diferentes 'empregados' — ou seja, meus sentimentos, meus impulsos, minha disposição genética, minhas escolhas racionais — que dividem a mesma sede, meu corpo. Como presidente, eu posso ser responsável pela firma, mas nem sempre tenho controle direto sobre todos os empregados. De fato, com certa frequência um deles me surpreende assumindo o controle. Eu tenho uma explosão emocional ou tomo uma decisão impulsiva e me pergunto como foi possível que aquilo acontecesse".

Exatamente quando penso que tenho a mim mesmo — a firma — sob controle, algum empregado derrama uma xícara de café, chega atrasado para uma reunião, não cumpre um prazo, e isso geralmente solapa o que "eu" tento conseguir a duras penas. A firma dá uma guinada e sai do meu controle, e sua própria existência é ameaçada. "Eu tenho outro bêbado dentro de mim, mas será que tenho outro capaz de ficar sóbrio?", pergunta-se o alcoólico. "Não entendo o que faço. Pois não faço o que desejo, mas o que odeio", diz Paulo. Somos mais do que parecemos ser.

Como Paulo explica em outra passagem, o cristão pode recorrer a recursos adicionais. "Nesse homem me gloriarei, mas não em mim mesmo, a não ser em minhas fraquezas", diz ele aos coríntios. "Portanto, eu me gloriarei ainda mais alegremente em minhas fraquezas, para que o poder de Cristo repouse em mim". Seguindo a analogia, poderíamos dizer que a conversão convida um novo diretor para a firma falida. Com uma grande injeção de capital novo, ele busca uma fundamentação estável e começa o trabalho longo e lento da criação de unidade e saúde corporativa. Como qualquer diretor, ele obtém êxito não impondo sua vontade, mas mobilizando os membros para que se unam e trabalhem em equipe. Como bem expressam os doze passos, esse processo envolve uma dependência constante de Deus e dos outros. Paradoxalmente, exercemos nossa liberdade da melhor maneira através da dependência.

Finalmente, eu gostaria de ser um alcoólico porque acredito que vocês têm muito a ensinar sobre o que a igreja pode e deve ser. Acho irônico e lamentável que alguns dos viciados mais espiritualizados que eu conheço evitem a igreja porque a veem como um lugar para gente que já tem tudo bem resolvido. Deus do céu! Eu conseguiria pensar em maneiras muito mais divertidas de passar as manhãs de domingo se já tivesse tudo bem resolvido. O fato de eu frequentar a igreja expressa minha necessidade de Deus e da família de Deus — as mesmas razões que levam vocês a frequentar grupos de recuperação. Mas muitas vezes eu volto para casa com uma sensação de vazio porque a igreja esconde a realidade com um verniz de respeitabilidade. Que fizemos para mostrar a igreja como um lugar de gente de bem, em vez de um lugar para a gente ficar bem?

Dorothy Day, fundadora do Movimento do Trabalhador Católico, passou a vida servindo a viciados e fracassados. No seu diário ela admitiu a tentação de desistir dessa gente. Logo em seguida, ela apresentou a razão que não lhe permitia agir assim:

> Sim, eu enxergo com muita clareza como as pessoas são más. Eu gostaria de não enxergar a coisa desse jeito. São meus próprios pecados que me dão essa clareza. Se eu não tivesse as cicatrizes de tantos pecados embotando minha capacidade de amor e alegria, então eu veria Cristo com maior clareza em todos vocês. Não posso preocupar-me muito com os pecados e misérias de vocês, pobres companheiros de viagem, companheiros de sofrimento. Não quero acrescentar a menor palha ao fardo que vocês já carregam. Todos os dias oro pedindo a Deus para dilatar meu coração a tal ponto que eu possa enxergar todos vocês, e viver com todos vocês, em seu amor.

Foi a brutal honestidade de Doroty Day sobre si mesma — sua gravidez fora do casamento, sua língua ferina, seu pavio curto — que lhe permitiu mostrar benevolência para com os outros. Eu desejo vivamente uma igreja repleta de graça, que recompense a honestidade em vez de a castigar; que, seguindo Jesus, exista para os pecadores, e não para os justos; para os enfermos, e não para os sadios. Todos estamos enfermos, todos estamos doentes, e os grupos de recuperação de vocês reconhecem esse fato como um pré-requisito de adesão.

Nem todos apreciam essa ênfase. Sempre que falo sobre o tópico da graça e depois da palestra há um tempo para perguntas, é inevitável que alguém mencione a questão do "abuso da graça". Que dizer sobre gente que tira vantagem do perdão? Que dizer sobre regras e responsabilidade? Que dizer sobre a prestação de contas?

Essas perguntas fazem algum sentido. Talvez vocês conheçam o romance *Despedida em Las Vegas*, de John O'Brien, transformado num filme estrelado por Nicholas Cage. No filme Siera, uma prostituta, se apaixona por um homem que claramente está procurando a própria morte na bebida. "Eu sei que você nunca vai mudar", diz ela, e promete aceitá-lo como ele é. Numa exposição trágica da codependência, ela lhe dá um cantil de prata como presente de aniversário. No fim, Siera e Ben se destroem a si mesmos (como fez John O'Brien, que se suicidou aos 34 anos, duas semanas depois de vender os direitos do filme de seu romance). Os dois amantes morreram de abuso da graça.

Muitos de vocês poderiam contar histórias semelhantes de codependência. Todavia, seus grupos dos doze passos ajudam a fornecer exatamente a prestação de contas que impede o abuso da graça. Vocês detectam qualquer um que pareça falso ou que se negue a reconhecer seu vício. Usando um sistema de camaradagem, vocês tornam a graça visível prestando assistência e mútuo apoio das maneiras mais práticas: limpando vômitos, permanecendo a noite inteira ao lado de um amigo que está se desintoxicando. Vocês enfocam uma falha humana, o vício, e como uma verdadeira comunidade vocês se sentem no dever de prestar contas por essa falha. Como um alcoólico me disse: "Se eu entrasse numa sala dos A.A. e dissesse: 'Acabo de atirar na minha mulher', alguém perguntaria: 'Bem, você vai sair para beber?'". Nenhuma igreja que eu conheço oferece esse tipo de prestação de contas 24 horas por dia.

Ernest Kurtz, que escreveu a história dos Alcoólicos Anônimos, observa: "O que une os alcoólicos, o que possibilita que um alcoólico aprenda com outro, é que a fundação que eles compartilham não é uma força mas, sim, uma *fraqueza*; cada indivíduo sabe o que *não* pode fazer". A igreja precisa desse lembrete — um lembrete, não uma novidade, pois o apóstolo falou de sua própria fraqueza mais de trinta vezes. Líderes cristãos talvez peçam desculpas publicamente depois de alguma transgressão maior, mas quantos discutem abertamente suas dúvidas, suas previsões erradas, seus preconceitos e exageros? Vocês nos fazem lembrar do perigo que representam as tentações importunas, os encobrimentos e as prevaricações negligentes. Como pontos cobertos de gelo ao longo de uma trilha nas montanhas, essas coisas tornam o caminho escorregadio e levam para quedas desastrosas.

Eu tenho a impressão de que, se o mundo que observa a igreja a visse como um lugar que acolhe pessoas fracassadas para curá-las, isso exerceria um impacto maior do que todo o conjunto de nossos programas assistenciais. Um dos sete monges trapistas martirizados por terroristas na Argélia em 1996 descreveu sua vocação de uma forma que pode ser tomada como uma definição da igreja: "Um monge é simplesmente um pecador que se junta a uma comunidade de pecadores que confiam na misericórdia de Deus e se esforçam para reconhecer suas próprias fraquezas diante de seus irmãos".

Isso poderia também ser tomado como uma descrição do grupo de vocês, já que vocês procuram reancorar os doze passos na estrutura bíblica de onde eles vieram. Reconhecendo um relacionamento interrompido com Deus, aceitando a responsabilidade moral pelas falhas, admitindo a impotência e a necessidade de ajuda externa, pedindo a Deus que remova defeitos de caráter, comprometendo-se a compensar todos os que foram prejudicados, buscando por meio da oração um contato melhor com Deus, transmitindo essa mensagem de cura a outras pessoas — a fórmula dos grupos dos doze passos vem diretamente das páginas da Bíblia.

Graças a gente como vocês, nós outros não precisamos nos tornar alcoólicos ou dependentes químicos para aprender essas lições. Podemos ver em vocês nossos mentores em situações de fracasso e aplicar o que aprenderam à nossa vida.

Várias vezes em meus escritos eu me referi a meu amigo alcoólico George, que coincidentemente esta noite está aqui presente. Ele me disse que a primeira vez em que sem querer se envolveu com uma reunião dos A.A., numa penosa noite uns vinte anos atrás um grupo de pessoas completamente desconhecidas o acolheu de braços abertos e lhe disse para "voltar sempre". George chegara ao fundo do poço, sua vida estava uma confusão, e, já que naqueles dias ninguém mais lhe dizia palavras como aquelas, ele aceitou o convite.

George às vezes enfrenta uma reação diferente dos amigos de sua igreja: "Você ainda não encerrou essa questão?", perguntam eles. E George lhes responde o seguinte: "Eu percebo que pelo resto da vida posso frequentar reuniões dos A.A. e ninguém vai me perguntar: "Você ainda não encerrou toda essa conversa sobre seu alcoolismo?". Eles simplesmente me dirão: "Volte sempre — que bom que você conseguiu voltar".

Mumbai, novembro de 2008

10 O ciclo de ódio é interrompido

Muitas vezes minhas viagens me levaram para aqueles países do "choque cultural" sobre o qual alertei os estudantes da faculdade bíblica, havendo até mesmo três viagens para a Índia. Visitei esse país pela primeira vez em 1982 e novamente em 1990 enquanto fazia pesquisas para os livros que escrevi com o dr. Paul Brand, o cirurgião ortopédico inglês que fundou um renomado hospital para leprosos no sul da Índia.

Na Índia, o dr. Brand sentia-se mais em casa que na Inglaterra ou em sua nova casa, um leprosário na Louisiana. Ele preferia banhar-se à maneira indiana, derramando conchas de água sobre a cabeça, em vez de usar os métodos mais pródigos do chuveiro ou da banheira. Ele não precisava de utensílios para se alimentar, pois dominava o estilo indiano de formar um bolinho de arroz com uma das mãos e misturá-lo à carne ou aos legumes. Andava descalço sempre que possível, não perdendo a oportunidade de exaltar as vantagens desse hábito para os pés e a postura, ao mesmo tempo em que fazia invectivas contra os avisos "Não tem sapatos? Não tem camisa? Não tem serviço!" afixados em restaurantes e lojas dos Estados Unidos. (Viajando com ele, eu tentei essas três técnicas e concluí que prefiro chuveiros, talheres e sapatos.)

O que é mais importante é que o dr. Brand amava o povo indiano e ele me transmitiu esse amor. Quem visita a Índia pela primeira vez fica chocado com a pobreza de Calcutá, onde meio milhão de pessoas dormem nas ruas todas as noites, ou com as vastas favelas de Mumbai retratadas no filme *Quem quer ser um milionário*. Na minha primeira viagem à Índia o avião circulou sobre o aeroporto de Madras, enquanto um jipe com faróis de milha acesos percorria a pista de pouso nos dois sentidos para afastar dela as pessoas deitadas sobre o asfalto quente. O dr. Brand tratara dos mais pobres dentre os pobres, uma vez que muitos de seus pacientes provinham da casta dos intocáveis, mas mesmo assim ele os conhecia não como uma classe, mas como indivíduos. Às vezes ele chorava ao me contar as histórias de sacrifício e rejeição dessa gente. Pelos olhos dele eu vi a graça e o poder de recuperação que possibilitam que um bilhão de pessoas compartilhem uma região sobrecarregada.

Naquela primeira visita fiquei com o pescoço dolorido de tanto virar-me para cá e para lá tentando registrar visões do circo de cinco picadeiros que é a Índia. Um elefante pintado com cores brilhantes caminhando desacompanhado pela rua entre vacas ao léu. Um encantador de serpentes com seu mangusto e uma cesta cheia de cobras. Puxadores de riquixás, alguns de bicicleta e outros a pé, abrindo perigosamente seu caminho por entre o tráfico impossível. Mulheres de coloridos sáris de seda, cada um diferente do outro, exóticas como aves tropicais. Um macaco vestindo uma jaqueta bordada e um fez ou barrete turco, sentado sobre um cachorro e fumando um cigarro enquanto seu dono tenta vender fotografias. Um templo hindu revestido de pedras com gravuras pornográficas ao lado de uma austera mesquita muçulmana destituída de imagens.

Permaneci sentado imóvel por três horas contemplando o nascer do sol e o jogo de luz no perolado Taj Mahal. Caminhei pelas *ghats* ou escadarias quentes de Varanasi, aspirando o cheiro repugnante de carne humana enquanto crepitantes fogueiras reduziam cadáveres a cinzas que seriam despejadas no rio Ganges. Balancei pelas estradas esburacadas do interior, observando pelotões de camponeses plantando arroz manualmente, enquanto meu motorista ia desviando de animais, de gente e de veículos que apinhavam a estrada. Evitei mendigos em Calcutá depois de saber que muitas das crianças cegas e com membros retorcidos haviam sido deformadas por grupos que as usam para obter seus lucros.

"A Índia mudou", me diziam enquanto eu me preparava para a terceira visita no fim de 2008. "Você não vai reconhecê-la. É a Nova Índia, com companhias de tecnologia de ponta, luxuosos *shopping centers* e arranha-céus.

Isso mesmo, vi mudanças óbvias de imediato. Desde minha primeira visita em 1982, o aumento dos habitantes da Índia representava um número maior que o total da população dos Estados Unidos, o que deixava as ruas e as cidades ainda mais apinhadas. Os jornais informavam que a Índia lança nas ruas quatro mil novos carros por dia. Hoje as ruas ostentam Mercedes, Audis e de vez em quando até algum Jaguar; motocicletas e táxis de três rodas vão costurando pelo emaranhado do trânsito como peixes pequenos atravessando um cardume de peixes maiores.

Mas nada na Índia desaparece: as camadas simplesmente se acumulam. Carros exóticos ainda têm de dividir as rodovias com carroças puxadas por bois, cavalos e talvez um elefante ou um camelo. Os fios elétricos que agora se entrecruzam nas grandes cidades são cômodos caminhos elevados para macacos que ali moram. Prédios modernos às vezes se elevam sobre as principais cidades; mas saia das áreas urbanas, e a antiga Índia reaparece: mulheres caminham pela estrada com vasos de latão e panelas balançando sobre a cabeça; búfalos aquáticos puxam arados feitos à mão para lavrar a terra; trabalhadores da irrigação passam o dia inteiro desviando água de um canal para outro; velhas corcundas varrem as ruas com vassouras de palha sem cabo. Disseram-me que o número de indianos que possuem um telefone celular supera o dos que têm acesso a água limpa.

A realidade social da Índia causa perplexidade. São 160 milhões de *dalits*, antes conhecidos como intocáveis, vivendo no último degrau da escala das castas. Embora sejam nominalmente hindus, eles não podem entrar em templos hindus; por isso nos últimos anos se voltaram cada vez mais para outras religiões, incluindo o cristianismo. Viajei para a Índia duas semanas depois da eleição de Barack Obama, e um intelectual *dalit* me disse: "Vocês, americanos, estão celebrando a eleição de um homem negro apenas 250 anos depois da escravidão. Nós ainda estamos aguardando a libertação depois de passar quatro mil anos sob a casta hindu".

Logo acima dos *dalits* estão as castas de outros atrasados que compõem mais da metade da população da Índia: 600 milhões de pessoas. Os ativistas dessas castas consideram o hinduísmo uma estrutura social opressiva organizada para mantê-los numa condição inferior. Obviamente, qualquer sinal de resistência provoca uma explosão dos hindus fundamentalistas, o que em parte explica um levante na província de Orissa em 2008, que fez cinquenta mil cristãos deixarem suas casas e fugir para as florestas, enquanto suas residências e suas igrejas estavam em chamas.

Um amigo indiano me disse: "Meu país é tão diversificado, com tantas castas e subculturas e mais de 1.500 línguas, que eu tenho mais em comum com você do que gente de outras partes da Índia". Recém-chegados percebem a luta, a divisão de classes, o aparente caos de um bilhão de pessoas com lealdades conflitantes. Sob a superfície, porém, descobrem-se sinais de compaixão, e deixamos o país assombrados com sua fortaleza. Sempre castigada, mágica, intrigante, misteriosa — qualquer adjetivo em que se possa pensar se aplica à Índia.

Em Hyderabad passei um dia visitando escolas Bom Pastor, um projeto voltado para os *dalits* que construiu 80 escolas em vários pontos da Índia. Nosso anfitrião Joseph d'Souza explicou: "Os primeiros missionários dirigiram seus esforços para os brâmanes, a casta superior, na esperança de que a mensagem libertadora do evangelho escorresse para baixo chegando aos oprimidos. Não foi o que aconteceu. Agora estamos trabalhando no sentido contrário, partindo das castas mais baixas".

Numa escola do interior 400 estudantes, em posição de sentido, formando filas perfeitas, aguardavam nossa chegada. Fizeram discursos, leram em voz alta as notícias do dia, cantaram o hino nacional e alguns hinos religiosos, depois recitaram o salmo 23 e marcharam para suas salas de aula, onde orgulhosamente exibiram seus conhecimentos aos visitantes, gritando as tabuadas e o alfabeto como se quisessem ganhar um ponto a mais pelo volume da voz: "A maiúsculo, a minúsculo! B maiúsculo, b minúsculo! C maiúsculo, c minúsculo!" Fiquei impressionado com a ausência daquele cinismo que se verificaria numa escola desse gênero nos Estados Unidos. Ninguém com roupa desleixada ou sentado de modo relaxado com aquela atitude de quem diz: "Duvido que você me ensine alguma coisa". Essas crianças são a primeira geração de *dalits* em quatro mil anos a receber uma educação formal, e a estão recebendo em inglês, o que lhes garante possibilidades de empregos melhores. Como benefícios à parte, também recebem uma boa merenda, assistência médica e dois uniformes escolares, de longe as melhores roupas que elas têm. O orgulho que levam para casa todos os dias eleva o espírito de toda a comunidade.

À tarde visitamos uma "aldeia de tubos", onde moram alguns dos alunos: é uma comunidade precária localizada perto de uma fábrica que produz grandes tubos de concreto usados para canalizar o esgoto e as águas pluviais. Durante anos a fábrica descartou tubos com defeitos num campo a céu aberto, e com o tempo ali se instalaram famílias de trabalhadores, que hoje vivem dentro desses tubos de aproximadamente 1,80 metro de diâmetro, sem dispor de eletricidade ou água corrente. O dia inteiro o concreto absorve o calor do sol, de modo que quando me abaixava para entrar nas minúsculas casas de tubo eu tinha a sensação de entrar num forno.

Crianças maltrapilhas corriam uma atrás da outra em caminhos de terra, posavam para fotos e cantavam para os visitantes estrangeiros. Reconheci alguns dos alunos que algumas horas antes estavam na fila em seus elegantes uniformes. Uma menininha anunciou com orgulho que planejava ser médica. "Que tipo de médica?", perguntei. "Cardiologista!" Mal pude imaginar o tamanho do salto da ambição dessas crianças *dalits* que antes enfrentavam uma vida inteira varrendo ruas e limpando latrinas de castas superiores.

Os indianos são sempre hospitaleiros. Viajando de uma cidade para outra, em cada aeroporto éramos recebidos com grandes bandeiras com fotos, colares e buquês de flores e às vezes um coro de escolares uniformizados cantando saudações. As boas-vindas enfatizavam o que para mim constituía a maior mudança: meu novo papel. Em três décadas desde minha primeira visita à Índia, muitas coisas haviam acontecido na minha vida. Em 1982 eu era um jovem jornalista de cabelo crespo que acompanhava um homem por mim estimado e admirado. Eu fazia anotações, entrevistava amigos e colegas, procurava maneiras de captar a vida e os pensamentos de Paul Brand. Em 2008 eu estava numa turnê de palestras patrocinada pelo editor de meus livros. Em cada cidade via-me obrigado a subir numa plataforma com luzes incidindo em meus olhos. Devo confessar que o antigo papel me deixa mais à vontade que o novo. E eu fico abismado vendo que o que escrevo em meu escritório no Colorado pode despertar sentimentos em pessoas que levam a vida de uma minoria religiosa, num país quente e apinhado do outro lado do mundo.

Meus anfitriões indianos haviam pedido que eu falasse sobre a graça, tópico adequado num país tão diverso e dividido. O ciclo de palestras ia acontecendo, e cada cidade apresentava desafios singulares. Na primeira noite, em Nova Délhi, eu soube ao chegar ao local da reunião que várias centenas de *dalits* estariam presentes, e isso exigia que a palestra fosse traduzida — o que significava que a fala precisava ser rapidamente reduzida à metade porque a tradução dobra o tempo dela. Uma multidão de três mil pessoas sentadas ao ar livre, e eu tive de competir com buzinas e alarmes de carros, bem como com um teimoso computador que projetava minhas imagens de *powerpoint* sempre nos momentos errados. Em Bangalore a energia insistia em cortar o sistema de som durante as apresentações dos solistas. (Ninguém se surpreende com um corte de energia na Índia, apesar de sua fama de capital do mundo da alta tecnologia.) Em Hyderabad a vítima fui eu: no meio da palestra o enorme auditório ficou totalmente às escuras. Eu fiquei lá sem graça por alguns minutos, sem saber o que fazer até que alguém gritou: "Ainda podemos ouvi-lo!" — e assim passei a gritar no escuro até as luzes e a energia voltarem.

Para mim parecia um discurso num campo de combate, mas os indianos são pacientes e nada parecia assustá-los. As reuniões começavam entre 17h30 e 18h, e eu geralmente iniciava a palestra às 20h, depois de muita música, longas introduções e agradecimentos sem fim dirigidos à administração e aos voluntários. Depois Janet e eu nos sentávamos a uma mesa durante uma hora para cumprimentar as pessoas e autografar livros, tendo uma multidão de indianos ao nosso redor empurrando contra nossa cara não apenas livros, mas também câmeras fotográficas e câmeras de celulares. Pelo que parece, os britânicos não conseguiram passar adiante sua tradição de filas bem ordenadas.

Essa foi minha primeira visita à Índia sem o dr. Brand, que me havia apresentado esse país. Manifestei meu apreço por ele em todas as palestras, e fatalmente alguém mencionava alguma ligação com ele. Em Hyderabad, por exemplo, uma senhora de idade vestindo um sári roxo contou-nos ter viajado doze horas de trem para assistir à reunião daquela noite. Em 1980, ela leu *Fearfully and Wonderfully Made* [*Feito de modo especial e admirável*] logo depois de sua publicação e começou o orar para que seu filho seguisse os passos de Paul Brand como médico. Ela não disse nada a ele sobre sua oração, uma vez que os filhos muitas vezes fazem o contrário do que seus pais desejam, mas apesar de tudo ele fez um estágio na Faculdade Médica em Vellor, onde o dr. Brand foi professor, e hoje ele trabalha como cirurgião de mãos num departamento denominado "Dr. Brand". O legado perdura.

O ciclo de palestras, agora já quase no fim, transcorrera bem. Partiremos daqui inspirados por gente que pratica sua fé de um modo que está transformando a sociedade, sobretudo entre os *dalits*. Sobra-nos um compromisso, amanhã à noite, um evento no centro de Mumbai. Vamos passar a noite de hoje na casa do dr. Stephen Alfred, num subúrbio a uns 35 quilômetros do centro da cidade. Nossos anfitriões pedem desculpas por nos alojarem numa residência particular, e não num hotel de turistas no centro; eles querem que vejamos o impressionante hospital e a clínica para aidéticos construídos pelo dr. Alfred.

À mesa do jantar ouvimos parte da história de Stephen Alfred. Ele estudou na Inglaterra, casou-se com uma inglesa e era um cirurgião bem-sucedido até que uma noite teve uma espécie de visão. Ele ouviu Deus lhe fazendo três perguntas: Por que eu o criei indiano? Por que o fiz bom? O que você está fazendo em relação a isso? Perseguido por essas perguntas, ele abandonou sua atividade, mudou-se com a família para a Índia e abriu um hospital voltado para os pobres.

No dia seguinte, acordei no escuro, vesti-me para uma corrida, e sem fazer ruído saí pela porta da frente. Os Alfred moram num condomínio fechado, e eu saudei jovialmente o guarda junto à saída. Tenho o costume de me perder nessas minhas corridas matinais, por isso vou na direção de um lago próximo, ao redor do qual posso ficar correndo, em vez de tentar negociar as curvas das ruas.

Há vendedores de *chai* em cada esquina. Algumas pessoas dirigem seu olhar para o estrangeiro magrela, de pernas brancas, mas ninguém me incomoda. Prossigo observando o chão, para não pisar em excrementos de cachorros, vacas, bodes, porcos e outros animais. A manhã está fresca, e vindo eu da altitude do Colorado para uma cidade ao nível do mar, a corrida me deixa refrescado e revigorado. Consegui superar esta viagem sem nenhum problema intestinal, uma novidade para mim na Índia.

Ao voltar, acho estranho ver os Alfred me esperando junto à porta. "Você está bem?", pergunta Stephen num tom preocupado. "Já íamos mandar uma equipe a sua procura. Melhor entrar. Parece que estão atacando estrangeiros".

E agora recebo a notícia. A noite passada, enquanto estávamos sentados à mesa contando histórias, terroristas do Paquistão desembarcaram no centro de Mumbai e atacaram dez pontos diferentes, incluindo a principal estação de trem, vários hotéis turísticos, um hospital, uma lanchonete, um cinema, uma faculdade e um centro comunitário judaico. Mumbai está sob cerco policial enquanto renhidas batalhas ainda estão sendo travadas no centro judaico e no Hotel Taj Mahal. Não haverá reunião no centro da cidade esta noite. Os Alfred também cancelaram nossas reservas no hotel junto ao aeroporto e puseram sua casa à nossa disposição até as coisas se acalmarem.

Reunimo-nos diante de uma pequena televisão na sala de visitas para acompanhar as notícias. Onze policiais morreram, incluindo o chefe de segurança pública. O número de civis mortos cresce a cada hora: no mínimo 70, talvez 100, a maioria deles na estação de trem, mas não foram contados os corpos nos dois principais hotéis de Mumbai, ambos ainda sob uma densa fumaça. (O registro final atingirá 165 mortos, com 380 feridos.) Alguns hóspedes dos andares mais altos estão debruçados nas janelas agitando toalhas. Tanques de guerra e carros blindados cercam o cenário, juntamente com vários milhares de curiosos.

Sentamo-nos para o café da manhã e enquanto damos graças eu me lembro que mais tarde, no dia de hoje, a uns treze fusos horários de distância, os americanos vão celebrar o Dia de Ação de Graças. Temos muito o que agradecer, a começar pela segurança. Poderíamos estar hospedados num hotel do centro perto do local escolhido para a palestra, não fosse pelo "desvio" do itinerário.

Mal começamos a comer, e o telefone toca. Um minuto depois, para minha surpresa, Stephen diz: "É para você". Quem sabe que eu estou aqui? Depois de muitas pesquisas pela internet e muitas ligações telefônicas para nossos patrocinadores indianos, a família de Janet, reunida para celebrar a data, conseguiu nos localizar. "Vocês estão bem?", pergunta a irmã dela. "Aqui as notícias parecem terríveis, e ficamos muito preocupados".

Assim começa uma maratona de horrores. Continuamente me lembro de imagens de 11 de setembro de 2001, quando nosso país inteiro ficou colado à televisão. *Um avião chocou-se com o World Trade Center — não, dois aviões. E não são aviões pequenos; são grandes jatos de passageiros. Há uma notícia de outro avião no Pentágono. E uma explosão numa área rural da Pensilvânia. Estamos sendo atacados. Espere, umas das torres está oscilando. Está começando a ceder. Meu Deus, ela está caindo! Umas cinquenta mil pessoas trabalham nessas torres...*

A maioria dos atos terroristas acontece de repente e termina igualmente do mesmo modo; este se arrasta durante quase três dias. A televisão indiana apresenta uma cobertura ininterrupta, e fica evidente que os próprios terroristas estão acompanhando os relatos da mídia, ajustando suas posições enquanto observam imagens em tempo real de comandos descendo de helicópteros sobre os tetos dos prédios ocupados por eles. Na primeira noite, policiais locais atacaram os hotéis ocupados armados com pistolas automáticas de nove milímetros, e os terroristas os receberam brandindo granadas e fuzis AK-47. Os comandos federais adequadamente armados levaram um dia inteiro para chegar.

A vida normal para, exatamente como aconteceu nos Estados Unidos depois do 11 de setembro. Nas casas, nos restaurantes, nos aeroportos, nas estações de trem, na Índia inteira as pessoas se sentam em silêncio diante da televisão. *Banners* com mensagens comoventes passam pelo rodapé da tela: "Veneeta, estamos orando por você... Vijay, por favor, telefone para casa — estamos muito preocupados".

Cada dia os jornais indianos contam histórias do drama em curso. Uma renomada jornalista mantida refém no seu quarto de hotel envia uma mensagem de texto de meia página, descrevendo tiros no corredor e fumaça de granadas entrando por baixo da porta. Ela bloqueia a porta com móveis, mas se sente muito vulnerável. É boa escritora, e lendo seu relato compartilhamos seu pavor. No dia seguinte, o jornal imprime sua última mensagem — "Terroristas no banheiro, eu estou debaixo da cama" — com uma nota do editor dizendo que os comandos encontraram o corpo dela.

Um homem que acaba de abrir uma garrafa de champanha para um brinde que comemora o fechamento de um contrato comercial passa os dois dias seguintes deitado sobre cacos de vidro fingindo-se de morto, com um dos braços cobrindo o rosto para que não notem que se trata de um estrangeiro. Um casal muçulmano ouve um ruído semelhante ao de fogos de artifício. Eles vão até a janela que dá para um café popular e são mortos por uma saraivada de balas sob os olhos de seu filhinho. Os boatos se espalham como capim: sobre cadáveres desfigurados exibindo marcas de tortura; sobre dezenas de corpos na piscina do hotel; sobre explosivos colocados para destruir prédios inteiros. (Cinco dias depois do fim do drama a polícia descobre uma bomba enorme que não explodiu no meio da estação ferroviária.)

Quanto ao Hotel Taj Mahal, um indiano me informa: "Você não pode imaginar o que o Hotel Taj Mahal Palace significa para nós, indianos. É uma grande fonte de orgulho nacional, um ícone, como a Estátua da Liberdade é para vocês". Um indiano abastado construiu esse imponente prédio em 1903 depois que não lhe permitiram hospedar-se num hotel britânico exclusivo para brancos. A adornada estação ferroviária sob estado de sítio também remonta à era vitoriana; outrora denominada Victoria Terminus, hoje faz parte do Patrimônio Histórico da Humanidade.

Exatamente como no 11 de setembro, histórias de golpes de sorte e de heroísmo vêm à tona em meio à tragédia. O filho de doze anos de um casal inglês que jantava no restaurante do Taj Mahal vai ao banheiro minutos antes do atentado terrorista. Durante seis horas seus pais ficam presos, sem saber se seu filho escapou. Todos sobrevivem e estão novamente juntos. O gerente do Taj Mahal ajuda a esconder seus hóspedes numa despensa no porão ao mesmo tempo em que, sem que ele o saiba, sua mulher e seus filhos morrem queimados em sua suíte vários andares acima. Um advogado inglês, que bloqueou a porta de seu quarto e se escondeu debaixo da cama, improvisa uma rede com outros reféns que têm telefones Blackberry. A babá inglesa que cuida do filho de dois anos de um rabino consegue fazer a criança sair clandestinamente do centro judaico, salvando-a da morte e da tortura sofridas pelos pais dela. (Israel depois disso lhe conferiu o nome de "Gentil justa" e lhe concedeu a cidadania judaica.)

Procurando algumas boas notícias, a mídia apresenta entrevistas com um atento empregado ferroviário da estação atacada. Depois de notar um terrorista nos degraus empunhando uma metralhadora, ele calmamente anunciou pelo alto-falante: "A escadaria da Plataforma 1 está fechada. Por favor, não a utilizem". Com isso ele desviou uma multidão de passageiros e salvou, segundo os cálculos, quinhentas vidas. Mesmo assim, houve mais de cinquenta mortos naquela estação.

Não há nenhum jeito de realizar o encontro programado para esta noite, especialmente num auditório próximo dos atentados em curso. Lamento pelos organizadores locais que trabalharam durante meses planejando um programa, imprimindo entradas, desenhando *banners*, estocando livros. Durante as conversas ao longo do dia, surge outra ideia. Que tal fazer uma reunião improvisada numa igreja aqui perto, para que pelos menos as pessoas que moram nos subúrbios deste lado da cidade possam participar dela? Lembro-me da noite de 11 de setembro de 2001 na minha cidade natal, quando centenas de pessoas acorreram espontaneamente a minha igreja. Ninguém anunciou ou planejou um encontro. Atônitos, lamentando, sentindo medo, fomos por instinto para a igreja, a fim de nos juntarmos a outros crentes em oração. Se a fé tem de fato alguma importância, ela deve ser importante em tempos semelhantes de crise, e sem me dar conta disso simplesmente lá estava eu no meio de uma dessas crises que testam a fé.

Enquanto conversávamos sobre todas as possibilidades, a campainha da porta soou. Dayanidhi Rao, o entusiasmado jovem cantor que se apresentou comigo em todas as cinco cidades, de algum modo conseguira chegar à casa do médico. Agora temos um músico e um palestrante. Stephen Alfred apanha o telefone, liga para alguns amigos e um pastor da vizinhança, e no meio da tarde o culto já está tomando forma. Na hora em que ele se inicia, há 250 pessoas reunidas. Cantamos. Oramos. Contamos histórias do dia. Choramos pelos mortos e feridos. Oramos um pouco mais. E agora é minha vez de falar... sobre a graça.

Palestra: A graça sob fogo cruzado

Mumbai, novembro de 2008

Estive, o dia inteiro, revivendo um dia trágico da história de meu país: 11 de setembro de 2001. Como vocês, fomos atacados por fanáticos de outro país, em parte devido a diferenças de fé, em parte devido ao simples ódio. Como vocês, ficamos aturdidos ante noticiários tão pungentes que mal podíamos continuar ouvindo, mas que também prendiam tanto nossa atenção que não conseguíamos parar de ouvir. E, como vocês, nos reunimos espontaneamente naquela noite fatídica num culto não programado a fim de compartilhar nossa dor, nossos questionamentos e nossas orações.

No fim de semana depois do 11 de setembro, minha mulher e eu fomos para uma parte linda de nosso estado, o Colorado, e tentamos escalar uma montanha. Chegara o outono dourando as folhas das faias, e a neve da manhã lhes dera uma orla de branco — a mesma neve que no fim nos obrigou a deixar o pico. Sentimo-nos restaurados longe da tela da televisão e, também, longe da raça humana que trata seus semelhantes com tanta crueldade. Essa breve pausa nos fez lembrar que a vida continua e a beleza também, mesmo em meio a grandes tragédias.

Uma semana depois voei para Washington, D.C. e em seguida para Nova York numa turnê de promoção de um novo livro. Os entrevistadores ignoravam o livro que eu devia promover e preferiam perguntar sobre outro que eu havia escrito 24 anos antes, *Onde está Deus quando chega a dor?*, pois na cabeça deles a dor ainda era a questão mais importante. Quando o avião decolou de Washington, o piloto nos surpreendeu com um aviso que diferia de tudo o que eu ouvira antes: "Todos vocês sabem o que aconteceu recentemente", disse ele. "Como medida de precaução, recomendo que fiquem de olho no passageiro sentado ao seu lado. Se essa pessoa agir de forma ameaçadora, sugiro que os outros passageiros usem seus travesseiros e cobertores para dominar esse passageiro até que a tripulação chegue e controle a situação". Assustado, olhei de soslaio para o homem calvo e gordo junto à janela, e naquele momento percebi que um único ato terrorista havia rasgado o tecido da confiança que mantém a sociedade unida. Agora qualquer um era um inimigo em potencial.

Quando nos aproximamos de Nova York, o piloto falou de novo pelo sistema de comunicação interna. "Exatamente hoje a rota do voo mudou, permitindo que voássemos sobre Manhattan", disse ele. "Esta é uma das primeiras aeronaves a fazê-lo, e à esquerda vocês podem ver o Ponto Zero". Ele inclinou levemente o avião e lá, onde havia algumas semanas se erguiam dois dos maiores prédios do mundo, abria-se um horrível buraco negro com minúsculos tratores amarelos rastejando sobre as ruínas ainda fumegantes.

O "11 de setembro da Índia", dizia a manchete de um jornal hoje de manhã. E é óbvio que o Reino Unido já teve o seu, assim como a Espanha. Quando terminará esse ciclo de ódio em que gente que discorda expressa suas opiniões levando aeronaves a chocar-se contra arranha-céus, ou explodindo trens, ou varrendo saguões de hotéis com saraivadas de metralhadora?

Como vocês sabem, estava programado que eu falasse esta noite sobre a graça no centro de Mumbai, num local próximo do palco onde violentos combates estão acontecendo neste exato momento. Quero agradecer ao pastor desta igreja que nos abriu as portas com grande prontidão e também a todos vocês que ajudaram a viabilizar este culto. Eu de fato vou falar sobre a graça, pois a meu ver não há nada de que neste momento a Índia mais precise do que a graça. Antes disso, porém, quero assegurar-lhes que vocês não estão sós.

Hoje é Dia de Ação de Graças nos Estados Unidos, talvez o único feriado religioso que não foi sufocado pelo comercialismo. Escolas e estabelecimentos comerciais estão fechados, e milhões de famílias estão reunidas. A maioria está acompanhando de perto as notícias de Mumbai, e muitos devem estar orando por vocês. Já respondi hoje a dezenas de *e-mails* e telefonemas de americanos profundamente preocupados com o que está acontecendo na Índia. O mundo chora e se sente solidário com vocês.

Alguns de vocês conhecem meu trabalho com o dr. Brand, que lecionou numa Faculdade Médica Cristã em Vellore e fundou um hospital para leprosos. Dele aprendi o valor do sofrimento como o elemento unificador do corpo. O dr. Brand certa vez me falou sobre um velho leproso da Nova Guiné que costumava lidar com batatas num braseiro com a mão desprotegida. Depois de observar cenas como aquela, o dr. Brand foi em frente e descobriu que praticamente todas as deformações que fazem da lepra uma doença tão assustadora resultam de uma só causa: o leproso não sente dor. O velho já não considerava seus dedos como algo que valesse a pena preservar, uma parte de *si mesmo*, porque eles não sentiam nenhuma dor.

Tecendo um comentário que nunca me saiu da cabeça, disse o dr. Brand: “Um corpo sadio presta atenção à dor da parte mais fraca”. Hoje, eu lhes asseguro, o mundo está atento à dor da Índia. Nós no Ocidente sofremos com vocês alguns meses atrás quando soubemos de milhares que perderam suas casas em Orissa e sofremos com vocês agora em meio a este ato de terror que se arrasta não muito longe daqui esta noite.

❖ ◆ ❖ ◆ ❖

O que está acontecendo no centro de Mumbai representa um quadro vívido de um mundo que não atua segundo o princípio da graça. Pelo contrário, ele atua seguindo algo semelhante à terceira lei de Newton: toda ação provoca uma reação igual e contrária. Se você me bater, eu revido e bato em você. Bombardeie meu país, e eu revido com bombas. Não há dúvida de que essa foi a reação de meu país depois do 11 de setembro, e sete anos depois ainda estamos lidando com as repercussões em regiões muito remotas como o Afeganistão e o Iraque. Hoje os líderes pelo mundo afora estão pedindo que a Índia não siga esse caminho.

O mundo funciona de acordo com regras semelhantes. Será que eu preciso sublinhar isso na própria terra que nos deu o termo *karma*? Embora sejam necessárias seis ou sete reencarnações, dizem os estudiosos do hinduísmo, no fim cada pessoa receberá neste mundo o que ela merece.

Para este mundo Jesus anunciou uma mensagem radicalmente diferente. Recebemos não o que merecemos, mas exatamente o contrário. Merecemos castigo e recebemos perdão; merecemos a ira de Deus e recebemos seu amor. Num mundo dividido por raças, culturas, classes, línguas e religiões, Jesus liberou a mais poderosa força do universo, a força da graça. Essa força contrária traz uma nova mensagem de esperança para um mundo marcado pela violência e divisão.

Não conheço nenhum laboratório melhor para testar a graça do que este país, a Índia, a mais volátil mistura de castas, línguas, raças e religiões do mundo. Nós sabemos como é a alternativa da graça: dali do lado de fora, junto à porta da igreja, se pode quase ver a fumaça que sobe dos hotéis sitiados de Mumbai. Minha pergunta é a seguinte: Sabemos como seria a *graça* aqui neste lugar?

Não se requer nenhuma graça para conviver com alguém que se pareça com a gente e concorde conosco. A graça é testada no contexto da diferença: um *dalit* obrigado a ficar ao lado de um brâmane, um defensor do aborto ou um ativista homossexual que acha que você é um fanático ou um sujeito de mente estreita, um vizinho que vem do Paquistão. Na prática, como pode funcionar a graça numa dessas situações? Em busca de sugestões, eu recorro a cenas da vida de Jesus, que liberou essa evasiva força contrária que é a graça.

Na estreia de sua vida pública Jesus foi à sinagoga de sua terra natal e leu em voz alta este texto do profeta Isaías:

> O Espírito do Soberano, o SENHOR, está sobre mim,
> porque o SENHOR ungiu-me para levar boas notícias aos pobres.
> Enviou-me para cuidar dos que estão com o coração quebrantado,
> anunciar liberdade aos cativos
> e libertação das trevas aos prisioneiros;
> para proclamar o ano da bondade do SENHOR.

Com todos os olhares fixos nele, Jesus fez em seguida um anúncio dramático: "Hoje se cumpriu a Escritura que vocês acabaram de ouvir". A congregação deve ter reconhecido a passagem como uma das Canções do Servo Sofredor do profeta Isaías prenunciando o Messias, e no entanto Lucas observa que ninguém se ofendeu com a espantosa alegação de Jesus. "Todos falavam bem dele, e estavam admirados com as palavras de graça que saíam de seus lábios".

Todavia, alguns minutos mais tarde, a multidão servil se transformou numa turba disposta a precipitar Jesus do cimo de um monte. Por quê? Porque ele tivera a coragem de mencionar incidentes do Antigo Testamento em que Deus mostrara sua graça a dois inimigos de Israel, a uma famosa viúva fenícia e a um general sírio afetado pela lepra. Fazendo isso Jesus expôs a exata tendência humana de colocar um grupo acima de outro. Sua plateia judaica acolhia as palavras de Jesus desde que elas pressupusessem que *eles mesmos* eram os prisioneiros que precisavam de libertação e os oprimidos que precisavam ser libertados do governo opressor de Roma. Eles se agarravam a sua condição privilegiada de povo escolhido de Deus e se ressentiam de qualquer sugestão de que outros pudessem diluí-la. Com efeito, eles queriam que João 3:16 dissesse: "Porque Deus amou aos judeus", e não "Porque Deus amou ao mundo".

Nos tempos de Jesus, todos conheciam a ordem classificatória: um judeu piedoso agradecia diariamente por não ter nascido escravo, mulher ou gentio. Da mesma forma, na Índia moderna vocês nasceram dentro de uma classe que os marca pela vida inteira. Embora o sistema de castas tenha sido suavizado com o passar dos anos, todos os *dalits* enfrentam uma discriminação que nunca afetará um brâmane. Embora crianças brâmanes possam brincar com *dalits*, elas evitam o contato físico, o que é um resquício dos tempos dos "intocáveis". Aqui, como no meu país, todos os que têm a pele escura enfrentam obstáculos que não afetam gente de pele clara.

Para nossa vergonha, muitas vezes perpetuamos na igreja essa tendência a classificar, às vezes imitando os preconceitos da sociedade, outras vezes acrescentando os nossos próprios preconceitos. Segundo o último relatório, existem 38 mil denominações diferentes de cristãos no mundo. Eram 37.999 até que alguém decidiu que ele ou ela tinha o monopólio da verdade que tornava sua igreja mais "pura" do que todas as demais e criou uma nova denominação ou seita. Eu tenho um amigo que, não conseguindo descobrir uma igreja suficientemente pura nos Estados Unidos, mudou-se para a Austrália, onde tampouco encontrou uma igreja com a teologia correta. Então ele iniciou sua própria igreja. A última notícia que recebi dele dizia que sobravam apenas três pessoas na sua igreja: um velho com o mal de Parkinson, meu amigo e a mulher dele. Os dois homens se alternam pregando um para o outro (as mulheres não podem pregar nessa igreja).

Jesus veio até nós "cheio de graça e de verdade", escreveu João no prólogo de seu Evangelho. A existência de 38 mil denominações, para não mencionar uma história de credos e de concílios e de guerras religiosas, demonstra até que ponto chegam as igrejas na competição pela verdade. Eu apenas gostaria que as igrejas gastassem uma energia equivalente na competição da distribuição da graça.

Até a excepcional igreja que consegue congregar gente de diferentes raças e classes sociais pode criar um novo sistema de classificação baseado na espiritualidade. Aqueles que têm uma formação teológica veem com ar de superioridade os que não a têm. Dons espirituais e práticas sadias como a oração e o estudo da Bíblia descambam para uma forma de competição. O legalismo se insinua, permitindo que os mais "espirituais" vejam os outros com ligeiro desprezo.

A oração final de Jesus com seus discípulos foi uma intensa súplica pela unidade: "para que todos sejam um, Pai, como tu estás em mim e eu em ti. Que eles também estejam em nós". É doloroso, mas até agora essa oração não foi atendida.

Alguns anos atrás, eu aceitei fazer uma palestra num encontro da Visão Mundial, em Myanmar, ex-Birmânia, país vizinho de vocês. "Você precisa saber que a maioria dos pastores que estão presentes passou algum tempo na cadeia devido a sua fé", disse o homem que me convidou. "Este é um regime muito tirânico".

"Então devo falar sobre a dor e o sofrimento?", perguntei. "Não, não, eles esperam essas coisas", respondeu ele de imediato. "Estão acostumados com isso. Gostaríamos que você falasse da graça. Sabe, os vários grupos cristãos daqui não conseguem se dar bem uns com os outros".

A unidade da igreja, o último pedido de Jesus, é um milagre que o mundo ainda aguarda. Que lugar melhor que a Índia para isso? Certa vez, ouvi um líder de uma igreja indiana dizer que outras religiões aqui conseguem repetir todos os milagres relatados pelos cristãos, exceto um. Os cristãos alegam curas físicas, e os hindus e muçulmanos também o fazem. Os cristãos alegam mudar a vida das pessoas, e os budistas fazem o mesmo. Há um só milagre dos cristãos que causa estranheza a outros indianos: quando gente de diferentes gêneros, castas e classes sociais se reúnem num verdadeiro espírito de unidade.

Paulo, um bom judeu que agradecera todos os dias por não ser escravo, mulher ou gentio, mudou sua oração depois da experiência do poder libertador da graça. Numa guinada maravilhosa, ele disse aos irascíveis gálatas: "Não há judeu nem grego, escravo nem livre; nem homem nem mulher; pois todos são um em Cristo Jesus". Que vocês possam na igreja da Índia tomar a frente e finalmente mostrar para este mundo dividido o poder da graça capaz de superar o instinto humano de classificar e desunir.

❖ ♦ ❖ ♦ ❖

Os pobres, os prisioneiros, os cegos, os oprimidos — grupos mencionados no primeiro sermão de Jesus — são uma forte sugestão de seu estilo de ver o mundo de cabeça para baixo. Os pobres são realmente abençoados, diria ele nas bem-aventuranças, e também os mansos, os perseguidos e aqueles que choram. Essas palavras deveriam trazer alguma esperança e consolo para a Índia neste dia sombrio. Para enfatizar esse ponto, muitas das histórias de Jesus apresentaram a pessoa menos provável — um *vira-lata*, poderíamos dizer — como herói.

Jesus contou uma história sobre dois homens: um rico e bem-sucedido; o outro um mendigo coberto de chagas. Lázaro, o mendigo, se destaca como o óbvio herói; Jesus nem sequer atribui um nome ao homem rico. Em outra história, dois profissionais religiosos com conhecida ascendência ignoram a vítima de um crime; um herege mestiço, o *bom samaritano*, emerge como herói. Naquela que talvez seja sua mais famosa história, Jesus elogia não o irmão obediente, responsável e respeitador de seus pais, mas o rebelde e perdulário, o *Filho Pródigo*.

Não apenas as histórias de Jesus, mas também seus contatos pessoais apresentam esse modelo da inversão. E de fato analisei os evangelhos e fiz um gráfico informal dos contatos de Jesus. Com poucas exceções, quanto mais justa, consciente e até mesmo virtuosa for a pessoa, tanto mais Jesus a ameaça. Quanto mais imoral, irresponsável, excluída socialmente for ela — em outras palavras, menos parecida com ele mesmo — tanto mais Jesus atrai essa pessoa. (O que acontece que os seguidores de Jesus geralmente fazem o contrário?) O dom gratuito da graça desce sobre quem a quiser receber, e às vezes aqueles que não têm a quem recorrer são os mais ansiosos por estender sua mão aberta.

Num exemplo claro, registrado em João 4, uma mulher não tem praticamente nada em comum com Jesus. Samaritana desprezada, habituada ao preconceito racial, ela se surpreende ao ver que um rabino judeu se digna dirigir-lhe a palavra, sem falar em beber de seu vaso "impuro". Os discípulos de Jesus parecem chocados quando o veem contrariar costumes culturais conversando com uma mulher desconhecida. Se alguém da aldeia estivesse vendo a cena, sem dúvida essa pessoa questionaria a prudência de Jesus conversando com *essa* mulher, pois logo fica evidente que ela tem um histórico de cinco casamentos fracassados e está morando com um homem que não é marido dela. (Alguns estudiosos especulam que Jesus a encontrou sozinha junto ao poço sob o escaldante sol do meio-dia porque as outras mulheres a evitavam e preferiam normalmente apanhar sua água em grupo no frescor da manhã.)

A mulher representa enormes diferenças em relação a Jesus: raciais, sociais, morais e religiosas. Na conversa que tiveram, Jesus passa por cima dessas diferenças. Ele desvia das observações diversivas dela sobre famosos ancestrais e sobre onde adorar e, em vez disso, ele se aprofunda na necessidade humana mais básica que ela compartilha com todos os outros: a sede. Ele está falando tanto no sentido literal quanto no figurado, uma vez que cada compulsão sexual, cada vício no fundo se revela como um falso deus incapaz de satisfazer nossa mais profunda sede. Depois Jesus continua falando-lhe da água viva capaz de matar a sede.

Em todos os quatro evangelhos, somente aqui vemos Jesus apresentando-se a alguém como o Messias. É dessa mulher, cujo histórico a desqualificaria para exercer a maioria das funções religiosas que eu conheço, que Jesus se utiliza como sua primeira missionária. Ele escolhe bem, pois muitos samaritanos se tornaram seguidores de Jesus em consequência dessa mais improvável testemunha. "Este [homem] é verdadeiramente o Salvador do mundo", eles logo exclamam dirigindo-se à mulher. Graças a ela, eles também descobrem alguém que os vê como destinatários do amor transformador, e não do julgamento de Deus, e alguém que avalia não o que eles foram, mas o que poderiam ser.

Sem dúvida Jesus nos deu essas histórias e abraçou os rejeitados para anular o que ele sabia ser nossa tendência humana de classificar e dividir. Como o Sermão do Monte deixa claro, as pessoas que correm mais perigo são aquelas que julgam ter chegado, pois agindo assim elas perdem o benefício da graça. Somente os que têm consciência da sede procuram a água viva.

A graça, que tem o poder de superar diferenças de classe, raça e até mesmo de teologia, e o poder de matar a sede dos que são moral e socialmente rejeitados, oferece esperança tanto aos oprimidos quanto aos opressores. Lucas sagazmente junta esses dois grupos contrastantes em seu relato da visita de Jesus a Jericó (Lucas 18—19).

Seria muito difícil encontrar uma melhor imagem do oprimido que a de Bartimeu. Como tantas outras pessoas deficientes e pobres aqui da Índia, ele sobrevivia de esmolas. Cego, ele tinha poucas opções naquele tempo. Para piorar as coisas, seu próprio nome em hebraico significava "filho do lixo" ou "filho da sujeira", de modo que todos os que o chamassem pelo nome intensificavam o insulto. Bartimeu representa os desclassificados do mundo inteiro, aqueles que não podem sobreviver sem ajuda externa.

"Filho de Davi, tem compaixão de mim", gritava Bartimeu à medida que Jesus se aproximava, e a multidão dos admiradores de Jesus tentava fazê-lo calar. Mendigos como Bartimeu causam embaraço aos cidadãos locais. Além disso, Jesus estava passando por Jericó no ponto culminante de sua popularidade e sem dúvida tinha uma agenda cheia. *Não incomode o famoso rabino — ele tem coisas importantes a fazer!* Para Jesus, que compromisso poderia ser mais importante do que mostrar compaixão para com um mendigo cego? Ele parou, chamou o barulhento Bartimeu e imediatamente o curou. Dentre todas as pessoas curadas por Jesus, Bartimeu é o único cujo nome os Evangelhos registram.

A igreja tem-se saído muito bem seguindo o exemplo de Jesus de estender a graça aos oprimidos. Sempre que viajo pelo mundo eu vejo isso, desde os grupos de igrejas reconstruindo casas depois do furacão Katrina em meu país, às agências de socorro que prestam assistência aos órfãos da AIDS na África, às escolas e hospitais missionários nas partes mais remotas do mundo. Nas últimas semanas eu vi muitos exemplos inspiradores aqui na Índia.

Já mencionei o trabalho do dr. Paul Brand com os leprosos. A maioria dos avanços no entendimento e no tratamento dessa temida enfermidade veio de missionários: não sempre porque eles eram os melhores médicos e cientistas, mas porque somente eles estavam dispostos a servir e tocar pessoas com lepra. Hoje mesmo pela manhã eu vi a obra de assistência a aidéticos desenvolvida pelo hospital do dr. Stephen Alfred, quando minha mulher e eu acompanhamos dois assistentes sociais em suas visitas a pacientes numa área favelada. Logo depois que alguém recebe o primeiro diagnóstico da doença, os assistentes sociais visitam a família *todos os dias*, aconselhando outros membros dela sobre práticas seguras e monitorando os medicamentos. Nenhuma agência governamental poderia pagar esse tipo de assistência pessoal que a igreja oferece.

A igreja da Índia tem uma orgulhosa tradição de educação e assistência médica. Embora os cristãos representem apenas de 2% a 3% da população, eles administram 1/5 da assistência à saúde do país. Os cristãos administram algumas das melhores escolas e atualmente estão, pela primeira vez, estendendo sua educação aos *dalits*. Eu observei algumas escolas e alguns hospitais fundados para os pobres que vão aos poucos mudando sua ênfase para atrair estudantes e pacientes que podem pagar pelos serviços recebidos. Eu oro pedindo que vocês resistam a essa tendência, que vocês permaneçam fiéis ao exemplo mostrado por Jesus ao cego Bartimeu, o filho do lixo.

Segundo Lucas, Jesus não havia planejado passar um tempo em Jericó, e o incidente envolvendo Bartimeu apenas atrasou sua passagem pela cidade. Seu programa, porém, foi alterado quando ele encontrou um famoso opressor chamado Zaqueu. Chefe dos coletores de impostos da região, Zaqueu era comissionado, e o povo com razão o via como um colaborador de Roma. No fim das contas, ele recolhia o bom dinheiro judaico e o repassava justamente aos invasores que impunham seu domínio com legiões armadas.

Lucas menciona que Zaqueu subiu numa árvore porque, sendo baixinho, ele não podia enxergar por cima da multidão. Dada sua reputação, ele deve ter se sentido mais seguro lá em cima. Mas Jesus logo revelou o ponto estratégico escolhido por ele interrompendo de chofre seu séquito e chamando o baixinho empoleirado entre as folhas de um sicômoro. "Zaqueu, desce depressa. Quero ficar em sua casa hoje", disse ele, para grande tristeza da multidão que nunca imaginaria pôr os pés na casa de um publicano. O que acontece em seguida mostra um jeito de fazer mais justiça: converter os opressores. Zaqueu ficou tão comovido com o gesto de Jesus que imediatamente prometeu dar metade de suas posses aos pobres e ressarcir a todos os que haviam sido lesados por ele pagando-lhes o quádruplo.

O murmúrio da multidão contra Jesus revela uma verdade importante: é muito mais difícil mostrar graça ao opressor do que ao oprimido.

Num fato que chocou esta nação, em 1999 uma turba de fanáticos hindus atacou Graham Staines, missionário australiano que trabalhava com pacientes leprosos no estado de Orissa. Queimaram vivos Graham e seus dois filhos, de dez e oito anos, dentro de sua *van*. Todos esperavam que a viúva Gladys voltasse para a Austrália, mas em vez disso ela ficou mais cinco anos, continuando a obra de seu marido. "Eu perdoei os assassinos", disse ela sobre os terroristas, depois de pedir clemência por eles no tribunal. "Eu... não guardo rancor porque o perdão traz cura, e nosso país precisa curar-se do ódio e da violência". Antes de retirar-se, ela supervisionou a construção de um novo hospital para leprosos, o Graham Staines Memorial Hospital. Como reconhecimento, o governo indiano concedeu a Gladys Staines, uma estrangeira, a segunda mais alta condecoração civil da Índia.

No ano passado, cinco jovens islâmicos infiltraram-se num grupo de estudo da Bíblia na Turquia, fingindo interesse pelo cristianismo. Numa ação planejada, eles atacaram os trabalhadores cristãos, torturando e matando três deles. Uma das vítimas, um missionário alemão, sofreu 150 ferimentos a faca pelo corpo.

Sua viúva reagiu exatamente como Gladys Staines, perdoando os homens que de forma tão cruel mataram seu marido. Ela citou as palavras proferidas por Jesus na cruz: "Pai, perdoa-lhes, pois não sabem o que estão fazendo", que foi manchete na Turquia, um brilhante exemplo de graça numa nação que carrega o fardo de uma longa cadeia de violência contra armênios e curdos.

Vendo a graça em ação em prol de opressores que não a merecem, o mundo faz silêncio. Nelson Mandela ensinou ao mundo uma lição sobre a graça quando, depois de 27 anos de prisão e depois de ser eleito presidente da África do Sul, ele pediu que seu carcereiro se juntasse a ele na cerimônia de posse e recrutou policiais africâneres como seus guarda-costas. Em seguida ele nomeou o arcebispo Desmond Tutu para chefiar a Comissão de Verdade e Reconciliação, uma forma criativa de mostrar a repulsiva verdade da opressão sem exigir vingança.

De acordo com as regras da Comissão, se um opressor enfrentasse seus acusadores e confessasse plenamente seu crime, ele não poderia ser processado por esse crime. Alguns sul-africanos protestaram contra a injustiça de deixar criminosos em liberdade, mas Mandela insistiu em que o país precisava mais de cura do que de justiça. Eu já contei a história de uma dessas audiências perante a Comissão de Verdade e Reconciliação:

> Um policial chamado Van de Broek relatou um acontecimento em que ele e outros oficiais atiraram contra um rapaz de dezoito anos e queimaram seu corpo, virando-o no fogo como um pedaço de churrasco, para destruir as provas. Oito anos mais tarde, Van de Broek voltou à mesma casa e pegou o pai do rapaz. A esposa foi obrigada a olhar os policiais amarrarem o marido a um monte de lenha, derramar gasolina sobre seu corpo e atear-lhe fogo.
>
> O tribunal ficou em silêncio quando a senhora idosa que perdera primeiro o filho e depois o marido teve a oportunidade de responder. "O que a senhora quer do sr. Van de Broek?", perguntou-lhe o juiz. Ela disse que queria que Van de Broek fosse ao local onde queimaram o corpo de seu marido e recolhesse as cinzas para que ela pudesse lhe dar uma sepultura decente. Cabisbaixo, o policial fez um gesto concordando.

> Depois ela acrescentou mais um pedido: "O sr. Van de Broek me tirou toda a família, e eu ainda tenho muito amor para dar. Duas vezes por mês, eu gostaria que ele viesse ao gueto e passasse um dia comigo para que eu possa ser uma mãe para ele. E eu gostaria que o sr. Van de Broek soubesse que ele foi perdoado por Deus, e eu também o perdoo. Eu gostaria de abraçá-lo para que ele saiba que meu perdão é real".

Alguns no tribunal se puseram espontaneamente a cantar o hino "Maravilhosa graça" quando a idosa senhora foi caminhando para o banco das testemunhas, mas Van de Broek não ouviu o canto. Havia desmaiado, esmagado fisicamente pela graça.

Não se fez justiça naquele dia na África do Sul, nem se fez no país inteiro à medida que a Comissão de Verdade e Reconciliação foi expondo atrocidades aos olhos de todos. Algo além da justiça aconteceu: o primeiro passo para a reconciliação.

As nações buscam com razão a justiça, como acontecerá no caso do massacre de Mumbai. Chega-se a um ponto, porém, quando a justiça entra num beco sem saída. Seu venerado Mahatma Gandhi disse-o bem: "Olho por olho, dente por dente, e logo o mundo inteiro seria de cegos e desdentados".

Em sua vida e morte, Jesus estabeleceu outro jeito, o da graça transcendental, e nós, seus seguidores, somos intimados a seguir seus passos. "Não te deixes vencer do mal, mas vence o mal com o bem", disse Paulo. O mal é vencido com o bem se a parte injuriada absorver o mal, recusando-se a permitir que ele prossiga. E esse é o modelo mostrado por Jesus em sua vida e morte, um modelo repetido em Orissa, bem como na Turquia e na África do Sul.

Nós que seguimos Jesus somos chamados a ser distribuidores da graça de Deus, liberando essa poderosa força num mundo violento e cansado. Que a igreja possa ser conhecida como um lugar onde a graça jorra em abundância: para pecadores, para ricos e pobres, para quem precisa de mais luz, para os excluídos, para quem discorda, para os oprimidos, bem como para os opressores.

Posfácio

Por que me envolvo *nessas situações desagradáveis?*, perguntava-me enquanto o avião deixava o caos da Índia e voava para minha casa no Colorado. É uma boa pergunta, uma pergunta que me faço depois de cada fatigante viagem.

Em parte, viajo pelos mesmos motivos que levam qualquer pessoa a viajar. Temos a experiência da beleza e da aventura, expandimos os horizontes, enxergamos nossa própria cultura de uma nova perspectiva. E como jornalista eu dependo de um suprimento novo dessas experiências, caso contrário fico sem material. Eu contemplei os primeiros raios do sol incidindo sobre o Taj Mahal; segui uma sinuosa fila sem fim de animais selvagens no Parque Nacional do Serengeti na Tanzânia; corri pela Praça Vermelha de Moscou sob um frio cortante e mergulhei nas águas quentes da Grande Barreira de Corais na Austrália. Do Japão aprendi sobre cortesia e civilidade: até os funcionários de postos de gasolina usam luvas brancas, curvam-se para o motorista quando um carro para no posto e lavam o para-brisa e os faróis sem esperar gorjeta alguma. O Oriente Médio poderia nos dar lições sobre hospitalidade e cortesia.

Todavia, mas cedo ou mais tarde, o encanto das viagens desaparece, especialmente depois de 11 de setembro: longas filas de segurança, o incômodo de ter de desfazer-se de sapatos, cinto, relógio e porta-moedas; depois, de tirar da bagagem de mão o telefone, o *laptop*, géis e líquidos. As viagens internacionais também cobram seu tributo da saúde. Em viagens aéreas de mais de doze horas, eu às vezes sinto a inflamação na garganta crescendo célula por célula. Não conseguindo dormir durante o voo, tento ficar sentado e lendo sem me mexer enquanto vou ficando com um gosto ruim na boca e os olhos ressecados.

Viajei por países em desenvolvimento onde o trânsito e a poluição são opressivos, e a comida é suspeita. Durante os eventos, o ar condicionado e o sistema de som às vezes funcionam mal, e depois as pessoas se amontoam ao redor da gente de modo sufocante na hora dos autógrafos. Exatamente quando começo a sentir pena de mim mesmo, já disposto a jurar que não viajo nunca mais, conheço uma enfermeira que administra um programa para aidéticos em remotas aldeias e anda quatro ou cinco horas por dia de motocicleta por estradas lamacentas. A essa altura eu me lembro de uma segunda razão de minhas viagens, essa mais profunda, a verdadeira origem deste livro. Eu vou em busca de uma fé que faça diferença.

Vendo em retrospectiva as dez viagens relatadas neste livro, que foi que descobri?

No sombrio *campus* da Virginia Tech e na cidade de Mumbai chocada com as explosões, eu vi a igreja como um refúgio de conforto para aqueles que choram. Estudos científicos que tratam do efeito da oração sobre a cura física fornecem resultados confusos, mas todos eles atestam que as pessoas feridas saram melhor e vivem melhor no seio de uma comunidade que lhes dá apoio. Não fomos feitos para suportar a dor sozinhos, e em Blacksburg na Virgínia e em Mumbai na Índia a igreja abriu de par em par suas portas num momento de profundo sofrimento. Além disso, eu também vi que a igreja pode oferecer um lugar para enfrentar a realidade do mal sem recorrer à vingança. Um mundo marcado por atos de terrorismo e loucura precisa desesperadamente mostrar outra maneira de lidar com diferenças de cultura, raça e casta.

Sabidamente, a igreja em certas ocasiões mais agravou o problema do que apresentou soluções, algo que aprendi enquanto crescia numa subcultura do Cinturão Bíblico americano que com uma das mãos se apegava à segregação e com a outra, à inerrância da Bíblia. Eu às vezes brinco sobre estar "me recuperando" da intoxicação causada pela igreja local, e em meus escritos me desdobro para reconhecer em vez de negar as falhas históricas da igreja no seu sentido mais amplo. Quando voltei ao *campus* da minha faculdade bíblica que descrevi como "vida na bolha", me ocorreu que a fé cristã pode azedar quando vivida no isolamento, separada do resto do mundo. Examinando as pesadas queixas de Jesus contra os fariseus, tenho a impressão de que elas se reduzem a uma única acusação implícita: os fariseus convivem demais com outros fariseus. Em consequência disso (quer se trate de fariseus judeus quer de fariseus cristãos), eles se esquecem de questões mais amplas, ficam com sua visão estreita e competem entre si para conseguir uma piedade artificial.

Eu saí da bolha da faculdade bíblica sentindo eterna gratidão por certas coisas que aprendi lá: disciplina pessoal, a natureza definitiva da vida, um comprometimento com o estilo de Jesus. Desde que passei por lá, tenho visto cristãos pondo em prática exatamente essas qualidades para ajudar a transformar o mundo a seu redor. Scott Morris do Centro Igreja e Saúde na cidade de Memphis oferece um claro exemplo, apresentando uma visão alternativa para resolver um enorme problema social e depois atraindo voluntários dispostos a praticar sua fé. Fazendo justiça para com a escola que frequentei, devo dizer que também conheço colegas de lá que hoje estão trabalhando com vítimas de enchentes nas Filipinas, ensinando inglês na China, enviando mantimentos a escolas e hospitais do Peru e visitando cárceres na África do Sul. Instituições-bolha podem ajudar a realizar um bom objetivo desde que preparem seus alunos para a vida fora delas.

Entrevistando viciados e prostitutas, eu ouvi dezenas de relatos comoventes do poder do mal para controlar e destruir vidas — e do poder de Deus para superar o mal. Gostaria que céticos como Christopher Hitchens e Richard Dawkins tivessem a mesma oportunidade de ouvir histórias mostrando a transformação de excluídos sociais que chegaram ao fundo do poço e hoje atribuem a Deus a poderosa graça que os salvou no sentido literal da palavra. *Para que serve Deus? Ele me resgatou da escravidão do sexo e do vício das drogas. Deus me trouxe de volta à vida.* Sem dúvida os céticos teriam uma explicação psicossocial diferente para as mudanças de vida; mas dezenas dessas histórias ouvidas numa mesma tarde tendem a esmagar o argumento racional. O próprio Jesus raramente apresentou "provas" teológicas; ele simplesmente ia de um lugar para outro transformando vidas.

No outro extremo do espectro, o intelectual C. S. Lewis trabalhou num sofisticado ambiente acadêmico que originava sua própria forma de mal: dissentimento, condescendência, arrogância, maledicência. Embora Lewis de fato apresentasse argumentos lógicos ou "provas" para suas crenças, quem o conheceu antes e depois da conversão indica a vida dele como a prova mais forte. “Ele é o homem mais completamente convertido que já conheci”, disse alguém que conviveu com ele.

A China me proporcionou retratos de transformação de outra espécie, uma transformação que se espalha pela sociedade. Jesus comparou o reino a coisas pequenas — sal na carne, fermento no pão, uma pequena semente na horta — como se quisesse enfatizar que não devemos julgar o impacto do evangelho pelos números. Quem visita países comunistas, com sua doutrina ateísta, poderia perguntar-se exatamente o contrário do que faz este livro: Para que serve a ausência de Deus? O rosto do Chefe Mao ainda decora as paredes de muitos lares chineses; mas a maior parte das pessoas reconheceria o fracasso de sua tentativa de substituir a Deus. Mao redirecionou o instinto humano universal de adoração para seu próprio culto da personalidade, mas nesse processo ele separou a moralidade e a virtude de suas raízes. A fé é importante? Basta contemplar o século passado para ver a prova inflexível de que, no mínimo, a ausência da fé tem importância. Stalin e Mao, ardentes inimigos da religião, juntos causaram a morte de 100 milhões de seus concidadãos. Enquanto isso, cristãos carregando velas e cantando hinos marcharam pelas ruas da Europa Oriental até que a Cortina de Ferro caiu por terra. E sob a tela do radar da atenção da mídia irrompeu na China de Mao um renascimento religioso que ainda poderá mudar a história da Ásia e do mundo.

Os poderes ocidentais aprenderam uma lição semelhante e penosa no Iraque e no Afeganistão: a mudança imposta à força raramente produz os resultados desejados. Da mesma forma, uma fé que tenha importância cresce melhor de baixo para cima, abrindo seu caminho na sociedade aos poucos, sem coerção. O cristianismo primeiro se propagou seguindo esse método a partir da fronteira oriental do Império Romano; e depois de um período triunfalista os cristãos dessa região do Oriente Médio novamente são uma minoria sitiada. O exemplo deles de compaixão pelos socialmente excluídos e pelos direitos das mulheres poderá, a longo prazo, fazer mais pelo avanço dos valores democráticos que qualquer solução política imposta.

Considerando todos os lugares que visitei, vejo que a África do Sul apresentou ao mesmo tempo o desafio mais emocionante e mais assustador. É bem possível que Nelson Mandela tenha se perguntado "Para que serve Deus?" enquanto passou 27 anos num cárcere sob um regime que citava a Bíblia para defender sua doutrina racista. No entanto, sua fé se manteve forte, e com uma autoridade moral apoiada pelo bispo Desmond Tutu ele conduziu sua nação através de uma transição pacífica quando quase todos previam um banho de sangue. Hoje a África do Sul tem uma igreja próspera, e gente de todas as raças trabalha para resolver os enormes problemas da pobreza, da AIDS, do crime e da corrupção.

Muitas vezes as pessoas que lançam uma pergunta como "Para que serve Deus?" estão indagando por que Deus não intervém diretamente e com mais vigor. Por que Deus permitiu que Hitler fizesse tanto mal, ou Stalin, ou Mao? Por que Deus não desempenha um papel mais ativo na história humana? Eu consigo pensar em várias razões. De acordo com o Antigo Testamento, Deus de fato desempenhou um papel ativo e convincente no passado, e no entanto não conseguiu produzir uma fé duradoura entre os israelitas. E, como os poderes deste mundo já aprenderam, a força e a liberdade não convivem bem, e a ênfase em um deles sempre diminui o outro. Deus se inclina de modo consistente para a liberdade humana. No fim, porém, nós não temos uma resposta segura; temos apenas vislumbres fugazes do plano definitivo de Deus.

Por uma razão qualquer, Deus escolhe dar-se a conhecer primeiro mediante gente comum como nós. Lembro-me da clara afirmação de minha amiga Joanna para explicar a transformação que aconteceu na prisão Pollsmoor: "Bem, Philip, é óbvio que Deus já estava presente na prisão. Eu apenas o tornei visível". A pergunta "Para que serve Deus?" é uma pergunta aberta cuja resposta Deus investiu em nós, seus seguidores. *Nós* somos os que foram chamados a mostrar uma fé que tem importância para o mundo que observa. Eu apresentei relatos de dez lugares onde vi a pergunta respondida — de forma incompleta como sempre acontece quando a resposta é confiada a pessoas comuns, mas de uma forma que seguramente exala a fragrância de esperança e transformação. Que essa fragrância continue se espalhando.

Compartilhe suas impressões de leitura escrevendo para:
opiniao-do-leitor@mundocristao.com.br
Acesse nosso *blog*: www.mundocristao.com.br/blog

Diagramação: Set-up Time
Preparação: Aldo Menezes
Revisão: Josemar de Souza Pinto
Fonte: Minion Pro
Gráfica: Imprensa da fé
Papel: Lux cream 70gm² (miolo)
Cartão 250/gm² (capa)